广东省博物馆　编
Edited by Guangdong Museum.

广东省博物馆事业发展基金会资助出版
Sponsored by Guangdong Museum Development Foundation.

致辞一

为贯彻落实《粤港澳大湾区发展规划纲要》"共建人文湾区"的要求，进一步推动粤港澳大湾区文化全方位、深层次合作，广东省文化和旅游厅、香港特别行政区政府民政事务局、澳门特别行政区政府文化局共同主办，广东省博物馆、香港艺术馆、澳门博物馆承办的"三城记——明清时期的粤港澳湾区与丝绸外销"展览，将先后在广州、香港、澳门进行巡展交流。这是粤港澳文化合作机制建立后三地文化交流合作的又一重大成果，是粤港澳文博界继"东西汇流""海上瓷路""岭南印记"之后的第四个重要文物大展，是粤港澳文化界的喜事、盛事，相信必将为广大观众带来丰富而难忘的文化盛宴。在此，我谨向给予展览大力支持和密切配合的粤港澳有关机构和各界人士致以诚挚感谢！

中国是丝绸的发源地，尤其是明清时期，丝绸作为重要的大宗商品运销世界各地，延续和发展了"丝绸之路"的荣光。粤港澳三地同根同源，是大湾区连接"海上丝绸之路"的重要桥梁，是推进世界丝绸贸易的重要枢纽。丝绸的制作和贸易，推动和见证了粤港澳三地手工业的发展，而今进一步传承发展的丝绣技艺，为塑造和丰富湾区文化内涵、增强并提升湾区文化软实力发挥着积极作用。

粤港澳文化界整合资源、互补优势、精诚合作举办的此次展览，以丝绸为切入点，遴选三地文博单位精品166组211件，其中既有见证粤港澳大湾区经济社会发展的历史绘画，也有大量精美丝绸和刺绣制品，它们曾在海内外大受欢迎，引发西方"中国热"的流行。这些昔日在中国对外交往舞台上流光溢彩、熠熠生辉的丝绸，展现了岭南丝绸文化的别致风情，叙述着粤港澳大湾区的历史、文化、地位和影响，让观众领略到中华文化的博大精深。

衷心希望，此次展览能增进粤港澳广大民众对粤港澳大湾区文化的了解和对岭南文化的热爱，坚定文化自信，增强民族自豪感，合力推进粤港澳大湾区文化遗产保护利用，推动粤港澳更宽领域、更深层次的文化旅游交流合作，为促进粤港澳繁荣稳定发展提供精神文化支撑。

最后，预祝展览圆满成功！

谢谢大家！

汪一洋

（致辞人为广东省文化和旅游厅党组书记、厅长）

图书在版编目（CIP）数据

三城记：明清时期的粤港澳湾区与丝绸外销/广东省博物馆编．—广州：岭南美术出版社，2020.11（2024.6重印）
ISBN 978-7-5362-7116-6

Ⅰ.①三… Ⅱ.①广… Ⅲ.①文物—广东、香港、澳门—图集 Ⅳ.①K872.65-64

中国版本图书馆CIP数据核字(2020)第213440号

出 版 人：刘子如
责任编辑：韩正凯　李　青
责任技编：罗文轩

三城记　明清时期的粤港澳湾区与丝绸外销
SAN CHENG JI MINGQING SHIQI DE YUEGANGAO WANQU YU SICHOU WAIXIAO

出版、总发行：岭南美术出版社（网址：www.lnysw.net）
（广州市文德北路170号3楼　邮编：510045）
经　　销：全国新华书店
印　　刷：雅昌文化（集团）有限公司
版　　次：2020年11月第1版
　　　　　2024年6月第2次印刷
开　　本：889mm×1194mm　　1/16
印　　张：26.625
印　　数：1001—2000册
字　　数：246千字
ISBN 978-7-5362-7116-6
定　　价：398.00元

三城记

A Tale of Three Cities
明清时期的粤港澳湾区与丝绸外销
Guangdong-Hong Kong-Macao Greater Bay Area and Export of Silk Products in Ming and Qing Dynasties

广东省博物馆 编

2017年度《广州大典》与广州历史文化专题研究重点课题《广州十三行时期外销织绣品研究》成果（项目批准号 2017GZZ06）

2018年度国家社会科学基金重大项目《广州十三行中外档案文献整理与研究》成果（项目批准号 18ZDA195）

2020年度文化和旅游部办公厅"内地与港澳文化和旅游交流重点项目"

2023年度本书荣获第八届中华优秀出版物（图书）奖提名奖

岭南美术出版社
中国·广州

MESSAGE I

To implement the construction plan of the Humanistic Bay Area, according to *"The Guangdong-Hong Kong-Macao Greater Bay Area Development Outline"*, and to promote the cultural cooperation in the Greater Bay Area, the exhibition, *"A Tale of Three Cities: Guangdong-Hong Kong-Macao Greater Bay Area and Export of Silk Products in Ming and Qing Dynasty"*, sponsored by Department of Culture and Tourism of Guangdong Province, Home Affairs Bureau of the Hong Kong Special Administrative Region, Cultural Affairs Bureau of Macao Special Administrative Region and organized by Guangdong Museum, Hong Kong Museum of Art, Macao Museum, will tour in Guangzhou, Hong Kong and Macao successively. The exhibition is an impressive achievement of cultural exchange and cooperation after the establishment of Guangdong-Hong Kong-Macao cultural cooperation system, considerably of equal importance with cultural relics exhibitions such as *"East Meets West"*, *"Maritime Porcelain Road"*, *"Historical Imprints of Lingnan"*. It is believed that this exhibition will bring an unforgettable cultural feast to visitors. Here, I would like to express my sincere gratitude to the relevant institutions and colleagues from Guangdong, Hong Kong and Macao who have supported strongly and coordinated closely this event.

Originated in China, silk was regarded as an important commodity, especially during the Ming and Qing Dynasty. It was shipped to every corner of the world, establishing and glorifying the Silk Road. *Guangdong-Hong Kong-Macao Greater Bay Area* shares the same ancestral roots. It is a key bridge connecting the Maritime Silk Road and an important hub to promote the global silk trade. Silk manufacture and trade have promoted and witnessed the development of handicraft industry in Guangdong, Hong Kong and Macao. Nowadays, inherited and transmitted by numerous local artisans, silk embroidery skills continues to play a positive role in shaping and enriching the cultural connotation and developing the cultural soft power of the Greater Bay Area.

By integrating resources, sharing advantages and coordinating closely, cultural institutions in Guangdong, Hong Kong and Macao launch this exhibition. The exhibition takes silk as the starting point and selects 166 groups (211 pieces) of precious cultural relics, including historic paintings that witnessed the economic and social development of the Greater Bay Area, exquisite silk and embroidery products that were popular all over the world and gave rise to the "Chinoiserie" in the western society. Used to shine on China's diplomatic stage in the old times, the silk now narrates the history of the Greater Bay Area and demonstrates unique style of Lingnan culture as well as the profoundness of Chinese culture.

Sincerely, I hope that this exhibition could enhance the public's understanding of the culture of the Greater Bay Area, deepen their enthusiasm to Lingnan culture, and strengthen their cultural self-confidence and national pride. I also hope that this exhibition could improve cultural heritage protection, widen and deepen the exchange and cooperation of culture and tourism, provide spiritual and cultural supports to the prosperity and stability of Guangdong, Hong Kong and Macao.

Wish the exhibition a great success! Thank you.

Wang Yiyang

Party Secretary and Director General

Department of Culture and Tourism of Guangdong Province

致辞二

　　粤港澳三地在2002年首次举行粤港澳文化合作会议，并于翌年8月签署《粤港澳艺文合作协议书》，借此合作平台落实不同范畴的文博项目。粤港澳三地合力耕耘近二十载，在表演艺术、文化信息、文物及博物馆、图书馆、粤剧艺术发展和文化创意产业等方面合作无间，硕果累累。粤港澳三地博物馆交流不断，共享文化资源，互助互惠，充分发挥三地的综合优势。过往巡回三地举行的"东西汇流——粤港澳文物大展""海上瓷路——粤港澳文物大展"和"岭南印记——粤港澳考古成果展"均广为当地观众所喜爱，对推动地区文化艺术发展，亦发挥了重大的作用。

　　这次合办的巡回展览取名"三城记——明清时期的粤港澳湾区与丝绸外销"，配合国家"一带一路"倡议和"粤港澳大湾区"的发展战略，进一步深化粤港澳之间紧密的合作关系。观众可以透过广东省博物馆、香港艺术馆及澳门博物馆的166组合共211件展品，了解明清两代外销丝绸的重要性、追溯粤港澳大湾区各城市深厚的历史渊源、剖析三地如何透过海上丝绸之路联系世界各地、探讨中国文化艺术对世界的影响。

　　这次展览将巡回三地博物馆展出，我期望粤港澳的观众都能从中获得多元的文化体验，更希望活动能深化三地文博界的交流合作，让粤港澳大湾区合作的基石更加坚实。期盼民心相通，共建人文湾区。

（致辞人为香港特别行政区政府民政事务局局长）

MESSAGE II

Since the first Greater Pearl River Delta Cultural Co-operation Meeting held in 2002 and the signing of the Agreement on Greater Pearl River Delta Cultural Cooperation in August 2003, a cooperation platform has been established among Guangdong, Hong Kong and Macao for the implementation of cultural and museum projects in various aspects. For nearly two decades, the three places have made fruitful joint efforts in performing arts, cultural information, heritage and museums, libraries, development of Cantonese operatic art as well as the cultural and creative industries. The museums of the three places have fully leveraged on the composite advantages by conducting exchange activities and pooling cultural resources for mutual benefits. Previously held exhibitions, namely "East Meets West: Cultural Relics from the Pearl River Delta Region", "Maritime Porcelain Road: Relics from Guangdong, Hong Kong and Macao Museums" and "Historical Imprints of Lingnan: Major Archaeological Discoveries of Guangdong, Hong Kong and Macao", were warmly received when they toured the three places, and contributed significantly to the promotion of regional cultural and arts development.

This touring exhibition, "A Tale of Three Cities: Guangdong-Hong Kong-Macao Greater Bay Area and Export of Silk Products in Ming and Qing Dynasties", is jointly organised in support of the Belt and Road Initiative and the strategic planning of the Greater Bay Area to further deepen cooperation among Guangdong, Hong Kong and Macao. By showcasing 211 pieces of 166 sets of artefacts from Guangdong Museum, Hong Kong Museum of Art and Macao Museum, the exhibition will demonstrate the significance of the export of silk products in the Ming and Qing dynasties and trace the strong historical ties among cities in the Greater Bay Area. Visitors will also have the opportunity to explore the connection of the three places to the world via the Maritime Silk Road and examine the influence of Chinese culture and art on the world.

I wish all visitors from Guangdong, Hong Kong and Macao a diverse cultural experience from the touring exhibition, and sincerely hope that the exhibition would further strengthen exchanges and cooperation among museums in the three places. Let us build people-to-people bond and develop a cultured Greater Bay Area together.

Caspar Ying-wai TSUI

Secretary for Home Affairs

Hong Kong Special Administrative Region Government

致辞三

丝绸，早于公元前已见记载于西方典籍，对欧洲社会而言，是品味和地位的象征，是一种永不褪色的奢华时尚，更是历代中国文化输出的重要物质载体。无论是蜿蜒在欧亚北部商路的骆驼队中，还是行驶在太平洋的商船上，丝绸都是其中最重要的货物，是不断推动沿途地区在商贸和文化交往的动力。

十五世纪至十六世纪是海上丝绸之路贸易的黄金时期，澳门一直都是重要节点，更一度是连接内地和外国商贸市场的唯一枢纽，以其特殊的历史渊源和地理位置，发挥着极其重要的桥梁作用，有效促进了中西文明的交流。

"三城记——明清时期的粤港澳湾区与丝绸外销"是由广东省文化和旅游厅、香港特别行政区政府民政事务局及澳门特别行政区政府文化局共同筹办的巡回展览，首站于2020年12月在广东省博物馆举办，并于2021年先后在香港和澳门举办。展览以明清时期的粤港澳湾区及丝绸外销为主题，透过整合各馆藏品，以更多元的视角和更丰富的细节，勾勒出一幅更生动的海上丝绸贸易的全景图，是研究和查考大湾区丝绸外销历史的绝佳契机。

文化局辖下澳门博物馆以34件／套馆藏精品参展，其中包括英国画家汤马斯·阿林（Thomas Allom）的《制丝图》《杭州丝绸厂》版画印刷品，以及来华考察的法国使团商贸代表纳塔利·洪都（Natalis

Rondot）在广东庭呱画室购买的十九世纪中叶的制丝提花机稿本。这些藏品反映了当时西方人对学习中国制丝技术的渴求。透过这个展览，观众不但可以一睹明清时期湾区的自然风景和人文精神，了解粤港澳三地昔日的独特商贸地位，更会对丝绸出口的历史沿袭有较系统的认识。

作为海上丝绸之路沿线的重要港口，粤港澳三地过去曾多次合办相关主题的展览，包括2006年的"东西汇流"多元文物展、2012年的"海上瓷路"陶瓷文物展和2014年的"岭南印记"考古出土文物展。而这次三地巡展，更让珍贵资源得以共享互鉴，进一步体现粤港澳三地深度交流合作的人文湾区精神，充分落实澳门作为"以中华文化为主流，多元文化共存的交流合作基地"的发展定位。

本人谨代表澳门特别行政区政府文化局，衷心感谢广东省博物馆、香港艺术馆，以及多位领导和专家学者，以及所有热心推动人文湾区建设的朋友。祝展览圆满成功。

（致辞人为澳门特别行政区政府文化局局长）

MESSAGE III

Silk, which has been recorded in Western classics as early as BC, was a symbol of taste and status for European society, a luxury fashion that never fade, and an important material carrier for the output of Chinese culture in the past dynasties. Whether among the camel caravans that winding along the northern European and Asian trade road or on the merchant ships that sailing in the Pacific, silk was always the most important cargo, and it was the driving force that continuously promoted trade and cultural exchanges in the areas along the route.

The fifteenth and sixteenth centuries were the golden age for the trade on Maritime Silk Road. Macau has always been an important node. It was once the only hub connecting the mainland and foreign trade markets. With its special historical origin and geographical location, it played an important role of bridge that effectively promoted the civilization exchanges between China and western countries.

The exhibition "A Tale of Three Cities: Guangdong-Hong Kong-Macao Greater Bay Area and Export of Silk Products in Ming and Qing Dynasties" is a touring exhibition that sponsored by the Department of Culture and Tourism of Guangdong Province, Home Affairs Bureau of the Hong Kong Special Administrative Region, Cultural Affairs Bureau of Macao Special Administrative Region. It will be inaugurated in Guangdong Museum in December 2020 and tour in Hong Kong and Macao successively in 2021. The exhibition takes the Guangdong-Hong Kong-Macao Greater Bay Area and the export of silk during the Ming and Qing Dynasties as the theme. By integrating the collections of museums in Guangdong, Hong Kong and Macao, it outlines a more vivid panorama of maritime silk trade with more diverse perspectives and richer details. The exhibition will be an excellent opportunity to study the history of silk export in the Greater Bay Area.

Macao Museum which is under the Cultural Affairs Bureau provides 34 pieces/sets exquisite cultural relics to the exhibition including the print picture of Picture of Silk Manufacture and Silk Factory in Hangzhou by British painter Thomas Allom and Manuscript of Silk Manufacture Jacquard Machine which was bought from Tingqua in Guangdong by Natalis Rondot who was once the trade representative of the French mission. These collections reflect the Westerners desire to learn Chinese silk manufacture techniques. Through this exhibition, visitors can not only see the natural scenery and humanistic spirit of the Greater Bay Area during the Ming and Qing Dynasties, understand the unique business status of the three places in the past, but also have a more systematic understanding of the history of silk exports.

As an important port along the Maritime Silk Road, Guangdong, Hong Kong, and Macao have co-organized exhibitions on related themes for several times in the past including "East Meets West" in 2006, "Maritime Porcelain Road" in 2012 and "Historical Imprints of Lingnan" in 2014. The touring exhibition this time will allow the sharing and mutual learning of precious resource, furthering embody the humanistic Greater Bay Area spirit of in-depth exchange and cooperation among Guangdong, Hong kong and Macao, and fully implement the development orientation that regard Macao as a base for exchange and cooperation with Chinese culture as the mainstream and multicultural coexisted.

On behalf of Cultural Affairs Bureau of Macao Special Administrative Region, I would like to express my sincere thanks to Guangdong Museum, Hong Kong Museum of Art, many leaders, experts and scholars, and all friends who are enthusiastic about the construction of humanistic Greater Bay Area. I wish the exhibition a great success.

Mok Ian Ian

President of the Cultural Affairs Bureau

Macao Special Administrative Region Government

目 录

文论

Weaver Suckin 与 1747—1781 年间广州的丝绸贸易 / 范岱克 …………… 002

名副其实的丝路：试论丝绸文化与中西海路的关系 / 刘永连 …………… 020

17—18 世纪英国东印度公司档案中的中国丝绸及贸易 / 罗兴连 …………… 038

我国外销织绣品的变迁及其影响因素 / 袁宣萍 …………… 053

"马尼拉披肩"的前世今生 / 蔡琴 …………… 061

清代广州丝绸商业行会

——以匹头行锦联堂为例 / 白芳 …………… 072

图录

前言 …………… 084

第一部分　湾区旧貌 …………… 086

濠江渔歌 …………… 103

羊城帆影 …………… 125

香江往昔 …………… 147

第二部分　丝绸外销 …………… 162

丝绸生产 …………… 167

　　　　提花织物 ·· 189

　　　　手绘丝绸 ·· 221

　　　　刺绣丝绸 ·· 229

第三部分　世界变局 ·· 310

　　　　欧洲的"中国热" ·· 313

　　　　白银之路 ·· 327

　　　　鸦片与大炮 ·· 341

第四部分　今日湾区 ·· 358

　　　　丝绣技艺的传承与发展 ······································ 361

　　　　粤港澳大湾区建设 ·· 385

附件

　　　　展览平面设计 ·· 392

　　　　展品索引 ·· 394

　　　　参考书目 ·· 404

后记

CONTENTS

ARTICLE

Weaver Suckin and the Canton Silk Trade in 1747-1781 / Paul A. Van Dyke 002

Worthy of the Silk Road: On the Relationship between Silk Culture and the Maritime Route between China and Occident / Liu Yonglian 020

Chinese Silk and Trade in the Archives of British East India Company in the 17th-18th Century / Luo Xinglian 038

The Change of China's Export Embroidery and Its Influencing Factors / Yuan Xuanping 053

The Past and Present Life of Mantón de Manila / Cai Qin 061

Canton Silk Commercial Guild in Qing Dynasty: Analysis a case Pitou Hong "Jin Liantang" / Bai Fang 072

CATALOGUE

Preface 084

PART ONE THE GREATER BAY AREA 086

Stories of Macao 103

Crowding Trade-Boats in Canton 125

The Past of Hong Kong 147

PART TWO EXPORT SILK 162

Silk Production 167

Jacquard Fabric 189

Hand-Painted Silk 221

  Embroidery Silk 229

PART THREE THE CHANGING WORLD 310

  European Enthusiasm for Chinoiserie 313

  Silver Road 327

  Opium and Cannons 341

PART FOUR THE GREATER BAY AREA TODAY 358

  Inheritance and Development of Silk and Embroidery Techniques 361

  Guangdong-Hong Kong-Macao Greater Bay Area Construction 385

APPENDIX

  Exhibition Graphic Design 392

  Exhibits Index 394

  Biography 404

POSTSCRIPT

文论 Article

Weaver Suckin 与 1747—1781 年间广州的丝绸贸易 [①]

中山大学历史学系　范岱克
华南师范大学历史文化学院　陈贤波（译）

[内容摘要] Weaver Suckin 是为数不多的有较多记载的广州丝绸纺织工。他与外商的丝绸贸易往来长达 35 年之久，在这个行业拥有较高的声望。然而，尽管他在行业内声誉良好并且经验丰富，在 1771 年公行制度被废除之后，面对日益激烈的竞争，他最终还是没有存活下来。Suckin 所占的市场份额逐渐减少，直到他再也无法获得足够的利润偿还债务，最终于 1781 年走向破产。他的案例表明，丝绸纺织工和行商一样，从事的都是高风险行业。广州的丝绸市场竞争如同茶叶市场一样激烈。兼之一些外部因素，例如欧洲地区的战争导致前往中国的船只数量减少，也会影响到丝绸纺织工的生意。Suckin 和行商们都深受这些负面因素的影响。

[关键词] 丝绸纺织工；生丝；行商；中国贸易

Weaver Suckin and the Canton Silk Trade in 1747—1781

History Department, Sun Yat-sen University/ Paul A. Van Dyke

School of History&Culture, South China Normal University/ Chen Xianbo (Translator)

Abstract: Weaver Suckin is one of the few silk workers in Canton for which we have some extensive data. He sold silk fabrics to foreigners for 35 years, and was one of the most highly respected men in the trade. However, despite his good reputation and many years of experience, he could not survive the intense competition that emerged after the Cohong was abolished in 1771. Suckin's shares of the trade began to decline until he could no longer produce enough profits to service his debts. He eventually failed in 1781. His example shows that like the Hong merchants, the occupation of silk weaver could also be a high-risk venture. Like the tea trade, the silk market in Canton was extremely competitive. Outside forces such as war among the Europeans, which reduced the number of ships sent to China, also affected silk weavers' businesses. Suckin was just as much affected by all of these negative influences as were the Hong merchants.

Keywords: silk weavers; raw silk; Hong merchants; China trade

---

[①] 该文英文版发表于澳门《文化杂志》国际版第 29 期（2009 年 1 月），第 105—119 页；中文翻译版发表于《广东省社会科学院历史与孙中山研究所建所五十周年纪念文集》，第 210—227 页，香港九龙：银河出版社 2008 年版。现作者在原中译版基础上有所修订。

18世纪广州的丝绸贸易展现了商业运作的一个重要侧面，至今在不少历史文献中都并未引起关注。已有的研究集中在贸易增长、产品加工以及每年丝绸的数量，却甚少提及那些在广州从事买卖和为出口贸易准备织品的经销商。由于政府对丝绸出口的类型和数量实施限制和配额，丝绸与茶叶、陶瓷以及其他商品的贸易情况截然不同。广州丝绸纺织工们彼此竞争，以便获得外国的订单，但他们也只能在政府规定的数额内出货。因此，丝绸经销商的利润并不能够像茶叶和陶瓷商一样随着销售额的增加而上涨。由于他们也无法通过增加销售额来吸引买家，这种偏低的销售额也使得丝绸经销商难以获得外国买家的投资资本。在这些额外负担之下，广州的纺织工们难以满足市场的需求。

目前来自这些丝绸经销商自身的资料十分罕见，这正是我们对这个群体知之甚少的原因之一。幸运的是，在荷兰人和其他的文献记录中，有关一位叫 Weaver Suckin 的丝绸纺织工的资料相当广泛，这让我们得以重构他的历史。由于各种资料中对 Suckin 的身份记载往往模糊或间接，在开始讲述他的故事之前，我们首先应该从这些外国记录中考辨他的身份。

从文献记录中寻找 Suckin 的踪迹

在有关荷兰陶瓷贸易的研究中，约格（Christiaan J.A.Jörg）简略地提到过这位叫 Suckin 的纺织工，但也遗漏了这段贸易史的许多细节。[1] Suckin 在广州经营的布料和生丝生意引人瞩目，但由于他往往通过行商的渠道与外国人进行间接的贸易，那些贸易记录里自然也就很少出现他的身影。我们发现，至迟在18世纪40年代末到50年代初期，Suckin 在这个行业已经十分活跃了，这从1757年的资料对他有相当清楚和敬重的记载可见一斑。当时荷兰东印度公司（VOC）的货物管理员还称他是该年度"一个出色的广州丝绸纺织工"。[2] 1782年，丹麦的货物管理员曾提及 Suckin 在过去的35年中都与外商有丝绸买卖，也就是说，他是在1747年前后开始有外销丝绸业务的。然而，他的名字直到很晚才在外国记载中有出现。

1757年，Suckin 在行商陈安观（Tan Anqua）的接洽下与 VOC 有过一些贸易往来。在当时的文件里，他被称为"Hou Suckin"，这表明他很可能姓"侯"（Hou）。在1764年至1784年间，他的名字频繁地出现在 VOC 的文件中，写作"Suckin"或"Weaver Suckin"，都未再提到他的姓。[3] 在1766年至1777年间，Jean Abraham Grill 的私人文件里也有一些关于 Suckin 的简略记载。

---

[1] 克里斯蒂安·约格，《瓷器与中荷贸易》，海牙：Martinus Nijhoff 出版社，1982年版，第84页。
[2] 詹姆斯·贝尔·福特图书馆（JFB），明尼苏达大学：B 1758 fNe。
[3] 詹姆斯·贝尔·福特图书馆（JFB）：B 1758 fNe. 其他年份的资料可见本书 P32 表 3。

18世纪60年代，Grill 在中国居住，作为瑞典东印度公司（SOIC）的货物管理员，他与 Suckin 有过贸易往来。1775年至1781年间，丹麦亚洲公司（DAC）的记录中也出现了 Suckin 的身影，他的名字被拼写成"Zukien"或"Sukien"。遗憾的是，当时英法两国的东印度公司记录以及葡萄牙和中国的相关文献中几乎都没有关于他的记载。

在其他文献记录中不见 Suckin 的踪迹并不代表他与这些人没有任何生意来往。实际上，当时外国人一般是从行商那里订购所需的布料，而不是直接向丝绸纺织工收购，这就意味着后者不会出现在他们的账簿上。由于采购的数额巨大，外国人通常在与行商洽谈买卖过程中拥有更多的交易筹码。如此一来，比起直接跟一个丝绸纺织工交易来说，他们与行商谈妥一个更合理的价格就显得容易一些。在1760年至1771年公行制度运作期间，丝绸纺织工与其他"外围"的小经销商们是禁止与外国人直接进行交易的，当时他们除了借助商行出售产品之外，别无选择。

荷兰人与其他几家公司的贸易情况有所不同。他们跟行商们订购大量各色各样的布料，与此同时也直接跟织工们打交道，向他们展示所需的确切颜色和图案。正因如此，荷兰的文献记录中才保留了大量关于 Suckin 的资料，相反的其他文献则未然。

让人容易混淆的是，广州至少还有另外两个人以 Suckin 或相似的名字见诸当时的文献记录。一个出色的陶瓷经销商被称作"Suchin Kinqua"，简写为"Suchin"（还有很多其他拼写方式）。这个人至迟在18世纪50年代末到大约1805年间的外国记录中就出现过。18世纪60年代瑞典东印度公司在广州的一个员工也被叫作"Loyin Suchin"或简略为"Suchin"。因此，我们要小心谨慎避免将这些人与 Weaver Suckin 混淆起来。

现存于瑞典档案里的一份货物清单中，Suckin 的名字曾以中文形式出现，写作"Su Zhan"（素战）。他至少通过两家不同的商号——"生和店"和"悦来号"开展贸易，前者看起来就是他主要的贸易伙伴。[①]

Weaver Suckin 与丝绸贸易体制

由现存记录可知，Suckin 在1757年与荷兰人有过生意往来，此后一直到1764年都没有任何记录。1758年，荷兰人购买了大量的丝织品，但他们却是向一位叫"Chancri"的丝绸纺织工订购的。这位丝绸纺织工是法国东印度公司（CFI）的主要丝绸供应商。1763年，荷兰人曾提到他仅通过行商颜瑛舍（Ingsia）做生意。1757年，法国人也从一位叫"Tenhi"的布料制造商那里收购丝绸。

---

① 詹姆斯·贝尔·福特图书馆（JFB）：B 1758 fNe；以及北欧博物馆档案（NM），斯德哥尔摩。Godegårdsarkivet：F17（以下简称为 NM：F17）。

1758年至1759年，荷兰人继续与行商陈安观进行交易，但Suckin不再参与其中。我们现在没有任何有关Suckin在1758年至1763年的资料。当1764年他的名字再次见诸文献记录的时候，他依然是一位受人敬重的出色丝绸纺织工，因此我们推测他一直都活跃在这个行业中，生意红火。①

从1764年到1771年间，荷兰方面一直保留着有关Suckin通过行商与之贸易的记录。荷兰人直接向Suckin订购所需的布料，但最终的账目结算是通过蔡氏、颜氏和陈氏三家行商进行的。与此同时，这三家行商共同经营着18世纪50年代至80年代荷兰东印度公司（VOC）的大部分贸易，Suckin看起来正是他们主要的丝绸供应者之一。②

当1764年再次出现有关Suckin的记录时，他正在给这个行商财团中的两人——蔡煌官(Tsja Hunqua)和颜瑛舍生产大批丝绸。Suckin负责织造，荷兰人则雇佣其他人染色或描绘图案。从18世纪60年代到80年代，荷兰东印度公司经常聘请中国画师Anthony Toanqua给Suckin生产的丝绸描绘图案。Anthony Toanqua同时也替丹麦亚洲公司和瑞典东印度公司画图。当时广州也活跃着其他几位丝绸画师，包括Laqua, Leonqua, Matheus, Lo Thunqua和Puqua，因此他们之间的竞争相当激烈。

在广州也有不少刺绣工受雇于外国人，在他们的布料上缝缀边缘。在Suckin生意红火的年代，我们发现Soyching（方遂胜），Leonchang, Akoun, Ayau, Pinqua, Samqua和Atay等人都在这个行业中。与丝绸纺织工一样，画师和刺绣工都直接跟外国人洽谈订单，但价格须通过行商议定。丝绸纺织工主要承接批量布料和生丝的订单，通常这些织布每一张都不会超过一两种颜色，它们配有诸如条纹或格子的基本图案。其中一些布料编织出来后就交付画师和刺绣工，他们在上面添加额外的颜色、标志、边缘、名称以及其他外国买家想要的图案。

Suckin主要经销生丝，同时也包括丝织品。当时广州的市面上供应两种不同类型的生丝，分别是产自南京邻近地区的生丝和产自佛山的本地丝。③后者就是一般人所说的"广州丝"。荷兰每年都订购这两种丝，但Suckin似乎专门经营本地生丝。实际上，据荷兰人所说，Suckin居住在佛山，经常往返于广州和佛山两地开展贸易。一般认为，广州丝在质地上稍逊于南京丝，因此它在价格上也便宜一些。毫无疑问，加上本地货物运输成本也较低，这种价格较为便宜的广州丝

---

① 詹姆斯·贝尔·福特图书馆（JFB）：B 1758 fNe；国家档案馆，海牙（NAH）：VOC 4381；以及Paul A. Van Dyke and Cynthia Viallé, The Canton-Macao Dagregisters. 1763（Macao: Cultural Institute, 2008），177、185. 这些被翻译和出版成荷兰文的dagregisters被称为CMD.
② 有关荷兰与Suckin直接贸易，然后通过三家行商出货的例子，可参见NAH：Canton 28, 29, 30, 75 and 76.
③ 有关中国丝产地的详细研究，参见李莉莲：《中国近代蚕丝业及外销（1842—1937）》，剑桥：哈佛大学出版社，1981年版。

也就成为抢手的出口商品。①

姑且不论质地如何，广州丝相比起南京丝来说能够节约 50% 的工艺成本。据荷兰人估计，每生产一斤广州丝，耗银一两，而南京丝则耗银二两。这意味着广州丝在生产上比南京丝占有 6% 的优势。在这种情况下，偏低的价格，较少的运输成本，加上少于 50% 的收缩率，使得当时广州丝的需求十分旺盛。②

在过去的几个世纪里，丝绸是中国首屈一指的出口商品。在 19 世纪晚期欧洲和美洲饮茶风气盛行之后，茶叶出口才跃居首位。18 世纪中期的某些时段，丝绸出口数量有定额限制，但此前还有其他一些针对丝绸的禁令。譬如，中国法令规定深红色和金黄色布料仅供皇帝使用，因此所有这些颜色的布料都严禁进出口。

18 世纪 50 年代后期，由于担心丝绸短缺会抬高价格，因此不管生丝还是丝织品的出口都实施配额制，仅允许每艘外国船运载 80 担生丝出口，其中必须分别包括 30 担南京丝和 50 担广州丝。到了 18 世纪 80 年代，出口定额提高到每艘船 100 担（南京丝和广州丝各 50 担），船只的大小则不在限制范围。

丝织品在市面上可以 10∶8 的比率替换成生丝，即 10 斤生丝换 8 斤丝织品。在某些年份里，外国公司也可以将几艘船的配额统一加起来装载到一艘船中，但前提是所有这些船舶该年都必须在中国。清政府并不允许将广州丝替换成南京丝，反之亦然，这同时适用于丝织品和各种生丝种类。③ 丝绸贸易的这种限制导致了这个行业必然被诸如 Suckin 一样的小经销商们操纵。有很多例子显示丝绸经销商能够跻身行商的行列，不过这种情况在陶瓷经销商身上较为常见。后者在出口数额上没有限制，因此日益壮大的生意使得他们成为具有潜力的行商"候选人"。④

依据各自的质地，生丝和丝织品在价格上都有所不同。一般来说，在 Suckin 活跃的时期，大部分种类的丝绸成本都在增加。为了防止价格上涨，外国人通常会要求他们的卖家提供与往年一样的价格。例如在 1764 年，荷兰人对于他们能够将一些丝织品的价格压低于 1759 年的价位就

---

① NAH: Canton 27, 42, 74, 75, 78. 在 1779 年 9 月 14 日一份 VOC 的会议记录中，荷兰人写道："zo wierd verstaan den Weever Suckin, woonende te Faisant, te laeten ontbieden om ten spoedigsten herwards te komen, ten einde met hem te reguleeren de quantityt en priesen der nog ontbreekende stoffen"（我们已经要求住在佛山的 Weaver Suckin 尽快到广州来，以便我们可以议定所需的丝绸价格和数量）. NAH: Canton 42.
② NAH: Canton 73, 18 March 1764.
③ 在 CMD 1763, 11 中我们可见关于 80 担的限制资料。直到 1836 年，外国人仍然对丝出口的配额不满，但他们未能说服清政府放宽这个政策。Canton Register (8 November 1836).
④ 李莉莲：《中国近代蚕丝业及外销（1842—1937）》，剑桥：哈佛大学出版社，第 62—69 页。关于那些刺激茶叶贸易增长的因素的讨论，参见范岱克：《广州贸易：中国沿海的生活与事业（1700—1845）》，香港九龙：香港大学出版社，2005 年版。

深感满意。他们采购的一些丝绸种类价格确实比 1759 年贵了一些，但平均而言，相比起 1763 年来说，1764 年他们节约了 4% 的采购成本。[①]

短期内这些遏制价格上涨的努力颇有成效，但供给、需求和通货膨胀的刺激最终还是占据优势。1765 年，南京异常的寒冷气候导致大量家蚕死亡。据当时荷兰人推测，这一年的产量比往年大约减少了 50%。供应的锐减推动价格上涨，尽管外国人抱怨连连，但他们要么为此支付更高的成本，或么干脆就放弃采购活动。[②]

1766 年 1 月，荷兰人又试图将价格限定在 1763 年的水平（当时的价格比 1764 年高出 4%），对此 Suckin 抱怨说这已经触及他的利润底线了。[③] 到了该年末，价格再次上涨，并且在整个 18 世纪 60 年代都保持上升的趋势。1770 年，荷兰官员对 Suckin 说，他们无法容忍价格再次上涨，也不会支付超出 1769 年价位的费用。[④] 然而，到了 1771 年 2 月，Suckin 再次抱怨说，基于价格再次上涨，他不能以上一年的相同价格供应丝绸。[⑤]

荷兰的记录中有一个例子可以说明这样一个事实，即比起与织布工协议丝绸价格，外国人更能与行商们谈妥更好的价格，而行商们也能够提供更多保障措施来应对价格飞涨。由于价格上升，1766 年初，潘启官与英国人议定的丝绸供应数量锐减。他之前同意以每担 280 两的价格发送 300 包南京生丝。但到了 12 月，他将这批丝绸运送上在黄埔港停泊的英国船只上的费用已经上升到每担 320 两。也就是说他为此每担损失了 40 两，需要在其他产品或者以后的丝绸销售中弥补回来。[⑥]

当价格上涨的时候，行商们有四种选择方式来保障他们的利益。他们可以坚持更高的价格，可是由于市场竞争激烈，这种方式一般难以实现；他们可以向分包商（织工、画师和刺绣工）施压，以便转嫁部分亏损，这种方式有时见效，但很难推而广之；他们可以议定较低的价格，然后提供质地较差的产品，这种方式势必将失去日后与这些买家的交易；又或者他们可以通过其他商品的更理想销售，某种成本的优惠贷款，更多的预付款及附加税，或其他商品的更高价格等方式来弥补损失。[⑦]

由于不经销其他商品，织布工不可能采取后面的几种选择。随着价格上涨，Suckin 肯定会受

---

① NAH：Canton 27，28.
② NAH：Canton 74.
③ NAH：Canton 75.
④ NAH：Canton 79.
⑤ NAH：Canton 34，80.
⑥ NAH：Canton 75.
⑦ NAH：Canton 74.

行商所迫而承受部分损失。织布工作为一个劳动密集型的职业，任何米粮或食物的价格上升都会相应地抬高丝绸生产加工的费用。因此，Suckin 难以因为产品价格高昂而补贴外国买家，这就是为什么大部分外国买家不直接与织工们交易的原因。

假如压力过多或工薪偏低，苦力们也会拒绝包装茶叶。一旦薪酬不足以维持生计，其他的劳动者，例如佛山纺纱工或山区茶叶运输工，偶尔也会走上罢工之路。我们很难想象普通劳动者在薪酬无法维持基本温饱水平的情况下还能继续工作，他们理应获得足够的薪酬来购买米粮和支付其他生活开支。①

1775 年，Morse 列举了从广州出口的茶叶和生丝总量，让我们得以衡量这两种商品与总出口额之间的关系。这一年 26 艘外国商船共出口 125 125 担茶叶和 3 724 担生丝。就重量而言（每担约相当于 133.333 英镑），丝绸出口仅占总量的 3%。

然而，一旦考虑这些商品的价值，我们就会得出截然不同的结论。假定茶叶每担至少值 14 两，生丝每担值 275 两的话，那么茶叶出口总额为 1 757 750 两，而生丝出口总额则为 1 024 000 两。丝绸出口量是前者的四分之三左右，换言之，每花费 5 两白银收购茶叶，相应的就有 3 两花费在丝绸上。如果我们将收购价提高到每担茶叶 17 两的话（这是考虑到数量不多的昂贵绿茶可能会抬高均价），茶叶出口总额将高达 2 127 125 两，相当于丝绸的两倍。以每担 20 两的均价而言，茶叶出口总额为 2 502 500 两，意味着丝绸出口量是它的五分之二。毫无疑问，丝绸在当时的出口贸易中扮演着相当重要的角色，以往的研究对此尚未有充分的认识。

如果我们考虑一下资本的投资状况，丝绸的数据就更加引人瞩目。按每担茶叶 10 两的价位，1775 年的预付款就高达 1 251 250 两。按茶叶价值为丝绸的 80% 估算，后者的预付款则高达 819 200 两。可见丝绸的预付款是茶叶的三分之二。这些例子表明，在贸易史上丝绸的投资和出口情况并未引起人们足够的重视。结果，部分是由于人们依据了无效的或难以得到的价值对照数据（以"两"和"美元"为单位），以及历史学者编成的数量对照数据（以"担"和"吨"为单位），人们就认为在总出口额中丝绸仅仅占了很小的比重。②

丝绸纺织工和供应商向外国买家供应非法的红色和黄色丝绸，须承担很大的风险。但供应商们如果不铤而走险的话，他们很可能也就丢掉了这些买家的其他丝绸生意。丝绸的颜色和种类是成批量进行订购的，很难辨别出其中红色和黄色的布料。这给丝绸纺织工和供应商们带来很多问题。

---

① 范岱克：《广州贸易：中国沿海的生活与事业（1700—1845）》，香港九龙：香港大学出版社，2005 年版，第 65 页；以及 NAH: Canton 82。
② 马士：《东印度公司对华贸易史：1635—1834 年》（第五卷），剑桥：哈佛大学出版社，1926 年版。（台北：京文出版社，1966 年再版）。

例如在 1767 年 12 月，官府截获了一艘从佛山到广州装载红色和黄色丝绸的船只。这批布料是行商颜瑛舍和潘启官与丹麦交易的。在支付了一大笔贿赂后这些货物最终被放行。另一个例子发生在 1766 年 11 月 20 日，当时征税部门扣押了 Suckin 的一批丝绸——它们正运往停靠在黄埔港的荷兰船只，理由是官府从中发现了"违禁的颜色"。这批丝绸是行商蔡煌官及其合伙人从 Suckin 那里订购的，这次梗阻导致他们将黄色丝绸说成是出口"有颜色的茶叶"，试图以此蒙混过关。朝廷明文规定深红色和黄色的布料禁止出口，但没有规定同种颜色的茶叶不能出口。然而官府不接受这个辩词，蔡煌官最后只好采取其他秘密手段出口这些颜色的布料。①

不管如何，那些分布在从广州到黄埔港航道上的征税官吏都必须得到"犒赏"才能对非法的出口活动视而不见。出口这些非法颜色的布料的可行办法之一，是将它们存放在悬挂有外国旗帜的船只底舱，这样可以避过盘查。例如在 1761 年，一个叫 Namqua 的供应商替几家公司运载非法的丝绸，他将这批货物藏在他们的船只底舱，② 先是收买广州的海关得以将货物装进船，然后又买通了黄埔港的官吏得以免除卸货程序，直接将货物运出口。如果这种非法的丝绸是在佛山出产的话，那么就必须贿赂在佛山和广州之间的海关官吏们。因此，一旦一次运载中掺杂了少量红色和黄色布料，运输成本就大大增加，而整个利润自然有所减少。可是丝绸纺织工和供应商们假如不这样做的话，他们的生意就会被其他甘愿冒这些风险的同行们抢去。③

在一些年份里，偷运这些物品并非易事，因为河泊司（海关的主管官员）和地方官都严厉稽查属下的各种纵容行为。例如 1759 年，从广州到黄埔港的征税部门都对非法丝绸的运载活动习以为常，他们大胆地对每艘外国船只征收 100 西班牙元的附加税以豁免他们偷运这些丝绸。不管过往船只是否偷运非法丝绸，他们都征收附加税，以致怨声载道。当时英国和丹麦的货物管理员就向地方官投诉这种纵容行为，理由是他们并非所有船只都有偷运，不肯平白无故地缴付这项税款。在他们的举报下，征税部门的一些官员被逮捕，后来那些在下游征税的官吏也在澳门附近被捕。这次严厉打击仅是例外，事实上，中国的供应商们往往都能通过各种手段（通常就是贿赂）来运载这些违禁品。④

当时广州存在一套运作良好的贿赂惯例，每一种物品都"明码标价"。只要官吏们肯定对方

---

① NAH: Canton 29, 32, 34—6, 39—41, 43, 75, 78; 以及 Rigsarkivet（国家档案馆），哥本哈根（RAC）: Ask 1157, 1160.
② NAH: Canton 25, doc. no. 9, 5 October 1762; and CMD 1762（Macao Cultural Institute, 2006），102 n. 76.
③ 关于挂有外国旗帜的船只的偷运活动，参见范岱克：《广州贸易：中国沿海的生活与事业（1700—1845）》，香港九龙：香港大学出版社，2005 年版，第 117—120 页。
④ 范岱克：《广州贸易：中国沿海的生活与事业（1700—1845）》，香港九龙：香港大学出版社，2005 年版，第 95—96 页。

能够成功将货物运抵黄埔港而不被沿途的河泊司查获，那么他们就欣然接受贿款，允许偷运。1834年，允许运载超出定额数目的生丝"保护费"是每担加收4个西班牙元，至于允许运载违禁的丝织品（红色和黄色）的"保护费"则是每箱加收2个西班牙元。不过，税官们偶尔也会扣取部分丝绸作为他们放行的"酬金"。①

对外国的货物管理员来说，这种"酬金"会带来会计核算上的问题，所以我们较少在外国文件记录中看到这方面的资料。理论上，运离广州的出货额必须与运抵黄埔港的数额相吻合，但如上所述，运输途中被"扣取"的产品却打破了这种平衡。这就是为什么"保护费"最终会演变成每单位的固定金额，而不是实物支付的原因。这种固定金额作为一种"官员的费用"容易被记入各家公司的账本中，从而既是一种正当的开销，也不会打破运输过程中的数额平衡。②

如果某一年的风险大于往年的话，例如1759年，税官们就不会轻易允许非法偷运活动，也不会因此收取大量贿赂。一旦这种情况发生，就意味着偷运活动势必要付出高昂的代价。通常这些违禁品会集中存储在广州以待时机好转，或者要等到它们可以被转换成较容易出口的商品为止。所有这些因素都影响到Suckin跟外国人做买卖，从而让我们更加了解他所面对的风险和制约。③

在相关记载中，我们看到Suckin在1767年2月面临资金周转的问题。他在这一年的淡季已经收到丝绸订单上标准的20%预付款（即在2月或3月订购），并且将在8月或9月船只到埠时得到余下的60%预付款。但如今他要求荷兰东印度公司在下订单时就要预付30%的款项，并在船只到埠时支付另外的60%。④不过，荷兰方面拒绝这样做，依旧照常提供了80%的预付款（分别是20%和60%）。⑤

旺盛的市场需求和有限的供应推动了广州高利贷利率的上升，造成中国商人借款十分困难。一般来说，中国商人要支付每年20%的利息（或每月2%的利息），而当时在广州或澳门的外国人借同样数额的款项仅需支付每年10%~15%的利息。在资金短缺的某些年份，中国商人的年利率甚至高达40%或50%。这也难怪Suckin希望荷兰方面提供更多的预付款，以便他不用去借高利贷。⑥

---

① 范岱克：《广州贸易：中国沿海的生活与事业（1700—1845）》，香港九龙：香港大学出版社，2005年版，第129页，"Table 7: Tidewaiters' Connivance Fees in Whampoa and Canton, 1834"。
② 到了18世纪后期，大部分保护费都是货币形式，而不是实物支付。譬如鸦片的保护费大约是每箱20西班牙元，参见范岱克：《广州贸易：中国沿海的生活与事业（1700—1845）》，香港九龙：香港大学出版社，2005年版，第127—134页。
③ Van Dyke, "Port Canton", Chapters One, Five, and Six; and NAH: Canton 78。
④ NAH: Canton 76.
⑤ NAH: Canton 32, 33, 34, 35, 43, 76。
⑥ NM: F17 T1_00048-52; and Van Dyke, "Port Canton," Chapter Five.

除了"保护费"和高利贷之外，还有其他的费用会影响到丝绸贸易。Suckin 与荷兰人的买卖协议不仅规定了产品的价格和数量，同时也包括确切的发货日期。通常协议会说明从签署之日起 100 天、150 天或 200 天之内产品必须运抵黄埔港的船只上。这个发货日期会在文件中明确注明，彼此都不会混淆。假如耽误了发货日期，Suckin 就必须按照未能发货的产品价值支付 3% 的滞期费。由于中西方采用不同的历法（分别是农历和公历），避免误会起见，在买卖协议中清楚注明日期尤为重要。[①]

1767 年 8 月，Suckin 再次出现了账目问题，但这一回是与先前协商的产品价格有关。Suckin 向荷兰方面要求追加 8% 的金额，理由是他们订购的 1000 匹布料拥有特殊的质地。11 月，三家行商向荷兰东印度公司提出，他们在该年订购的丝织品金额应追加 900 两。如果荷兰方面拒绝支付，Suckin 将蒙受损失，而货物管理员也很可能无法在船只起程前获得他们需要的布料。直到最终出货的 12 月底，荷兰方面才做出了折中处理，在原来议定的价格上额外追加了 4%。[②]

另一个例子发生在 1768 年 2 月，当时英国人得到一批质地较差的丝绸，要求供应商以每担 10 两的折扣出售。[③] 供应商发送的产品质地与先前跟外国人协议的产品之间有所落差，一直是丝绸纺织工需要应对的问题。谁也无法保证订购的产品与实际发送的产品之间分毫不差，毕竟市场和产品是因季节的变化而变化的。然而，不管他们与外国买家的协议如何，丝绸纺织工都必须根据实际产品的质量补贴供应商的损失。所有外国订购的布料都是依据商人和丝绸纺织工提供的样品，然后转交给供应商的。但最终的情况是，谁也无法保证送抵广州的产品质量究竟如何。正如上述例子那样，Suckin 的营业信誉良好，他往往能够拿到超出预期质量的最好丝绸。假如他对质量毫无要求的话，那么供应者很可能提供的就是较差的产品（例如上述英国的例子），而将较好的丝绸转售给其他丝绸纺织工。[④]

在出货情况有所调整之后，议定的价格是基于当时市场变化的状况而定的，实际的买卖协议一般在淡季就签订，这一时期无论价格还是市场都较少投机性。假如协议签署之后或出货之前价格出现上涨，外国买家通常都置之不理，仍然要求价格和质量不变。不过假如价格下降了，你就不难想象外国买家就会向中国商人施压以获取某种折扣。在这方面，价格和市场体制以及高利贷利率都有利于外国的买家们而非中国的卖主。这是一个以买家为主导的市场，也是当时中国政府喜闻乐见的局面，由此总的贸易额才会保持增长（但这并不包括丝绸贸易的增长在内）。

---

① NAH：Canton 32，33；and Morse, *Chronicles*，1:288.

② NAH：Canton 76，77.

③ NAH：Canton 77.

④ NM：F17 T1_00235-239；NAH：Canton 77，86 and VOC 4556.

1770年7月27日，三大行商财团的首脑蔡煌官去世。在清理商行期间，贸易暂时停顿下来。每当一位主要商家——例如蔡煌官离开了广州的市场，都会给中西买卖方带来不少变数。8月初，在新的首脑被任命到蔡煌官的商行之前，荷兰方面十分焦急地与Suckin签订了丝绸采购协议。这样做的意义在于，当时几乎所有人都察觉到蔡煌官商行运作的实际状况，他们担心不能够获得和去年一样的采购价格。①

由于整个18世纪60年代丝绸的订购是通过行商（也被称为"有保障的商人"）进行的，这就难以估算Suckin实际上向每家公司出售多少产品。到了1772年3月（即公行制度开始衰落之后），Suckin表示荷兰人在很多方面都直接与他洽谈，不仅是下订单，同时也在贷款、运输和酬金等方面。如今他能够以他自己的名义和账户进行买卖，此外他还特别提到说自己再也不用像18世纪60年代那样通过行商集团开展生意往来了。他这种坚定的诉求足以说明，他对之前做生意的种种制约感到不满。②

对Suckin来说，公行制度的崩溃不一定是件好事。虽然必须与商行分享一些利润，但反过来他也会获得一些保障。公行能够调节丝绸的价格和所需的贷款，这增加了贸易的安全和稳定性。一旦这个局面一去不返，每一个商人都必须亲自协调这些因素。结果随着商人们无序地你争我夺，市场的竞争变得异常激烈。这种恶性竞争环境给外国买家提供了更多的交易筹码。

1773年8月，荷兰人向Suckin提出假如他同意压低价格的话，他们将给他一份丝绸订单，同时他们强调现在只能预先支付50%的金额。由于再也没有行商从中牟利，Suckin可以接受荷兰人提出的价格。但他在预付款问题上不能让步，因为没有这笔款项，他无法向内地的代理商采购这批货物。Suckin拥有这些谈判筹码，原因在于其他丝绸纺织工同样需要这笔款项去进行采购。因此他坚持要求如常支付80%的预付款，荷兰方面最终也只好同意。③

但到了1775年，荷兰人又试图重新制定贸易规则。他们提出，生丝协议签订后，他们不在淡季的时候按照惯例支付80%的预付款，而是等到8月或9月船只到埠时才一次性支付全部金额。但这一回Suckin还是以资金短缺为由坚持按照惯例做法，在淡季支付80%的预付款（即在2月或3月交20%，在船只到埠后支付60%）。④

有记录表明，在1775年至1781年间，Suckin曾向丹麦亚洲公司（DAC）出售丝绸。1776年，另一个名为Samqua的丝绸纺织工开始出现在DAC的文件记录中，Suckin遇到了竞争对手。他

---

① NAH: Canton 33.
② NAH: Canton 35.
③ NAH: Canton 36，37，38.
④ NAH: Canton 38—40.

们每年都向 DAC 供应所需的丝绸，这种状况持续到 1781 年才中断了两人的记录。表 1 显示了 1777 年 Suckin 向丹麦供应的不同等级南京丝。

表 1　1777 年南京丝的价格①

生丝的类型	每担价格 / 两
第一等 Organzin Tsiely 丝	348
第二等 Organzin Tsiely 丝	328
第三等 Organzin Tsiely 丝	313
第一等 Tram Ta-cran 丝	326
第二等 Tram Ta-cran 丝	311
第三等 Tram Ta-cran 丝	301

这个丝绸等级和价格的清单需要稍作一些解释，其中顶级的南京丝禁止出口，仅供皇帝使用。然而这一限制的具体实施情况稍有不同。顶级的丝绸可能包括了某一特定地区出产的所有产品（它们被认为全部是优质的），或者可能只是包括某一地区的某些最优质产品，而来自这些地区的较低等级丝绸则允许出口。

在这些限定条件下，当时中国和外国的分级系统也颇有不同。例如表 1 中"第一等 Organzin Tsiely 丝"在中国的分级标准下实际上只是第二等的产品。外国买家不会向中国的第一等产品开价，因为他们知道这类产品是运往北京的。这类指定运往北京的顶级丝绸一般人难以购得，除非是那些得到许可经营的人。②

然而，丝绸的等级和价格并不像表 1 显示的那么直接明了。在 18 世纪的大部分时间里，实际上并不存在一套外国人认可或遵守的丝绸标准，因此要将产品归类就显得十分困难。此外，外国买家的记录中也不常提到等级，正如上述 Morse 的例子那样，仅仅注明购买的是"生丝"而已。由于这种模棱两可的做法，我们一直无法从时间上准确地对比各家公司之间的价格差异。

出自 DAC 文件记录的表 1 数据是一个例外。在其他年份，丹麦人仅仅记录他们采购的所有生丝的价格，而不提及质量。例如，李莉莲编列了 1702 年至 1799 年间广州生丝的各种高低价格，都大大低于表 1 显示的最低价。1775 年（表 1 之后两年），李莉莲的研究显示每担价格从 275 两上升到 277.5 两，到了 1783 年（表 1 之后四年）又回落到每担 275 两。③ 这种价格的不同

---

① RAC：Ask 1178.
② 李莉莲：《中国近代蚕丝业及外销（1842—1937）》，剑桥：哈佛大学出版社，1981 年版，第 66—69 页。
③ 李莉莲：《中国近代蚕丝业及外销（1842—1937）》，剑桥：哈佛大学出版社，1981 年版，第 69 页。

范围是各家公司对丝绸持有不同标准的结果，导致我们无法进行有意义的比较。

此外，外国人将西班牙元兑换成中国银两时也并非都使用同一比率。甚至他们使用不同的计量单位来称货物（包括生丝和白银）的重量，也就是说，当我们掌握了不同等级丝绸的价格，我们还要考虑这些数字是否对应等价的白银。即使掌握了所有这些信息，我们仍然要核对这些公司是否使用同一种生丝的评级体系，如此才能断定不同资料中所谓的第二等级指的是同一种产品。实际上，在表1中就存在第一、第二和第三的两种不同级别。由于这些模棱两可的记录，我们无法对Suckin的价格进行有意义的比较，只能姑且将它们罗列出来，表示其中有很大的波动。①

尽管存在这种困惑，我们还是比较清楚的是当时第一等级的广州丝在价格上大大低于同等级的南京丝。在18世纪70年代初期，荷兰人经常向Suckin订购广州生丝，每年数量在40~80担之间，每担价格190~195两。到了1778年广州生丝价格再次上涨，Suckin又重新与荷兰人展开协商。他将价格提高到每担200两，荷兰方面也束手无策。1779年，丝绸价格再次上升，但这一回的原因是关税飞涨了15%。②

1778年广州谣言纷飞，传言河泊司将出台政策，要求所有货物都必须重新回归大商家经营，因此他们要严厉打击偷运活动（而且很可能更严格地控制当时出现的行商破产问题）。为了预防损失起见，Suckin将所有准备售给荷兰东印度公司的丝绸都搬到行商蔡相官家中。蔡相官不仅是一位行商，他的岳父还是另一地区的官员，因此，这样做可以在新政策实施的时候保障Suckin的权益。③

18世纪70年代后期，商人慢慢填补了行商没落后留下的真空，随之激烈的竞争开始爆发，这也波及纺织行业。我们已经看到荷兰人如何通过与Suckin重新协议交易条款，从不断升级的竞争中获利。1780年，荷兰人也开始与英国东印度公司的主要丝绸供应者Weaver Tiqua洽谈，因为他开出的价格比Suckin低了3%。为了吸引荷兰人与之交易，Tiqua没有坚持对方支付一笔广州生丝的预付款，但他仍然要求对丝织品要如常预付80%的金额。这一年Suckin与英国东印度公司有一笔数量可观的丝织品买卖，但此后就跟他们断绝贸易往来了。商业竞争有力地将他逐出了市场。④

---

① 有关不同类型丝绸的分级方法，马士曾说，英国人将第一等、第二等和第三等的生丝分别称为"Head""Belly"和"foot". 但在其他账目报单下，账本中仅仅开列"生丝"而没有注明等级.Morse, Chronicles, 1：90, 97, 110, 123-4. 所有这些记录在各家公司的账本中都有不同的账目。
② NAH：Canton 38—42.
③ NAH：Canton 41, 46, 87.
④ NAH：Canton 43, 44.

我们尚不清楚那个时候 Suckin 的经营状况如何，不过即便没有 Tiqua 的竞争，由于战争的关系，18 世纪 80 年代初期他也很可能会丢掉与英国东印度公司的大部分贸易。当时荷兰与英国交战，导致英国东印度公司的船只很少抵达中国。1781 年仅有一艘英国船到埠，而往年的情形是每年 4 艘。1782 年没有一艘英国东印度公司的船只到埠。1783 年，荷兰委托两艘普鲁士的船只来到中国。一直到 1784 年英国东印度公司与中国的贸易也没有恢复到从前的数额，因此，即使 Suckin 能够与 Tiqua 展开竞争，并在 1780 年还保留其与荷兰的交易规模，但无论如何他还是注定要失败的。

Suckin 的贸易数据

表2　1772 年至 1780 年间 Weaver Suckin 与 VOC 的贸易状况

年份	船只数量/艘	Suckin/两	总额/两	百分比/%	交易的产品	资料来源
1772	4	50 809	944 765	54	zt,zr	Can 35; VOC 4410
1773	4	60 272	670 531	90	Nl,zt,z	Can 36, 82; VOC 4411
1774	4	50 831	603,020	84	zt,zr,z,Nl	Can 37, 83; VOC 4412
1775	5	60 161	693 437	87	zr,zt,Nl	Can 38; VOC 4413
1776	4	70 640	676 401	104	zt,zr,Nl	Can 39; VOC 4414
1777	4	61 153	796 175	77	zr,zt,z	Can 40, 86; VOC 4415, 4556
1778	4	83 589	765 224	109	zt,zr,D	Can 41, 87; VOC 4418
1779	4	74 320	799 117	93	zr,zt,z	Can 42; VOC 4419
1780	4	20 452	732 092	28	zt,z	Can 43; VOC 4421
1772—1780	37	532 227	6 680 763	80		
ave/shp		14 385	180 561	80		
ave/yr		59 136	742 307	80		

表3　1757 年至 1784 年间 Weaver Suckin 及其合伙人与 VOC, SOIC 及 DAC 的贸易活动

贸易人：Suckin, Suchin, Sukien, Zukien, Zuchin, Sucking, Sucqin, Housuckin, Souchin, Sauchin, Hou-Sucking, -Swekeen, -Swekien, -Swekin				
与 VOC 的贸易活动时间表				
年份	贸易人	评论	贸易的产品	资料来源
1757	Hou Sucking, Housuckin, Sucquin	一位有声望的丝绸织工		JFB: B 1758 fNe
1764	Weaver Suchin, Suckin		zt,sat	Can 27
1765	Weaver Suckin		zt	Can 28
1766	Weaver Suckin		pq,tx,zt	Can 29
1767	Weaver Suckin		zt	Can 30
1768	Weaver Suckin		zt	Can 31
1770	Weaver Suckin		zt	Can 33

(续表)

| 与 VOC 的贸易活动时间表 ||||||
年份	贸易人	评论	贸易的产品	资料来源
1771	Weaver Sucking			Can 34, 80
1772	Weaver Suchin, Suckin		参见表 2	Can 35; VOC 4410
1773	Weaver Suckin, Suckin		参见表 2	Can 36, 82; VOC 4411
1774	Weaver Suckin/Sucking		参见表 2	Can 37, 83; VOC 4412
1775	Weaver Suckin		参见表 2	Can 38; VOC 4413
1776	Weaver Suckin		参见表 2	Can 39; VOC 4414
1777	Weaver Suchin/Sukin, Suckin	看起来主要经销广州生丝	参见表 2	Can 40, 86; VOC 4415, 4556
1778	Weaver Suchin/Suckin	只经销广州生丝	参见表 2	Can 41, 87; VOC 4418
1779	Weaver Suckin, Suckin		参见表 2	Can 42; VOC 4419
1780	Wever Suckin, Suckin	丝绸得到 Tsjonqua 的保护	参见表 2	Can 43; VOC 4421
1784	Weaver Suckin		z	Can 46
1784	Weaver KytSiouqua, Kytsiouqua	Suckin 的侄子能讲葡萄牙语	zt,z	Can 46; VOC 4426
1785	Kyt Sjouqua		tx	Can 47
与 SOIC 的贸易活动时间表				
年份	中国姓名	评论	贸易的产品	资料来源
1766	Souchin, Sauchin			T1_06430-1
1768	Suchin	属于生和店		T1_00052-3, 05346, 05360-1, 05636-7（bc）, 05355-7, 07285
1769	Suchin	丝绸业者		T1_00235-6, 01979-89
1770	Suchin			T1_05628-9
1777	Zuchin			T1_00290
与 DAC 的贸易活动时间表				
年份	中国姓名	评论	贸易的产品	资料来源
1775	Sukien, Zukien		zt,lu,sat	Ask 1173-1174
1776	Zukien		zt,lu,sat,pq	Ask 1175
1777	Zukien	丝绸经销商，通过 Samqua 订购	zt,sat,lp	Ask 1177-1178
1778	Zukien		zt,Nk,tx	Ask 1179
1779	Zukien		zt,D,gg,pq	Ask 1180
1780	Zukien		zt,sat,psy,lu,pq,Nk	Ask 1183
1781	Zukien		zt	Ask 1185

表 2 和表 3 的注释：

产品缩写：lu = illustering（布料），Nk = Nankins, pq = Pekings（布料），psy = Pordesoys（布料），sat = satin, tx = textiles, z = silk, zr = silk-raw（未加工的），zt = silk textiles. Archive。

缩写：Ask = 国家档案馆藏 DAC 档案，哥本哈根；Can = 国家档案馆藏广州档案，海牙．1.04.20；JFB = 詹姆斯·贝尔·福特图书馆，明尼苏达大学，B 1758 fNe 档案包含了来自广州的荷兰记录，1758；NM = 北欧博物馆档案，斯德哥尔摩。Godegårdsarkivet Archive F17. T1_00290 提到档案中的页码。注有"（bc）"的页码表示该页有一个中文书写的"商业"（b）名称和一个"印章"（c）。

表 3 的数据显示了 1757 年至 1780 年间 Suckin 与 VOC 的交易情况，以及他在 1775 年至 1781 年间与 DAC 的交易情况。由于丝绸是一种昂贵的商品，即使总的商品出口额不大，丝绸在

全部货物总值中还占有十分显著的比重。表 2 显示了在 1772 年至 1780 年间 VOC 的货物总值中，Suckin 的丝绸供应约占总平均值的 8%，考虑到他当时的窘境，这个数目不容小觑。[1]

我们未能找到这些年的 DAC 贸易数据，但通过参看表 2 的各种条目，可知 Suckin 很可能也向他们出售了为数不少的丝绸。我们同样也没有这些年 SOIC 的详细数据，但 1766 年至 1770 年的资料提到 Suckin 是一位"丝绸业者"。

Jörg 曾提到 Suckin 在 1778 年就破产了，但如上所述，他的生意实际上维持到 1781 年。1782 年 3 月，一位住在中国的丹麦货物管理员列出一些 DAC 今后可与之交易的大商人名单。Suqua 出现在这份名单上，但没有提到 Suckin。然而，有意思的是，这个叫 Suqua 的人很可能就是 Suckin 的侄子（参见下文）。[2]

1781 年之后 Suckin 的相关情况

1783 年荷兰的记录再次出现 Suckin 的名字，同时提到一位叫杨丙观（Pinqua）的行商。据这份报告称，Suckin 早在两年前就停止营业了，他给杨丙观留下了一批丝织品。荷兰人表示杨丙观最终将这批货物卖给了丹麦。[3]

1784 年，荷兰的记录提到 Suckin 的一个侄子 Kyt Siouqua（他的名字后半部分也可以拼写成 Sjouqua、Sjonqua 和 Kiouqua）在经销丝绸。和他的叔父一样，Siouqua 也要求买家按照惯例支付预付款（我们假定就是上述 80% 预付款）。然而，荷兰买家成功说服了他，只在船到埠时先给予 60% 预付款，待发货时再支付余额。但行商陈祖官坚守他的职责，为买卖提供适当的保护（可能他也要求 60% 预付款）。[4]

Siouqua 在商业上跟他的叔父有密切联系。他能够讲葡萄牙语，这意味着他很可能接手了

---

[1] Paul A. Van Dyke, 'The Yan Family: Merchants of Canton, 1734-1780s', Review of Culture. International Edition No. 9 (January 2004): 30-85; and Paul A. Van Dyke, 'Cai and Qiu Enterprises: Merchants of Canton 1730-1784', Review of Culture, International Edition No. 15 (July 2005): 60-101.

[2] RAC: Ask 1190; NAH: Canton 43-5; and Jörg, *Porcelain and the Dutch China Trade*, 84. For the number of Dutch ships in China each year, see Jörg, *Porcelain and the Dutch China Trade*, Appendix I.

[3] NAH: Canton 45. 笔者无法在丹麦公司的记录中追寻这次交易的情况。丹麦确实在 18 世纪 80 年代初购买了这批丝织品，但却是从商人 Asing，Kiauqua 和 Samqua 手中收购的。他们也和杨丙观做买卖，但主要是茶叶生意。也许这仅仅是杨丙观和丹麦的货物管理员进行的一次私人交易。

[4] NAH: Canton 45, 46, 90.

Suckin 与葡萄牙人和在澳门的西班牙人的贸易。和他的叔父一样，荷兰人认为 Siouqua 能够很好地供应他们所需的各种布料，因此，他很可能仅仅接手了 Suckin 曾经经营的最好产品。1784 年 Siouqua 与 VOC 有贸易往来，1786 年再次向荷兰出售产品，但之后就再也没有文献记录了。①

结　语

由于资料有限，重构广州丝绸纺织工的贸易情形确非易事。这是因为，我们没有任何来自他们自身的商业记录，唯一可用的仅有外国档案中的文件。然而，由于外国买家更乐于跟能够谈妥更好价钱的行商们进行交易，这些外国记录往往对纺织工只字未提。

如上所述，有几个方面可以让我们了解丝绸贸易的体制。在公行出现之前和没落之后，Suckin 可以直接与外国买家进行交易，反之在商行时期内则不然。不过从荷兰的例子可见，外国买家一直可以直接跟 Suckin 谈定需要的布料颜色和图案。在公行时代，他们必须与行商签订买卖协议，但在其他时期则直接与 Suckin 签约，但随后又借助某一个商行联络销路。这些协助 Suckin 从事贸易的行商会获得一笔佣金。1772 年，Suckin 竭力绕开这些中介人的做法可以说明他对这种贸易规则深感不满。

如同 Suckin 一样，广州的织工们通常只是经销一种或两种绣有基本图案（条纹、格子等）的普通布料。其他配有比较特殊颜色和绣花的布料，则需要画师和刺绣工的加工。Suckin 经销各色各样的丝织品，包括生丝和丝绸制成品，也包括南京丝和广州丝，后者是他主要经营的产品。Suckin 及其侄子 Siouqua 能够站在市场的最前沿，给外国买家供应当时最好的生丝和其他丝织品。

即便是像 Suckin 这样的小商人对外国买家在贸易中的资本投资也十分依赖。当时在广州的大大小小丝绸经销商都要求 80% 的预付款，甚至有些人像 Suckin 一样试图要求更多预付款，以便不用动用自己的资金或者借高利贷。所有商人都坚守这一规则，而外国买家也往往被迫在丝绸订单上提供更多预付款，这些事实足以说明当时广州的本地资金相当短缺。即使是一些像 Suckin 这样的小商人也经常向外国借款，其年利率在 20% 左右，而当时大部分行商也不能例外。

尽管更乐于跟外国买家直接交易而不愿通过商行，但是在公行没落之后，Suckin 实际上并不适应激烈的市场竞争环境。由于丝绸出口有配额限制，Suckin 不能够随意与外国买家扩大贸易额来避免亏损发生。他唯一能做的事情，只是等待更多船只到埠，如此才能扩大销量。这意味着，维持稳定的顾客数量对丝绸经销商来说十分重要，因为失去一个买家所带来的损失，并不能通过

---

① NAH：Canton 45，46，48，90.

出售更多产品给另一买家来补偿。公行没落之后，Suckin 与荷兰和丹麦的贸易往来维持了好几年，但他到了 18 世纪 70 年代后期就陷入困境了。其他的丝绸纺织工如果能够开出更好的价钱和条件，Suckin 也就失去了原本属于他的市场份额。

如同广州的大部分商人一样，Suckin 也依赖于书面的商业协议。这些协议注明各种疏忽和其他违约行为的处罚条款，同时也保障他不会将部分贸易拱手让人，但若不能按期出货，他也必须因此支付一笔滞期费。这些协议也规定了丝绸的特定质地，不过，丝绸纺织工对于内地供应者给他们提供的产品质量往往无能为力。假如产品质量比预期好，那么他们就必须向供应者支付更高的价钱，可这笔费用一般很难全部转嫁给外国买家。但万一产品质量较差，外国买家就会要求他们提供比内地供应者更大的折扣。

不管是直接跟外国买家交易，还是通过公行，Suckin 都必须面对产品可能出现与预购时落差的问题。这对他来说极为不利，无疑也是他的贸易在 1781 年走向衰败的一个原因。以佛山为经销基地，对于他掌握收购起来的本地丝质量相当有利，因此我们才会看到他主要经销广州丝而非那些他难以掌控的南京丝。然而，即使拥有这些有利因素和专业化经营，随着公行的没落，他始终不能跟上不断激烈的市场竞争步伐，从而其贸易事业也就走向了崩溃。

名副其实的丝路：试论丝绸文化与中西海路的关系

暨南大学中外关系研究所　刘永连

[内容摘要] "丝绸之路"从绿洲交通叫起，同时在丝绸考古基础上人们大多关注亚欧大陆腹地而忽视了丝绸在海路的丰富存在。针对学界更多人偏好称呼海路为"陶瓷之路""茶叶之路"，甚至有人质疑、否定海路丝绸外流的存在，本文梳理历史文献和考古资料，从海路丝绸贸易发端、货源腹地、国际市场、外销规模、持续时间及历史影响等六个方面来厘清史实，认为中西海路是一条名副其实的丝绸之路，否定海路丝绸文化存在的观点存在严重的认识错误。

[关键词] 丝绸；海路交通；中外文化交流

Worthy of the Silk Road: On the Relationship between Silk Culture and the Maritime Route between China and Occident

Institute of China-Foreign Relations, Jinan University/ Liu Yonglian

Abstract: The "Silk Road" is called from the Oasis traffic. At the same time, based on the archaeology of silk, people mostly pay attention to the hinterland of Asia and Europe and ignore the rich existence of silk on the Maritime. In response to the fact that more people in the academic world prefer to call this section of the maritime route road the "ceramic road" and the "tea road", some people even question and deny the existence of maritim silk outflow. Export scale, Six aspects, such as duration and historical impact, are used to clarify the historical facts. The Chinese and Occident Maritime Road is considered to be a veritable Silk Road, and there is a serious misunderstanding of the view that the existence of the Silk Road Silk Culture is denied.

Keyword: Silk; Maritime Transportation; China-foreign cultural exchange

关于海上丝绸之路的认识问题，学术界一直存在一种倾向，即不像对绿洲丝路那样认同。多年以来，不少人建议将中西海上交通命名"陶瓷之路""茶叶之路"乃至"香料之路"。如果仅从便于称呼中西海路而言，由于它与陆上丝路同属中西交往大动脉，双方交流的物品既不限于丝绸，也不限于陶瓷、茶叶或香料，如何称谓不必计较。不过学界有着性质不同的言论，记得在我早年投稿一篇关于南方丝绸之路的论文时，一个号称权威期刊的审稿意见竟称："海路不像陆上丝绸之路，它从来没有过大规模丝绸出口。"这就是对海上丝绸之路极其严重的错误认识了。

那么，中西海路究竟是什么样子的？丝绸究竟与其有着多大关系？学界探讨香料贸易者有之，研究外销瓷、外销画、外销扇者有之，海上丝绸贸易至今尚少专门和系统的研究。本文就这一问题系统考察，从以下几个方面加以论述，真诚祈盼大家指教。

一、海上之路丝绸外销发端久远

考察古代文献和考古资料，首先可以确定的是，在中西海路上丝绸外销远比陶瓷和茶叶发端要早。陶瓷外销是唐代以后的事情，茶叶更是明清时期才出现在外国商旅的货单上，而丝绸的外销至少自两汉时期就开始了。

《汉书·地理志》明确记述汉武帝时期与东南亚和南亚贸易的情形："有译长，属黄门，与应募者俱入海，市明珠、璧琉璃、奇石、异物，赍黄金、杂缯而往。"可知当时汉人用以交易的货物中就有各色丝绸。另据西方史料可知，这些丝绸不但外销到东南亚和南亚，也远销到西亚乃至地中海沿岸。如英国学者威尔斯在叙述古罗马社会生活的时候，就引用罗马史料说："（罗马）远若中国，亦与之贸易。……丝至罗马，价等黄金，然用之者众，故金鹰乃如水东流。"[①] 从广东等我国沿海大量出现罗马式玻璃来看，这些丝绸作为玻璃的交流商品应该也是大多经海路外销的。再如慧超《往五天竺国传》"波斯国"条记述："波斯常于西海泛舶入南海，向狮子国取诸宝物……亦向昆仑国取金，亦泛舶汉地，直至广州，取绫绢丝绵之类。"[②] 这条文献说明波斯帝国也是大量需要中国的丝绸的客户，而且非常明确的是这些丝绸是波斯商人从波斯湾泛经南海到广州而获取的，其商品类别包括绫绢丝绵等名目。

如果说起海上贸易从何时而起，学界一般将上述汉武帝委派黄门到南亚的活动作为发端的标

---

① ［英］威尔斯：《世界史纲》，梁思成译，北京：商务印书馆，1927年版，第323页。
② ［唐］慧超：《往五天竺国传》"波斯国"条，北京：中华书局，2000年版，第101页。

志。不过《史记·货殖列传》云："番禺亦其一都会也，珠玑、犀、玳瑁、果、布之凑。"① 这一记载值得我们深究。《货殖列传》专门讲述当时天下商业都会，将番禺列为南北少有的几个都会之一，可见番禺一带的贸易比较发达。从事物发展规律而言，一个繁荣的商业都会不是瞬间造就，同时司马迁所采用的史料也肯定在其之前产生，那么番禺成为商业都会的时间远早于司马迁时代。同时看番禺贸易货物，其中珠玑、犀、象等应该来自海外，而出土的南越王国时期象牙等实物也被鉴定为东南亚、印度乃至非洲所产，可见其贸易范围远涉海外各国，中国丝绸亦有可能作为交换或交流贸易物品外销出去。

能够佐证上述结论者，还有在南越王墓的诸多丝绸考古发现。谈论南越王墓的考古发现，大家可能更多提及波斯银盒、丝缕玉衣、玉器等文物，不过如果查阅考古报告，对丝绸遗物、遗迹的描述也不容忽视。

王予予、吕烈丹撰述的《象岗南越王墓出土丝织品鉴定报告》指出，在南越王墓象岗墓葬中发现大量丝绸遗物和遗迹。能够撷取并鉴定出来品种、质量者有167大件、300多个小件。其中包括绢、罗、纱、组、锦、绮六大类。如果细分，绢类又有绣绢、超细绢、砑光绢、冰丸等，纱类又有绉纱、漆纱、纚纱、印花纱、绣纱、朱纱、假纱、粗纱等，锦又有素色锦、二重经锦、三重经锦、朱墨二色锦等。此外还有丝织带、绳、绒圈饰物及丝绵等。这些丝绸被大量囤放，或作为器物包裹、装饰材料，在墓葬里到处可见。② 就其数量而言，比较集中的是西耳室，"在约2.8平方米的范围内，丝织品多层叠放。出土时，织物已全部碳化朽毁。碳化堆积厚达20~30厘米。从出土现状估计，原匹织物不下100匹。"③ 有一种细绢被推测为汉代文献中描述的"冰丸"，"出土时，细绢折叠成厚块，约有700层。"④ 就纺织水平而言，其中绢类织物经纬密度在每平方厘米分别高达280×100根或320×80根等。即使在10~20倍的显微镜下观察，也只能分辨经线，不辨纬线。同时绢类还经轧光、防水涂油等技术处理，纱有漆黑、印花等技术处理，罗有菱纹斜织和朱染等形式。⑤ 此外，各类丝绸还有刺绣等加工程序。可以说，其技术水平不亚于马王堆所发现的同类丝绸。由于与丝绸织物同时发掘出的还有印花凸版等工具，因此报告人指出，"一些织

---

① ［汉］司马迁：《史记》卷一二九《货殖列传》，北京：中华书局点校本，第3268页。
② 广州市文物管理会、中国社会科学院考古研究所、广东省博物馆：《西汉南越王墓》，北京：文物出版社，1991年版，第476—494页。
③ 广州市文物管理会、中国社会科学院考古研究所、广东省博物馆：《西汉南越王墓》，北京：文物出版社，1991年版，第476页。
④ 广州市文物管理会、中国社会科学院考古研究所、广东省博物馆：《西汉南越王墓》，北京：文物出版社，1991年版，第477页。
⑤ 广州市文物管理会、中国社会科学院考古研究所、广东省博物馆：《西汉南越王墓》，北京：文物出版社，1991年版，第477—486页。

图1 古罗马壁画：那不勒斯港贸易船只图

资料来源：《伟大的海：地中海人类史》，第34幅彩图。

物如超细绢、黑油绢、云母砑光绢、绣纱等，目前尚未见于其他地区，所以不能排除这一部分织物是在当地制作的可能。加以墓中用绢数量之大，耗费之多颇为可观，如果没有当地的织作，如此滥用是不可思议的。……汉代南越王国完全可能拥有自己的织造作坊"。① 同时基于"有关南越海上交通的考古资料已发现不少，重要的有镂孔熏炉、象牙、犀角模型、部分琥珀珠饰，以及新发现的乳香药物、圆形银盒和金花泡饰"，这些物品都来源于东南亚、印度，乃至海路波斯、埃及及非洲诸国，可见"中国的丝绸通过馈赠、贸易，不断运往上述各地"。② 上述考古成果有力地佐证了我国丝绸至迟自南越王国时期就从海上外销出去了。

当然这不是仅有的证据。英国学者大卫·阿布拉菲亚在其《伟大的海：地中海人类史》中引用了一幅古代罗马壁画，指出："这幅精妙绝伦的壁画展示了那不勒斯附近的港口（有可能是普特奥利）内的来来往往的船只。这幅壁画装饰的是斯塔比亚的一所房子，该建筑在公元前79年维苏威火山的爆发中被掩埋。"③ 澳大利亚学者杰克·特纳进而介绍说："落下风帆的古罗马船只停泊在港湾中。古罗马通过水路来获得中国的丝绸、亚洲的香料。"④ 可见，古罗马输入中国丝绸亦为西方考古和研究成果认定。

二、海上外销丝绸货源腹地宽广

与陆上丝绸之路相比，海上丝绸之路有着更为优良的自然和社会条件，尤其突出的是与丝绸货源腹地之间有着更为密切的联系。

这里需要关注的是岭南地区，考察其地形，可知这一带背枕五岭，面临南海，处于我国海上对外交往的前沿阵地。从北部湾到台湾海峡，海岸线呈弧形环绕，分布着众多的不淤不冻的优良

---

① 广州市文物管理会、中国社会科学院考古研究所、广东省博物馆：《西汉南越王墓》，北京：文物出版社，1991年版，第486页。
② 广州市文物管理会、中国社会科学院考古研究所、广东省博物馆：《西汉南越王墓》，北京：文物出版社，1991年版，第345—347页。
③ ［英］大卫·阿布拉菲亚《伟大的海：地中海人类史》，徐家玲等译，北京：社会科学文献出版社，2018年版。
④ ［澳］杰克·特纳：《香料传奇：一部由诱惑衍生的历史》，周子平译，北京：生活·读书·新知三联书店，2007年版，第33页。

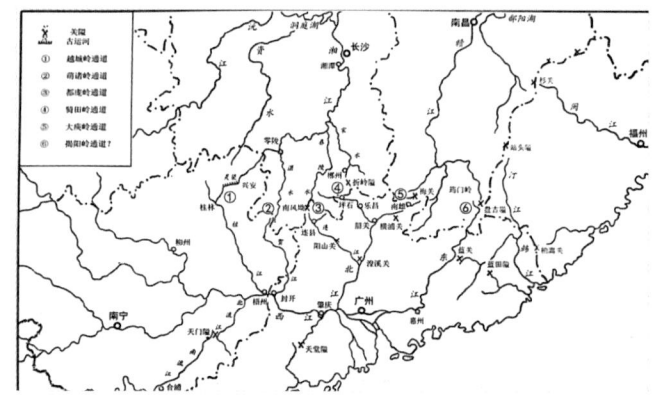

图 2 岭南与周边地区重要通道

资料来源：梁国昭等：《历史交通地理视角下的南岭古通道》，见广东省文化和旅游厅、广东省住房和城乡建设厅编：《中国南粤古驿道学术文集》，广州：广东省地图出版社，2018年，第47页。

港湾。以广州居中，西有徐闻、合浦，东有潮汕、漳泉，它们都是历史上重要的始发港，与海上航线结成稠密的交通网络，外联条件极其优越。

岭南陆上交通，珠江流域呈扇形展开，这里河网密布，水流充足而平缓，特别利于航运。尤其是地处珠江入海口的广州，是西江、北江、东江等各支流辐辏之地，可以顺利集中周边货物。同时又是河海相连，内外水运发达，占尽交通之利，在全国堪属水运条件最好的地区。

再看与内地联系。看似五岭横亘，南北阻塞，其实在山岭之间颇多通道。由图 2 可见，自西向东，桂江、漓江上游有灵渠连接湘江上游，可以全程行舟进入长江干流。灵渠修成于秦朝，可见此道上古即通。贺江上游，与湘江支流潇水密而相连，有西经桂岭镇和东经富川古城两条通道，分别修筑于春秋战国和秦朝时期，开发为时更早。北江上游，有连江通过南风坳次与湘江支流春陵水相连，号称南天门古道，修成于秦汉时期；武水经石坪、折岭关与湘江支流耒水相连，号称西京古道，汉代即由此远达长安；浈水经南雄、梅岭与赣江上游相连，修成于唐开元四年（716），可经江西远至汴淮江浙之地，数千里内仅九十里陆驿，极其方便，人走者多。东江上游经盘古隘与赣江支流贡水相连，有桥头圩古道、黄石盐古道等进入江西，还有五合径古道等沟通韩江流域。由此来看，广州和珠江三角洲一带，向西溯流西江可穿越广西、贵州直入云南境内，与蜀锦产地四川成都平原等连接起来，亦可经过桂江、漓江、湘江进入长江流域再溯流而上四川或东下长江下游一带；向北通过西江、北江和湘江、赣江各支流，进入长江中下游各地，与湖北、河南、江西、安徽特别是我国丝绸最重要产地浙江、江苏一带连接起来；向东通过东江上游和汀江、韩江等与潮汕、闽西一带贯通。如果再向外扩展，与黄河流域如陕西、山东一带亦有大运河等通畅的水道。可以说，海上丝绸之路与我国内地重要丝绸产地都有联系，丝绸货源腹地极其广阔。

这里特别值得关注的是，广州口岸与我国最大江浙丝绸产地之间有着相当密切的往来和交流。江浙一带丝绸，首先分别从以下三条水路运入赣江下游。一是从杭州府经常山、玉山到南昌府。该道先沿钱塘江、富春江西上，过草坪陆驿而入赣江支流信江，然后顺江而下，全程 707.5 公里，

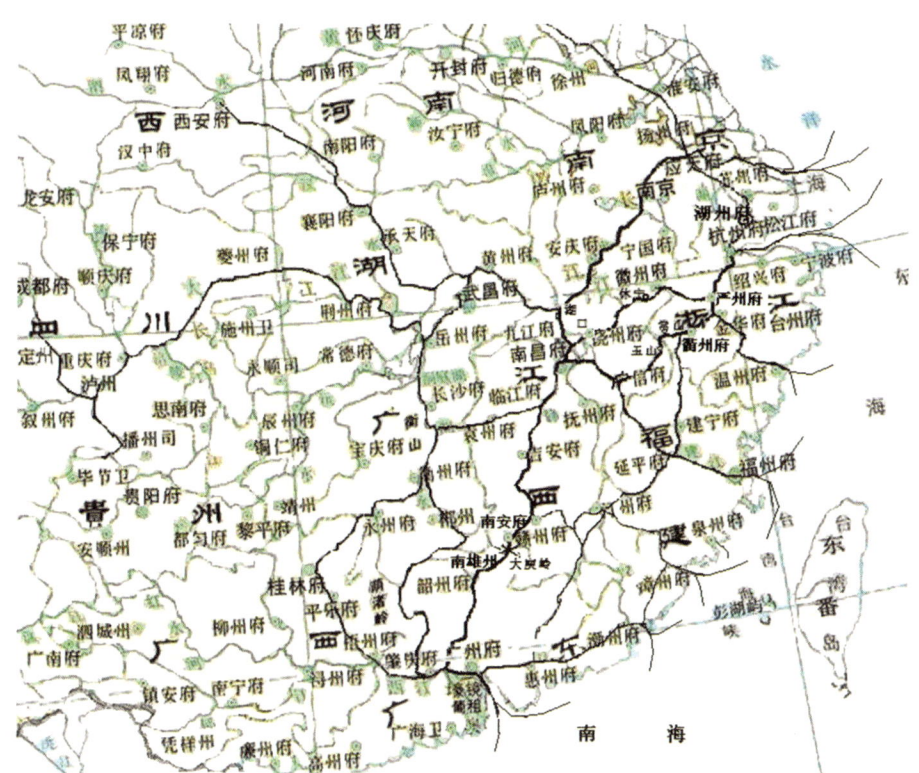

图 3　江浙丝绸运销广州出口路线图
资料来源：据谭其骧主编：《中国历史地图集》，北京：中国地图出版社，1982年。明万历十五年地图为底图改编。

图 4　（明清）中国丝茶产地分布示意图
资料来源：汤若望绘制《出丝茶之地》，见王亨统编：《中国近世地理志》，美华书馆，1904年。

途经6府、15县、水陆21驿，水流平缓，沿途大镇、富商颇多。如杭州府，是湖丝、杭绸集散之地；衢州府，号称浙西门户，又因连带周边浙、赣、闽、皖、湘、鄂、川、粤而号称"八省通衢"；广信府，"牙闽接粤，襟淮面浙，隐然为要冲之会"；饶州府，"在吴、楚、越之交"，"地势平衡，当东西南北四会之冲"。即使在沿路驿站或小镇也有繁荣运输和商业，如常山至玉山草坪驿，"驮运络绎，几昼夜无停"；玉山县城以西50里沙溪镇，"有商民千余家……富者日佣数千人以治其事，而声价驰大江南北，骡马络绎，日夜不绝。"可见这是一条非常繁荣的交通贸易通道。二是从江苏沿运河、长江入鄱阳湖道。全程约880公里，河道宽阔，全是水运，非常方便。三是从浙江经安徽祁门、休宁入鄱阳湖道。全程740公里，是徽州商人外出经商之地。其次从南昌府和鄱阳湖一带沿赣江南行，途经5府、14县，约750公里，到南安府大庾岭。最后过大庾岭亦即梅岭关隘，入浈水南下，57公里水路，直至位居珠江口的广州。

由于连通着规模最大、水平最高的丝绸生产区域——江浙地区，这条贸易通道可谓中国丝绸向南方海上丝绸之路外销的主要通道。以江浙为重心的长江中下游地区，自魏晋时期得以开发兴起，唐中期超越黄河流域而成为整个中国的经济重心。而浙江丝绸生产尤其突出，特别是湖州府，宋元时期已经形成南浔、菱湖、双林等大量丝绸专业市镇，云集了全国各地的客商。[①] 这里历来是中国南方丝绸外销的主要货源，与其关系紧密程度无疑决定着丝绸外销的规模和质量水平。

如果再看明清以来的我国丝茶产地分布图，我们会发现，后期我国丝绸产地和丝绸外销与海上丝绸之路关系更为密切。

观察图4可知，由于北方地区屡经战乱，蚕丝业生产逐步衰败。到明清时期，我国丝绸产地基本上分布在南方，以长江流域为主，岭南地区到近代则显示广东地位凸显。另外，绿洲丝路自9世纪起盛极而衰，明代由于蒙古势力的阻隔几乎使所有陆路交通断绝，同时我国对外交往重心亦由西域转向西洋。特别自新航路开辟，大航海时代到来，陆上丝路"销声匿迹"，我国对外交往基本上是通过海上交通来实现的。由此可见，明清以来海路交通基本成为我国所有丝绸外销的必经渠道。

三、海上丝绸外销国际市场更大

比较陆海丝绸之路，可知海上对外交往空间更为广阔，丝绸国际市场也远远大于陆上，无论绿洲丝路还是草原以及西南丝路，都局限于亚欧大陆腹地甚至更小的一角区域，而海上贸易网络

---

① 参考陈剑峰：《明清时期江南丝绸贸易的缩影》，载《浙江经济》，2003年第10期，第48—51页。

从穿越东南亚、南亚、西亚等地，到环绕非洲，连接欧洲乃至美、澳，连带全球，其空间远非陆上贸易网络能比。

学界一般认为，唐朝中期特别是安史之乱之后海上丝路交通超越陆路成为我国对外交往重心。不过笔者考察史实，发现早在武则天时期这一苗头就出现了。比较唐朝早期陆海使节往来情况，笔者发现在高祖、太宗时期，陆上国家占据多数；高宗时期来使的海上国家增加到30个，陆上减少到32个，两时期大致相当；再到武则天在位时期，海上国家有15个，陆上仅有7个，海路超越了陆路。与此同时，义静《大唐西域求法高僧传》记述到印度取经的61位中国僧人中，有39位是走海路，占了大部分。从其记述中还可看到，当时陆路已经阻塞难行，走陆路的僧人多人中途死亡或失踪，而海路已经形成许多入海口和穿越东南亚、印度洋到印度的航线，构成通畅的交通网络。[①]

到唐中后期，从广州到西亚和东非一带形成了一条"广州通海夷道"，其主航线所经国家有：占不劳山（今越南岘港东南）——环王国（今越南中部）、陵山（今越南以北的燕子岬）、门毒国（今越南归仁）、古笪国（今越南芽庄）、奔陀浪洲（今越南藩朗）——军突弄山（今昆仑岛）——罗越国（今马来半岛南端，新加坡附近）——佛逝国（今印度尼西亚苏门答腊东南部）、诃陵国（今印度尼西亚爪哇）、葛葛僧祇国（今不罗华尔群岛）——箇罗国（今马来半岛西岸吉打）、哥谷罗国（今克拉地峡西南海岸）、胜邓洲（今苏门答腊北部海岸棉兰之北的日里附近）、婆露国（今苏门答腊北部西海岸大鹿洞附近）——婆国伽蓝洲（今尼科巴群岛）——师子国（今斯里兰卡）——没来国（今印度西南奎隆）、婆罗门（今印度）——提罗卢和国（今波斯湾头的阿巴丹附近）、乌剌国（今奥波拉），由弗利剌河（今幼发拉底河）逆流至末罗国（今巴士拉），然后再通过陆路进入大食的都城缚达城（今巴格达）。此外在印度半岛还有三兰国至设国之间十余个小国，从波斯湾再到亚丁湾还有伊瞿和竭国等六七个小国，再到非洲东海岸还有拔离歌磨难国等十余个小国，这些国家都是当时我国船只"唐舶"所到之处，算起来至少有50多个国家与我国有使节或贸易往来。[②]

到宋元时期，统治者鼓励对外贸易，我国对外交往空间进一步扩大，仅就赵汝适《诸蕃志》来看，宋代与我国往来较多，能有翔实资料记述的海上国家就有53个。元代海上国家与我国有所往来，情况翔实者至少达到100个。[③] 明代我国海上对外交往达到鼎盛时期，据《郑和航海图》

---

① 参考刘永连：《唐代中西交往海路超越陆路新议》，载《陕西师范大学学报》（人文社科版），2013年第1期。
② 《新唐书》卷43"地理志·七"，北京：中华书局点校本，第1153—1154页。
③ 参考[元]汪大渊：《岛夷志略》，苏继庼校释本，北京：中华书局，1981年版。

标注，当时我国商贸所到的海上古国或重要港口达到 286 个。① 同时仅从《诸蕃志》和《岛夷志略》中还可看出，宋代至少有以下 6 个地区盛行中国丝绸的贸易：

(1) 占城，有绢伞等；

(2) 三佛齐，有锦、绫、缬绢等；

(3) 单马令，有绢伞、缬绢等；

(4) 阇婆，有五色缬绢、皂绫等；

(5) 勃泥，有假锦、五色绢等；

(6) 三屿，有皂绫、缬绢。

到元代，至少以下 12 个国家或地区流行中国丝绸各种产品：

(1) 交趾（今越南北部），有诸色绫罗、匹帛等；

(2) 占城（越南中部），有色绢等；

(3) 真腊（柬埔寨），有龙缎丝布、建宁锦等；

(4) 彭坑（今马来西亚彭亨），有诸色绢等；

(5) 丁家庐（今马来西亚丁家庐），有小红绢等；

(6) 龙牙门（新加坡），有青缎等；

(7) 爪哇（今印度尼西亚爪哇岛），有青缎、色绢等；

(8) 勃泥（今印度尼西亚加里曼丹），有色缎等；

(9) 文诞（今印度尼西亚班达岛），有水绫、丝布等；

(10) 三佛齐（今印度尼西亚巨港），有色绢、丝布等；

(11) 须文答腊（今印度尼西亚苏门答腊），有五色缎、丝布等；

(12) 麻逸（今菲律宾格兰岛），有色绢等。

不过，我国丝绸的海路外销国际市场获得突出拓展还是在大航海时代到来之后。由于东西贸易航线环绕非洲大陆并延伸到欧洲，进而连带拉美，到清朝前期时又开通了北美和大洋洲到中国的航线，使得我国对外贸易空间迅速扩大。有学者指出："可以说，几乎世界上主要的国家都与广东发生直接的贸易关系了。"② 同时由于珍贵华丽的丝绸早就为西方世界所迷恋，葡萄牙、西班牙、荷兰、英国、法国等欧洲殖民者一到中国就积极求索丝绸货物，不但将其带到欧洲家乡，而且也贸易到美、澳等殖民地。

自 17 世纪起，从广东出口的丝绸主要运销到欧洲、美洲和日本，这三个地区以其旺盛的丝

---

① 参考向达校注：《郑和航海图》，北京：中华书局，2000 年版。

② 黄启臣：《清代前期广东的对外贸易》，载《中国社会经济史研究》，1988 年第 4 期。

绸需求超越南洋国家而成为主要国际市场。在欧洲市场，仅葡萄牙商人每年运销的中国绸缎就达 1300 箱（甚至还有人认为高达 5300 箱），一般每箱装有各色绸缎 250 匹。同时由于西班牙和意大利等国丝织业兴起，需要大量的生丝原料，葡萄牙人从澳门贩运到欧洲的生丝年均数千担，1635 年高达 6000 担。① 荷兰人也参与进来，在 1620 年前差不多每年将 72 000 磅（折合 410 担）生丝运往欧洲，而其海盗仅在 1603 年拦截的一艘海船上就抢走 1200 包生丝，回到阿姆斯特丹竟然拍卖了二百余万荷盾。②

在拉丁美洲，正如著名学者全汉升所说："从马尼拉驶往墨西哥阿卡普尔科的帆船可以称为丝船，因为船上装的货大部分是中国的生丝和丝织品。"③ 其中有不少货物来自广东，像广州的塔夫绸等。在 1605 年之前，每艘从中国到拉美的帆船一般运载丝织品 300~500 箱，多者可达 1000 箱乃至 1200 箱。在墨西哥拥有大规模的生丝加工业，据 1637 年的一份报告可知，当年在这里竟有 14 000 名工人从事丝绸纺织工作。为此，西班牙或葡萄牙帆船差不多以每船 10 000 包到 12 000 包（折合 8000~9600 担）的规模将中国生丝载运回去。④

当然中国丝绸并未失去南洋各国市场。走出国门的华人一度缔造了非常紧密、稳固的南洋贸易网络。每年都有广东潮汕、福建泉州和浙江宁波等地开出的红头船、白头船、绿头船，将我国丝绸运销到南洋各地。由于大量华人扎根于东南亚和南亚各国，使得我国丝绸贸易深入各地城乡，店铺林立，甚至经过挑担卖货的小贩流入南洋社会。18 世纪以后，不少中国商人开始在海外设置分店或档口。像广东商人，可以将丝绸货物从国内直接发送到孟买庄、暹罗庄、金山庄等许多自己控制的销售店铺。

控制南洋各国殖民地的荷兰、英国及西班牙等殖民者，更是极尽其力开展该地区的贸易。有一幅绘制于 1665 年的画作，描绘了荷兰东印度公司在孟加拉国胡弗里河上的一座贸易站。有学者介绍说，正是通过类似的贸易站，荷兰的船只在往来于摩洛哥、巴达维亚（今雅加达），甚至远至东方的中国和日本，带回来香料和上等丝绸等有价值的物品。⑤

美国参与丝绸贸易的时间较晚，从"中国皇后号"往返中国后，其商人很快把贸易范围扩大以获取更多经济利益。

---

① 参见黄启臣、邓开颂：《明嘉靖至崇祯年间澳门对外贸易的发展》，载《中山大学学报》（哲学社会科学版），1984 年第 3 期。
② [荷] 布鲁斯（Leonard Blusse）：《中荷交往史》，庄国土译，路口店出版社，1989 年版，第 35 页。
③ 全汉升：《明末至清中叶与西班牙美洲进行的中国丝绸贸易》，载《中国史研究动态》，1980 年第 2 期。
④ 同上。
⑤ [美] 彭慕兰·史蒂文·托皮克：《贸易打造的世界：1400 年至今的社会、文化与社会经济》，上海：上海人民出版社，2018 年版，第 115 页。

表1　1819年美国商人运销中国货物分配表

货物	单位	运往美国	运往欧洲	运往南美洲
茶叶	担	51502	248887	60
生丝	担	191	316	—
丝织品	元	2836230	5270	158920
南京布	匹	1841000	958000	133000
杂货	元	422210	114796	40438

资料来源：马士：《东印度公司对华贸易编年史》第3卷，中国海关史研究中心组译，中山大学出版社，1991年版，第107页。

从上表可见，美国商船以美国为主要丝绸消费市场，但同时也经营从中国到南美洲乃至欧洲的贸易。

由于具备极其广阔的国际市场，可以说，这个时代中国丝绸货物在全球范围内流动。就此整体考察中西交通网络，可见海路丝绸外销的空间远远大于局限在亚欧大陆腹地的陆路各条丝路。

四、海上丝绸外销规模远超陆路

关于丝绸外销规模问题，学界无论在海路还是陆路皆尚无系统的梳理和深入探讨，只是由于丝绸在绿洲之丝路较多考古发现并由此流行"丝绸之路"名号，人们无形中认可了陆上丝绸之路而忽略乃至质疑丝绸在其他通道的存在。

检索史料可知，即使在早期海上对外交往中，丝绸外流（包括馈赠和贸易）恐怕亦具备了一定规模。汉武帝时期黄门和译长们远航印度的时候就以各类丝绸作为主要交换物，参照其皇家和政府船队的载重量来看，所带丝绸也不会少；波斯人经南海到广州求索和贸易丝绸之事能被重笔浓墨记载下来，恐怕也是极具规模的活动。《隋书·南蛮传》记载："炀帝即位，募能通绝域者。大业三年，屯田主事常骏、虞部主事王君政等请使赤土。帝大悦，赐骏等帛各百匹，时服一袭而遣。赍物五千段，以赐赤土王。"[①] 隋炀帝一次赠送赤土国王五千段丝绸，这是史书明确的一次记载，由此可见，海上丝绸外流规模略见一斑。

有一点必须指出，在传统的朝贡贸易时代，皇帝和朝廷的赠赐往往具有偶然性，如唐朝廷为了答谢回鹘帮助平定安史之乱而有意放宽对绢马贸易的限制，年用绢一度达到数十万匹，然而很快因府库空竭而不得不大大收紧数量。像隋炀帝一次赠赐域外某国五千段丝绸的情况也是少见的。同时历朝政府大多将严厉控制私人贸易作为一贯政策，丝绸外销规模在传统朝贡贸易

---

① 《隋书》卷八十二《南蛮传》，北京：中华书局点校本，1973年版，第1834页。

时代肯定会受到限制。可以说，我国丝绸大规模出口是在大航海和自由贸易时代，这就是陆路所有丝绸贸易通道所不遭逢的历史机缘了。

前述17世纪早期葡萄牙、西班牙和荷兰等国商人从中国大量运销丝绸的情况已经显示了这种端倪。关于此后丝绸大规模运销欧洲、美洲和日本三大国际市场的记述也就更多。例如，在欧洲和美洲市场，据严中平统计，在18世纪至鸦片战争前夕广州独口贸易的七八十年间，仅英国东印度公司输出中国生丝年均价值就有几十万两白银，最高可达45.5万两。[①] 另据马士的统计，19世纪初叶美国从广州出口丝绸每年超过1万匹，1822—1823年度高达38万匹。[②] 日本市场也不容忽视。广东出口的丝绸主要从澳门直接运往长崎，或者经吕宋转销到日本。据矢野博士估计，仅葡萄牙商人从澳门到日本的丝绸贩卖活动中每年获利就达235万两白银。[③] 1616年荷兰驻平户商馆馆长L.Camps统计，当年日本进口中国生丝达3000担之多。[④]

为了获得更大的经济利益，欧洲商人千方百计打破明清政府对丝绸出口的限制。除了大量走私和从海上抢劫以外，他们还与民间散商店铺加强联系，或预付巨款约单定购，或邀请其为合伙人外销丝绸，直接深入丝绸产地，以此获取了大量的中国丝绸。乾隆二十四年（1759）两广总督李侍尧在给皇帝的奏折中写道："唯外洋各国夷船到粤，贩运出口货物，均以丝货为重。每年贩买湖丝并绸缎等货，自二十万余斤至三十二三万斤不等。统计所买丝货，一岁之中，价值七八十万两，或百余万两。"[⑤] 看来当时朝廷也已察觉丝绸贸易大大突破限制的情形，只是当时东西方汇合起来的自由贸易浪潮已势不可挡。就当时广州外贸制度的发展状况来看，清王朝非但没能控制住丝绸贸易，反而被一步步打破门槛，走向完全排除官商垄断的自由贸易。

因此，19—20世纪，我国丝绸外销规模进一步扩大。据英国东印度公司档案中不完全的统计（不包括美国），在鸦片战争前夕十几年内，中国向西方国家出口生丝平均每年达六七千担，最多年份1833年高达9 920担；绸缎一般在30万匹以上，最多年份1825年高达653 326匹。[⑥]

---

① 姚贤镐：《中国近代对外贸易史资料》第1册，北京：中华书局，1962年版，第277—278页。
② 参见［美］马士：《东印度公司对华贸易编年史》，中国海关史研究中心组译，广州：中山大学出版社，1991年版。第2至4卷相关章节。
③ ［荷］布鲁斯（Lonard Blusse）：《中荷交往史》，庄国土等译，路口店出版社，1989年版，第41页。
④ 参见全汉升：《明末至清中叶与西班牙美洲进行的中国丝绸贸易》，《中国史研究动态》，1980年第2期。
⑤ 李侍尧：《奏请将本年洋商已买丝货准其出口折》，载故宫博物院《史料旬刊》第15期，1930年10月。
⑥ 参见E-tu Zen Sun：*Sericulture and Silk Textile Ching China*，载W.E.Willmott：*Economic Organization in Chinese Society*；Stanford，1972，P91。

同时，在18世纪约100年内，生丝价格逐步增长了一倍多，说明国际市场对中国生丝的需求日益增多，市场前景继续看好。[1] 到20世纪初叶，我国生丝和绸缎出口规模更是惊人。当时我国已经开放了许多口岸，以上海为首，重要贸易大港有天津、青岛、宁波、厦门、广州乃至武汉、南京等，丝绸出口四面开花。这里仅以广州港为例。

表2　1921—1930年广东生丝输出情况表

年份	生丝输出量			
	①/包	②/包	③/担	④/担
1921	57 288	51 165	50 000	51 662
1922	66 937	66 098	—	54 758
1923	48 100	56 420	—	44 267
1924	52 784	61 405	—	46 820
1925	52 000	65 403	54 300	54 432
1926	57 909	66 679	约52 500	53 168
1927	54 000	54 848	47 482	48 090
1928	59 920	58 163	49 199	49 507
1929	65 581	59 228	53 380	54 088
1930	60 551	68 911	46 500	47 684
平均	57 501	60 832	50 480	50 448

资料来源：①廖崇真：《广东蚕丝业复兴之途》，选自《广东丝业研究所调查报告》[民国二十三年（1934）广东建设厅蚕丝改良局编：《广东蚕丝复兴运动专刊》论著部分第5—19页]；②《粤丝贸易概况》，（《中行月刊》第8卷第4期，第123页，1934年4月）；③粤海关税务司《粤海关十年报告》之四、之五及相关年度贸易报告（广州市地方志编纂委员会办公室、广州海关志编纂委员会编译：《近代广州口岸经济社会概况——粤海关报告汇集》，暨南大学出版社，1995年）；④国民政府西南委员会国外贸易委员会："广东工商业"丛刊第五种《丝》第17页[民国二十三年（1934）广州商务印书馆印刷]。

从以上统计数据来看，广东生丝至少每年有五六万担亦即五六百万斤从黄埔港运出。如果再看广州出口生丝、绸缎各类产品出口价值，其规模更是惊人。

表3　20世纪二三十年代某些年份广东丝织品外销情况表

（单位：国币元）

年份	生丝	绸缎	丝绣货	出口总值
1927	72 156 000	10 564 000	2 671 000	165 365 000
1928	76 388 000	10 516 000	3 490 000	175 480 000

---

[1] 参见《1702—1799年广州生丝价格表》，出自[美]孙任以都（E-tu Zen Sun）《清代的养蚕业和丝织品生产》，转引自[美]李明珠：《中国近代蚕丝业及外销（1842—1937年）》，上海：上海社会科学出版社，1996年版，第79—80页。

(续表)

年份	生丝	绸缎	丝绣货	出口总值
1929	81 992 000	7 062 000	4 913 000	182 343 000
1930	60 528 000	5 718 000	4 509 000	164 654 000
1931	45 881 000	8 292 000	4 041 000	152 035 000

资料来源：国立中央研究院社会科学研究所、广东省银行经济研究室蔡谦主编：《经济丛刊·粤省对外贸易调查报告》[商务印书馆民国二十八年（1939）版]。

从上表可以看出，在20世纪二三十年代，仅广东丝绸各类产品从海上出口价值就达上亿元国币。

也许有人会说，大航海时代以来，国际贸易的整个规模扩大了，上面展示的各时期丝绸外销数据无法表明它在外贸中的重要地位。下面也有充分的文献数据可以说明问题。

表4　1704年英国东印度公司"肯特号"贸易船从广州购回货物清单

商品	丝织品	云南铜	水银	青干姜	茶叶	瓷器	胡椒	大黄
价值/两	80000	6180	17 200	2000	14 000	3500	3600	460

资料来源：马士：《东印度公司对华贸易编年史》第1卷，中国海关史研究中心组译，中山大学出版社，1991年版，第46页。

表4显示，18世纪初期的英国东印度公司的运销中国货物中，丝绸价值远远高于其他任何货物，占据了整批货物的63%。

表5　1724年英国东印度迈里"士菲尔德号"运回欧洲货物数量和价值清单

商品	生丝	丝织品	茶叶	水银	瓷器	白铜	合计
单价	每担150两	10000匹	平均每担25两	每担42两	—	每担6两	—
担	150	—	1000	200	—	340	
吨	20	20	125	12	38	20	235
（银）两	22 500	55 840	25 000	8400	4600	2040	118 380

资料来源：马士：《东印度公司对华贸易编年史》第1卷，中国海关史研究中心组译，中山大学出版社，1991年版，第323页。

表5同样显示出绢丝在出口货物中的主要地位。生丝与丝织品价值加起来有78 340两，占总价值118 380两的66%，竟达三分之二。

此外，还有不少资料整体反映出丝绸在对外贸易中的地位（见表6）。

表6　1921—1929年广东输出生丝价值及其在外贸总值中比重提高情况表

年份	生丝输价值 / 海关两	广东出口总值 / 海关两	粤丝所占比重 /%
1921	43 458 954	71 333 835	60.19
1922	58 472 467	89 016 601	65.69
1923	53 815 705	90 228 494	59.44
1924	46 287 496	82 775 970	55.92
1925	56 705 337	89 832 293	63.79
1926	55 855 264	85 239 330	63.49
1927	43 712 021	69 981 148	62.49
1928	44 843 965	73 337 131	61.15
1929	48 832 587	75 097 138	65.02

资料来源：廖崇真：《复兴粤丝贸易的几个方案》[民国二十二年（1933）广东建设厅蚕丝改良局编：《广东蚕丝复兴运动专刊》论著部分第19—25页]。

上表显示，在20世纪20年代，仅生丝输出就在广东出口总值中占到平均60%以上，最高年度达65.69%，接近了三分之二。

由此我们可以看出，有充分的史料和明确的数据可以非常准确、翔实地说明，丝绸产品从海路运销出去的规模是极其惊人的。从现有陆路贸易文献看，在吐鲁番文书中所记述的一个西域商人围绕200匹丝绸缎的贸易纠纷，已是陆路丝绸较大规模贸易的少见记录。两下相比，陆路丝绸贸易规模远远不能与海路数十万匹绸缎、数万担生丝相比拟。

五、海上丝绸外销持续更加长久

由于汉武帝几乎在同时派出凿空西域和海上丝路的使者，可以说陆海丝路大致同时开通。然而到唐朝中期海路超越陆路的前后，陆路已阻塞为多，9世纪之后更是走向衰落。再到明朝时期，由于蒙古势力横亘中亚，充斥草原和绿洲，中原使者和商人再走陆路与西方往来已是极其困难。正因如此，才会有郑和下西洋这种大规模海上外出活动，这是我国对外交往空间从西域完全转移到西洋的重要标志。

16世纪以后，陆上的丝绸贸易几乎销声匿迹，而由欧洲殖民者和南洋华侨主导的海上贸易时代才刚刚拉开序幕。我国丝绸外销由此借助海上贸易继续开展下去，而且获得极大程度的发展。这个时候广东丝绸业异军突起，逐步发展起来。明中叶以后，广州府的丝织业已经发展到了十八行：丝缎行、什色缎行、元青缎行、花局缎行、绖缎行、牛郎纱行、绸绫行、帽绫行、花绫行、金彩行、扁金行、对边行、栏杆行、机纱行、斗纱行、洋绫绸行等。广州及附近的纺织工场已有2500多家，从业人员达到5万人。

康熙年间（1661—1722），广东进一步兴起三次大规模的"废稻树桑"活动，构建起"桑基鱼塘"生产模式。同时须要说明的是，一开始粤丝就是针对出口而生产。因而在17世纪，广东丝绸贸易已是一片繁荣。清初广东诗人屈大均曾咏叹："洋船争出是官商，十字门开向二洋。五丝八丝广缎好，银钱堆满十三行。"至鸦片战争前夕，广东丝绸出口已可与江浙丝绸比拟。据统计，乾隆年间（1736—1796）平均每年从广州出口的生丝和绸缎达20万~33万斤，道光十年（1830）增至70多万斤，其中南京丝占337 300斤，广东丝占368 000斤。①

到19世纪60年代，广东最早掀起机器缫丝生产高潮，粤丝出口量迅速增加，成为全国丝绸出口量最大的地区。这时候广东丝绸发展成为中国丝绸对外贸易的主力军。

表7　1921—1929年广东生丝输出在全国生丝出口总值中所占比重变化情况表

年份	广东生丝输出值/海关两	全国生丝输出总值/海关两	百分比/%
1921	44 148 629	111 177 868	39.7
1922	63 155 216	143 674 696	44.0
1923	54 250 556	146 939 288	36.9
1924	46 418 678	111 108 288	41.8
1925	56 793 839	142 532 366	39.9
1926	55 926 478	144 596 891	38.7
1927	44 039 937	132 233 909	33.3
1928	44 999 911	139 901 966	32.2
1929	49 201 609	150 547 306	32.7

资料来源：国民政府西南委员会、国外贸易委员会："广东工商业"丛刊第五种《丝》[民国二十三年（1934）广州商务印书馆印刷]。

表7显示，在20世纪20年代，广东生丝输出在全国生丝出口总值中占到三分之一以上，有些年份甚至接近一半。这使得我国对外生丝贸易保持在一亿多海关两，较好年份达到一亿五千万海关两。目前，在广州市区，标志广东丝织业生产和外贸繁荣历史的锦纶会馆、十三行及沙面西洋商馆等遗迹仍然存在，而且大多完好。这从文物考古角度非常直观地向我们展示了清代以来中西海路丝绸贸易鼎盛的历史。当代每年两届的广交会上，几乎都有广东丝绸极其诱人的展品，同时也有不少海外商人前来参观、订货。可以这样说，我国丝绸外销事业基于海路的逐步发展走出古代，一直繁荣到20世纪乃至今天，这是陆上丝绸外销远远不能比拟的。

---

① [美]马士：《东印度公司对华贸易编年史》第3卷，中国海关史研究中心组译，广州：中山大学出版社，1991年版，第134页。

六、海上丝路所形成的历史影响更为深远

谈起丝绸在域外的影响，在亚欧大陆腹地除了出土的以前的古旧物品以外几乎看不到其它方面的更多东西。然而中国丝绸漂洋过海红遍全球的文献记载却数不胜数，世界各地田野调查资料也极其丰富。甚至可以说，从海路出去的中国丝绸至今在海外许多地方还有着灿烂的影子。

在南洋一带，由于丝绸贸易和华人生活的长期影响，这里的社会生活中到处都有丝绸的元素。就服饰而言，许多当地民族都有丝绸传统服装。例如，扶南人的"干缦"（纱笼）、马来西亚人的纱笼和"巴迪"等，都有丝绸面料。还有，暹罗人"腰束嵌丝帨加锦绮"，斯里兰卡康提人流行丝绸官服，锡金的国王、皇室乃至喇嘛都少不了丝绸服饰。最为重要的是，南洋民间在婚姻习俗中流行用名贵的丝绸作聘礼。西亚地区，像波斯湾的巴格达早就建立了专卖中国丝绸等货物的"中国市场"，当地阿拉伯人称之为"汉沙维叶"。

在欧洲，14世纪意大利北部城市卢卡开始仿制中国丝绸，最初图案花纹充满中国元素。15—16世纪佛罗伦萨的丝织业发展为主要产业，成为欧洲著名的丝绸生产中心。17—18世纪流行的"中国热"也以中国丝绸为重要标志。各国男女尤其贵族极度崇尚丝绸服装，以至于像法国等地也不得不大力发展丝织业以满足社会极大的生活需求。同时丝绸装饰也充斥生活中，丝绣披肩、手绢、床罩等比比皆是，富裕家庭流行以丝绸装饰房间，大量使用丝绸窗帘、帷幔等，甚至桌椅器物也用漂亮的丝绸套上。英、法女性还模仿中国，一度流行家庭刺绣艺术。

这种"中国热"后来蔓延到美洲。1816年，美国费城的塞缪尔·鲍威尔夫人专门订购了一批丝绸来装饰豪华的别墅，甚至用牡丹、荷花等构成大型花纹图案的丝绸来包装餐厅家具。有些欧美买家更为崇尚中国传统文化，像精美的双龙图案一度流行。与此同时，广州等地的中国丝绸生产商则大力生产欧美风格花纹图案的丝绸，并流行按照欧美买家提供的花样订货加工。因此，中国丝绸与众所周知的外销瓷、外销画一样充斥着西方人的生活。直到现在，像法国里昂、美国费城等许多城市因积累了丰富的中国丝绸文化而建立了其专门的丝绸博物馆，与现代欧美人生活习尚一并展示着中国丝绸在海外强大的魅力。[①]

结　　论

总结以上论述，可知中西海路：（1）丝绸贸易发端悠久；（2）丝绸货源腹地广阔；（3）国

---

① 以上参见袁宣萍：《十七至十八世纪欧洲的中国风设计》（文物出版社，2006年版）、刘永连：《古今今丝——广东丝绸业的"前世今生"》（广东经济出版社，2015年版）等著述相关章节。

际市场远超陆路；（4）丝绸贸易更为持久；（5）贸易规模极其壮观；（6）中国丝绸在海外的影响也更深远。由此，我们不能不说，它与丝绸关系更为密切，是一条名副其实的丝绸之路。这里更为重要的问题是，在探讨像"丝绸之路"这样宏观而复杂的历史事物时，我们不能瞎子摸象似的只顾部分而忽视其他和整体，更不能在毫无根据的情况下贸然抛出某种"观点"或"结论"，以至于不但造成认识上的严重错误，贻笑大方，甚或误导后人，导致更为严重的后果。

17—18 世纪英国东印度公司档案中的中国丝绸及贸易

孙中山大元帅府纪念馆　罗兴连

[内容摘要] 丝绸是中国的传统出口商品，丝绸贸易开启了几千年东西方的商贸及文化交流。明清时期，中国的生丝和丝织品远销欧洲，远在大西洋彼岸的英国也对中国的丝绸非常向往。1637年，英国东印度公司商船到达广州，开始了第一次贸易投机，自此开启了英国数百年对华贸易的进程，丝绸成为中英贸易的大宗商品，在中英贸易中占据着非常重要的地位。英国东印度公司档案中保留有大量丰富的丝绸贸易资料，本文拟通过这批资料对17—18世纪中英丝绸贸易中的品种及销售情况进行梳理和分析，以探讨当时中英丝绸贸易的变化及其社会影响。

[关键词] 英国东印度公司；丝绸；种类；贸易

Chinese Silk and Trade in the Archives of British East India Company in the 17th-18th Century

The Memorial Museum of Generalissimo Sun Yat-Sen's Mansion / Luo Xinlian

Abstract: Silk is China's traditional export commodity. Silk trade has opened up trade and cultural exchanges between the East and the West for thousands of years. During the Ming and Qing Dynasties, China's raw silk and silk fabrics were exported to Europe, and Britain also yearned for Chinese silk. In 1637, the merchant ship of British East India Company arrived in Guangzhou and started the first trade speculation. Since then, it has started the process of British trade with China for hundreds of years. Silk has become the bulk commodity of Sino British Trade and occupies a very important position in Sino British trade. There are a lot of rich silk trade materials in the files of British East India Company. This paper intends to sort out and analyze the varieties and sales of silk trade between China and Britain in the 17th-18th Century through these materials, so as to explore the changes and social impact of silk trade between China and Britain at that time.

Keyword: British East India Company; silk; category; trade

在"大航海时代",中国华丽的丝绸因其在西方市场中丰厚的利润吸引着各国商人争相购买,西班牙、葡萄牙、荷兰等西方国家陆续东来,中国生丝和丝织品也随之销往欧洲各国及其殖民地。17世纪中后期,英国东印度公司开启了与中国直接贸易的尝试和探索,而丝绸是英国与中国贸易之初最渴望获得的商品。在长达近两百年的中英贸易中,丝绸一直都是重要的外销商品。1757年,清政府将自海路而来的中西贸易限制在广州一口,丝绸这一充满"中国想象"(China Fancy)[①]的商品,在英国东印度公司从中国出口的货物中仍然享有特殊的地位。

一、英国东印度公司与中国贸易的尝试与探索

为了攫取更多的利益,17世纪初英国东印度公司开始了与中国贸易的一系列尝试和探索,将海外贸易拓展到亚洲各个国家。起初,由于葡萄牙为了巩固其在中国澳门的居住和贸易地位,排斥别国与中国直接贸易。英国东印度公司只能通过在马来群岛、印度和日本进行的贸易活动间接获得中国的茶叶、丝绸和陶瓷等商品。

直到1637年,指挥官威得尔带领四艘英国船抵达澳门,在澳门葡萄牙总督的许可下进行贸易。但这种贸易许可并没有得到中国官员的承认,在等待的过程中,威得尔私自乘坐小船去广州,到达虎门时遭到拒绝,并与虎门两岸炮台的中国军队发生冲突。在葡萄牙人的调解下,威得尔回到碇泊在澳门的船队,威得尔船队在广州建立据点的希望没有实现。虽然如此,但威得尔及其商人首次在广州开展了贸易,可以说是中英直接贸易的开始。此后,东印度公司又进行了多次的尝试,但都没有取得实质性的进展。尽管如此,但都没能阻止英国东印度公司对东方财富的渴望,它与中国直接贸易的尝试一直坚持不懈。1699年,东印度公司的商船"麦士里菲尔德号"(Macclesfield)在广州受到粤海关监督的优待后,东印度公司才真正建立起与中国直接稳定的贸易联系。

1698年3月2日,东印度公司商船"麦士里菲尔德号"从唐斯起航,在船长赫理的指挥下开往广州,于1699年8月26日到达澳门。通过与海关监督的沟通,"麦士里菲尔德号"获得了进入广州贸易的许可,在海关监督看来,"法国人很骄傲,不适合贸易;而中国人认为在所有外国人之中英国人最令人尊敬。"[②]"麦士里菲尔德号"大班们在广州与商人会谈,为了购买丝绸,他们甚至直接去织工那里看丝绸,发现织工们"开价和商人一样",且告知大班"这些丝绸都是商人们定做的",他们不能把这些丝绸直接卖给大班。[③]大班与洪顺官签订合约,将船上的英国

---

① *British East India Company, Canton Factory Records 1596—1833 in British Library*, G12(4),p514-515.
② *British East India Company, Canton Factory Records 1596—1833 in British Library*, G12(5),p674.
③ *British East India Company, Canton Factory Records 1596—1833 in British Library*, G12(5),p663.

货物卖给他。在回程的投资货物中，生丝成了"麦士里菲尔德号"的首选，在广州购得生丝69.5担。①大班们与洪顺官"按照每匹10两重的南京绫给银1两的价格"签订了"4000件南京绫"的协议。②尽管大班们在广州因与商人对进出口货物的质量及价格发生争执而耽误了季候风航期，但也购得大批的货物，并于1700年7月前往舟山和宁波。"麦士里菲尔德号"在舟山"获得所希望购取丝的数量"方面是成功的。③

"麦士里菲尔德号"取得了以往商船在中国所无法取得的进展，除在广州、舟山满载了丰富的货物外，在广州贸易期间，大班们在广州租赁了一间房子，并将从英国带来的货物运到在广州租赁的房子里，这成为英国东印度公司在广州租赁房屋居住的开始。④"麦士里菲尔德号"在广州开启了英国东印度公司与中国直接稳定的贸易，此后，东印度公司对华贸易的船只逐渐增加。

二、17—18世纪东印度公司购买的丝绸种类和产地

丝绸是东印度公司对华贸易主要出口商品之一，在清前中期近两百年的中英贸易中占据着极其重要的地位。清前中期，"一条华美的刺绣袍褂，伦敦的买主会用一镑交换成本一两的货物——利润200%。如果看得准，100镑的投机在广州稳卖200镑，而那200镑的投机在伦敦会变成400镑，即每一次交易的利润100%"。⑤17—18世纪，东印度公司派遣大量商船前往中国，大量的丝绸成为回程投资货物的重要组成部分。

英国东印度公司在中国购买的丝绸主要为生丝和丝织品两大类，其品种和价格各不相同。在东印度公司档案中保留了丰富的丝绸贸易资料，接下来，本文将通过这些资料与相关史料对照分析东印度公司购买的丝绸种类和产地。

1. 生丝的种类和产地

生丝有两种，分别是湖丝（又称"南京丝"，泛指江南地区的生丝）和土丝（又称"广州丝"，指广州或广东地区所产的生丝）。南京是清代蚕丝生产和丝织业非常发达的地区，生产生

---

① ［美］马士：《东印度公司对华贸易编年史》第一卷，区宗华译，林树惠校，章文钦校注，广州：广东人民出版社，2016年版，第106页。
② British East India Company, Canton Factory Records 1596-1833 in British Library, G12(5), pp692-693.
③ ［美］马士：《东印度公司对华贸易编年史》第一卷，区宗华译，林树惠校，章文钦校注，广州：广东人民出版社，2016年版，第107页。
④ 赵春晨，陈享冬：《论清代广州十三行商馆区的兴起》，载《清史研究》，2011年第3期。
⑤ ［美］马士：《东印度公司对华贸易编年史》第一卷，区宗华译，林树惠校，章文钦校注，广州：广东人民出版社，2016年版，第83页。

丝和锦缎。1685 年，东印度公司商船"忠诚冒险号"在厦门时遇到一位神父，告诉他们"南京（Nankin）是最好的生丝和丝织品的集散地"。① 为了获得质地精良的湖丝，1694 年，东印度公司派出"多萝西号"抵达厦门，并指示将南京的生丝、织锦、绸缎、天鹅绒等货物带回英国市场。② 东印度公司董事部在给"多萝西号"的指示中对要购买的各类丝绸提出了明确要求："购买黑色的南京织锦或结实的丝绸，每样 20 件，绣上厚实的金色中国人物；或者购买用金线绣着各种中国想象（China Fancy）花朵的丝绸每样超过 20 件……购买这个国家大量质量上乘的南京绢，其中一些是没有织金的，大量的是有男女各色人物、鸟兽、船只、塔、城市和各种想象图案的"。③ 1750 年，当英国国会将中国生丝税减低时，东印度公司决定大量投入，在广州购入最好的南京生丝 400 担。

江南的太湖流域是中国非常重要的生丝和丝绸产区，杭州、嘉兴、湖州三地"桑土饶沃"，无一地不植桑养蚕，缫丝织锦，是全国养蚕业中心。三地当中又以湖州所产的湖丝最为著名。每到新丝收成的时候，各地商人便接踵而来，争相购买湖州出产的头蚕丝和二蚕丝。每年大量的湖丝被运往广东，由广东商人再转卖给包括东印度公司商船在内的外国商人。1759 年（乾隆二十四年），两广总督李侍尧在奏折中称："唯外洋各国夷船到粤，贩运出口货物，均以丝货为重。每年贩买湖丝并绸缎等货，自二十万余斤至三十二三万斤不等，统计所买丝货，一岁之中，价值七八十万两，或百余万两，至少之年，亦买价至三十余万两之多。其货均系江浙等省商民贩运来粤，卖与各行商，转售外夷，载运回国。"④《乾隆上谕条例》也记载了闽广两地商人赴浙江湖州购买生丝的情况："闽省客商赴浙江湖州一带买丝，用银三四十万至四五十万两不等。至于广商买丝银两，动至百万，少亦不下八九十万两。此外，苏、杭二处走广商人贩入广省尚不知凡几。"⑤ 由此可见，东印度公司从广州购买的生丝中应有不少来自湖州的生丝。

此外，也有一部分来自珠江三角洲地区的土丝，在东印度公司的档案中通称为广州丝。清代珠江三角洲是我国三大重要蚕丝生产基地之一，南海、顺德、番禺、鹤山、新会等地形成了种桑养蚕缫丝生产与基塘渔业生产相结合的"桑基鱼塘"生产区。⑥ 广东南海县（今广东省佛山市南

---

① [美]马士：《东印度公司对华贸易编年史》第一卷，区宗华译，林树惠校，章文钦校注，广州：广东人民出版社，2016 年版，第 64 页。
② *British East India Company, Canton Factory Records 1596-1833 in British Library*, G12(4), p511.
③ *British East India Company, Canton Factory Records 1596-1833 in British Library*, G12(4), pp514-515.
④ 中国第一历史档案馆编：《明清宫藏中西商贸档案》（三），北京：中国档案出版社，2010 年版，第 1375—1376 页。
⑤ 转引自陈荆和：《十六世纪之菲律宾华侨》，香港新亚研究所东亚研究室 1963 年印，第 96 页。
⑥ 叶显恩：《略论珠江三角洲的农业商品化》，载《中国社会经济史研究》，1986 年第 2 期。

海区）九江镇是珠江三角洲地区重要的种桑养蚕之地，"自乾嘉以后，民多改业桑鱼，树艺之夫，百不得一"。① 九江柴阳山人的《九江竹枝词》十分生动形象地描绘了当时九江"桑基鱼塘"生产的场景："八分桑柘二分禾，万顷池塘错犬牙。白手生涯人自给，缫丝采叶捕鱼虾。"② 清代广东的养蚕业已达到"岁七熟，闰则八熟"的水平，屈大均的《广东新语》记载："广第八蚕皆可为丝"③，"计一妇之力，岁可得丝四十余斤……家有十亩之地，以桑以蚕，亦可充八口之食矣。"④ 发达的养蚕业造就了发达的缫丝及丝织品织造技术，为广州生丝和丝织品出口提供了充足的货源。1703 年，东印度公司商船在广州买到又轻又便宜的广州丝。⑤

2. 丝织品的产地和种类

英国东印度公司购买的丝织品同样产自南京、以杭嘉湖中心的太湖流域及珠江三角洲地区。湖州不仅生丝质量优良，织出的绫、罗、绸、缎、纱等丝织品也质地精良，深受海内外客商的欢迎。清代南京丝织业发展迅速，"金陵之业，以织为大宗，而织之业，以缎为大宗。"⑥ 在丝织工人们的不断实践和探索中，创造出了品种丰富的丝织品，其中以"宁绸、亮绸、花缎、锦缎、八丝"等最有名，"商贾载之遍天下"。⑦ 广东的丝织业在清代也取得了前所未有的发展，广州和佛山是广东丝织业中心，生产的丝织品种类丰富，著名的品种有云缎、光缎、牛郎绸、程乡茧绸、文昌茧绸、龙江线绸、五丝、八丝等多个品种。⑧ 清初屈大均说："广之线纱与牛郎绸、五丝、八丝、云缎、光缎，皆为岭外京华东西二洋所贵。"⑨ 由于广州土丝质量比不上吴丝，因此，广州生产的丝织品都是采用吴丝作为原料，例如广州生产的粤缎畅销海内外，其"质密而匀，其色鲜华光辉滑泽，然必吴蚕之丝所织。若本土之丝则黯然无光，色亦不显，止可行于粤境，远贾所不取"。⑩

英国东印度公司购买的丝织品种类很多。关于中国丝织品的风格，Leanna Lee-Whitman 认为，尽管几个世纪以来中国丝织品的名称换了一个又一个，但有四个可以作为区分的基本特征，分别是：（1）织边上有连续排列的 0.5~2mm 的小孔；（2）色织边对比；（3）明亮的光泽；（4）经

---

① ［清］冯拭宗：《九江儒林乡志》卷三之十五，光绪九年刻本。
② ［清］冯拭宗：《九江儒林乡志》卷五，光绪九年刻本。
③ ［清］屈大均：《广东新语》（清代史料笔记丛刊），北京：中华书局，2006 年版，第 587 页。
④ ［清］屈大均：《广东新语》（清代史料笔记丛刊），北京：中华书局，2006 年版，第 588 页。
⑤ *British East India Company, Canton Factory Records 1596—1833 in British Library,* G12(7),p1009.
⑥ ［清］陈作霖：《金陵物产风土志》卷十五。
⑦ 同上。
⑧ 朱鹏：《明代与清代前期广东的海上丝绸贸易》，暨南大学硕士论文，2003 年。
⑨ ［清］屈大均：《广东新语》（清代史料笔记丛刊），北京：中华书局，2006 年版，第 426—427 页。
⑩ ［清］沈芳：《乾隆广州府志·物产》卷四十八，第 21 页。

过研光产生柔软黏黏的感觉。① 为了更好地区分中国丝织品，1724 年，"麦士里菲尔德号"大班在日志中专门记载了判断中国生丝和丝织品好坏的指引。日志中写道："样品 A 是用中国最好的生丝织成的，精细且色泽最好。如果买的丝绸像样品这样好就很好。"②

在英国东印度公司档案中记录了常见的几种丝织品，分别是：

（1）绢（Taffaty 或 Taffeta）③：根据英国东印度公司大班的日志，这是公司从中国进口到英国最受欢迎的丝织品，占了总数的 61%。④ 由于进口的数量很多，因此，东印度公司大班对绢的尺寸、重量等规格有明确的规定。就图案而言，一般有素绢和花绢两种类型，素绢数量较多，但也有少量带有图案的绢。1730 年，东印度公司就购买了有"小枝叶和条纹图案的绢"，"寿官已经找到 500 匹或 600 匹"。⑤ 绢的颜色非常丰富，有黑色、浅黄色、樱桃红、粉色、天蓝色、紫色、浅绿色、白色、猩红色、深红色等各种颜色。有 38 尺（12.67 米）长、2.2 尺（约 0.7 米）宽和 45 尺（15 米）长、2.2 尺宽两种规格，由五丝、六丝和八丝三种不同等丝织造而成，每件重量在 23~27 两之间。⑥

（2）绸（Paunch）⑦：绸是我国丝织品的一个大类，通常指质地紧密的平纹织物，种类繁多，有宁绸、亮绸、府绸、花绸、湖绸、茧绸、牛郎绸等多个种类。⑧ 绸也是东印度公司订购的丝织品中数量较多的一种，1716 年，东印度公司商船"汤森号"一次就订购了 6000 件绸。⑨ 1718 年，"桑德兰号"（Sunerland）和"埃塞克斯号"也分别订购了 4000 件绸。⑩ 1721 年，东印度公司

---

① *Leanna Lee-Whitman, The Silk Trade—Chinese Silks and the British East India Company,* Winterthur Portfolio, Vol. 17, No. 1 (Spring, 1982), Published by the University of Chicago Press, p25.

② *British East India Company, Canton Factory Records 1596—1833 in British Library,* G12(8), p1447.

③ 也可翻译成塔夫绸或塔夫绢，是一种用优质桑蚕丝经过脱胶的熟丝以平纹组织织成的绢类丝织物。1753 年，粤海关《关部簿册》（Hoppo Book）对应的翻译为绢。塔夫绢，细洁光滑、平挺美观、光泽好，织品紧密、手感硬挺，但折皱后易产生永久性折痕。

④ *Leanna Lee-Whitman, The Silk Trade—Chinese Silks and the British East India Company,* Winterthur Portfolio, Vol. 17, No. 1 (Spring, 1982), Published by the University of Chicago Press, p33.

⑤ *British East India Company, Canton Factory Records 1596-1833 in British Library,* G12(30), p30.

⑥ *British East India Company, Canton Factory Records 1596-1833 in British Library,* G12(8), pp.1431, 1448-1449, 1461.

⑦ 1753 年，粤海关《关部簿册》（Hoppo Book）第 3 页中"各色绸"对应的翻译是"Paunch of all color"，可见"Paunch"是指绸类丝织品。

⑧ 张晓宁：《天子南库——清前期广州制度下的中西贸易》，南昌：江西高校出版社，1999 年版，第 94 页。

⑨ *British East India Company, Canton Factory Records 1596—1833 in British Library,* G12(8), pp 1341-1343.

⑩ *British East India Company, Canton Factory Records 1596—1833 in British Library,* G12(8), pp 1358-1359.

购买了一批花绸，并希望1722年花绸的价格能和去年的一样。①

（3）牛郎绸（Gorgoroon 或 gorgoron 或 gorgram）②：屈大均在《广东新语》中写道："广之线纱与牛郎绸、五丝、八丝、云缎、光缎，皆为岭外京华、东西二洋所贵"③，可见牛郎绸应该是广东本地生产的丝织品。牛郎绸在东印度公司档案中常常从绸（Paunch）中单列出来，出口的数量仅次于绢。该类丝织品有素的、条纹和带花图案几种类型，素的较多。和绢一样，牛郎绸的颜色也很丰富，有黑色、浅黄色、樱桃红、粉红色、蓝色、紫色、浅绿色、白色、猩红色、深红色等颜色。牛郎绸主要由六丝和八丝两种丝纺织而成。规格多为38尺长、2尺（约0.6米）宽，每件重35~36两。④

（4）床上织锦（Bed Damask）：织锦是以染色的丝线为经纬线，经过提花等织造技术织出精美图案的织物，是中国纺织技术水平最高的织物。17世纪，葡萄牙与中国的贸易档案中也保留了很多有关中国织锦的记录。⑤可见织锦也是英国东印度公司订货单中常见的丝织品之一，颜色丰富，规格多为38尺长、2尺宽、每件重38两。⑥除常见的织锦外。1724年，东印度公司的订单中还出现了带条纹图案的条纹锦。⑦

（5）缎（Satin）：这是一种质地厚密而有光泽的丝织物。缎素面光滑，是比较高级而珍贵的丝织品，通常用缎制成的服装都是贵族妇女或女孩穿的。⑧东印度公司的档案中也有不少关于缎的记载，通常规格为38尺长、2尺宽、每件重33~35两。⑨

（6）绫（Pelong）⑩：绫是斜纹地上起斜纹花的中国传统丝织品，绫光滑柔软，质地轻薄，有素绫和花绫之分。1679年，英国东印度公司董事部命令商船在东京购买的18 500匹中国丝织

---

① *British East India Company, Canton Factory Records 1596—1833 in British Library,* G12(8),pp1426-1427.
② 1753年，粤海关《关部簿册》(*Hoppo Book*) 第49页中将"花牛郎"和"绣牛郎"翻译成"Flowered gorgoroon"和"Embroidered gorgoroon"，可见，"gorgoroon"应为牛郎绸。
③ ［清］屈大均：《广东新语》（清代史料笔记丛刊），北京：中华书局，2006年版，第426—427页。
④ *British East India Company, Canton Factory Records 1596-1833 in British Library,* G12(28),pp18-24.
⑤ Leanna Lee-Whitman, *The Silk Trade—Chinese Silks and the British East India Company,* Winterthur Portfolio, Vol. 17, No. 1 (Spring, 1982), Published by the University of Chicago Press, p27.
⑥ *British East India Company, Canton Factory Records 1596-1833 in British Library,* G12(8),pp1448-1449.
⑦ *British East India Company, Canton Factory Records 1596-1833 in British Library,* G12(8),pp1460-1461.
⑧ Leanna Lee-Whitman, *The Silk Trade—Chinese Silks and the British East India Company,* Winterthur Portfolio, Vol. 17, No. 1 (Spring, 1982), Published by the University of Chicago Press, p32.
⑨ *British East India Company, Canton Factory Records 1596-1833 in British Library,* G12(8),pp1448-1449.
⑩ 1753年，粤海关《关部簿册》(*Hoppo Book*) 第3页中"绫"对应的翻译是"Pelong"。

品中就有9500匹绫，每匹的价钱为2300铜钱。① 绫也是东印度公司经常购买的丝织品，1716年和1718年，公司商船"汤森号"（Townshend）、"桑德兰号"（Sunerland）和"埃塞克斯号"（Essex）都在广州购买了2000匹绫。②

（7）绫纹丝织物（Paduasoy，法语pou-de-soie）：这是一种比较特殊的丝织物，有学者根据其法语读音翻译成"普渡丝"，认为"'普渡丝'法国原意指丝皮，普渡地方出产而得名，是一种平滑、坚实而昂贵的丝织品。"③ 在英国东印度公司大班的记录中，他们订购的丝织物大部分为黑色，因此有可能是用来举办丧事所用的织品。④ 该类丝织品在1730年以前的东印度公司档案中比较少见。1730年，东印度公司大班与寿官签订的丝织品协议中开始出现了Paduasoy，⑤ 可见该丝织品应是1730年前后东印度公司新订购的商品。

（8）纱（Gauze或Goshee）⑥：纱是经纬纱稀疏的织品，表面呈现小孔，细致、轻薄而又透明。《广州府志》中记载"粤纱，金陵、苏、杭皆不及，然亦用吴丝，方得光华，不褪色，不沾尘，皱折易直。故广纱甲天下，缎次之。"⑦ 可见，广纱质量优良，也是深受外国商人们喜爱的丝织品。东印度公司大班经常会购买纱，例如1716年，"汤森号"（Townshend）就在广州订购了1900匹纱。⑧ 1718年，"桑德兰号"（Sunerland）和"埃塞克斯号"（Essex）也订购了200匹纱。⑨

（9）Poisee：暂时无法找到对应中文称呼的丝织物，在英国东印度公司的订货单中经常出现，马士在《东印度公司对华贸易编年史》中也没有作出明确的区分，它是一种有着印花和画花

---

① ［美］马士：《东印度公司对华贸易编年史》第一卷，区宗华译，林树惠校，章文钦校注，广州：广东人民出版社，2016年版，第42页。

② *British East India Company, Canton Factory Records 1596-1833 in British Library,* G12(8), pp1341-1343、1358-1359.

③ 李龙潜：《广州十三行出口丝绸贸易》，见赵春晨、冷东主编：《十三行与广州城市发展》，广州：世界图书出版广东公司，2011年版，第415页。

④ Leanna Lee-Whitman, *The Silk Trade——Chinese Silks and the British East India Company,* Winterthur Portfolio, Vol. 17, No. 1 (Spring, 1982), Published by the University of Chicago Press, p31.

⑤ *British East India Company, Canton Factory Records 1596-1833 in British Library,* G12(30), p30.

⑥ Goshee一词在字典或是大百科全书中都找不到任何信息，Leanna Lee-Whitman根据谐音猜想可能是gauze，也就是中国丝织品中的纱；详见Leanna Lee-Whitman, *The Silk Trade——Chinese Silks and the British East India Company,* Winterthur Portfolio, Vol. 17, No. 1 (Spring, 1982), Published by the University of Chicago Press, p.28.

⑦ ［清］沈芳：《乾隆广州府志》卷四十八，第21页。

⑧ *British East India Company, Canton Factory Records 1596-1833 in British Library,* G12(8), pp1341-1343.

⑨ *British East India Company, Canton Factory Records 1596-1833 in British Library,* G12(8), pp1426-1427.

技术的丝织品。[①] 该丝织品有素色和彩色花纹、带小枝叶和条纹等几种类型，规格一般为 38 尺或 45 尺长，2 尺或 2.2 尺宽。东印度公司购买的数量也不少，其中 1716 年和 1718 年，公司商船"汤森号"（Townshend）、"桑德兰号"（Sunerland）和"埃塞克斯号"（Essex）在广州订购的丝织品中，分别为 2000 匹和 600 匹。1721 年，中国为东印度公司商船提供的丝织品中也包括了 1150 匹各种颜色的该类丝织品。1722 年，公司商船"埃梅莉亚号"（Amelia）和"莱尔号"（Lyell）也订购了共 2000 匹该类丝织品。[②] 1736 年，中国商人们关于 Poisee 等丝织品提供了报价，其中 45 尺长，2 尺宽，42 两重的单色 Poisees 报价为每匹 8.2 两。[③]

以上丝织品都是经常出现在东印度公司购货单中的物品，1678 年，东印度公司命令商船在厦门购买 12 000 匹丝织品返回英伦；1679 年，又命令商船在东京购买了 18 500 匹丝织品；1681 年，"巴纳迪斯顿号"（Barnardiston）也被要求在台湾购买 8000 匹丝织品；1694 年，东印度公司董事部指示前往厦门的"多萝西号"购买 30 000 匹丝织品；1697 年，公司董事部规定前往厦门的"纳索号"（Nassau）回程投资的货单中要有 10 800 匹的丝织品；而"特林鲍尔号"（Trumball）的投资要包括 41 000 匹丝织品；1704 年，"肯特号"从广州回航的货物中也包括了价值 80 000 两的丝织品；1720 年 11 月 3 日，"埃塞克斯号"从广州启碇，装载的货物有 33 箱丝织品；1724 年，预定开返英伦的"埃梅利亚公主号"和"莱尔号"与行商签订的合约包括了 10 500 匹丝织品和 200 担生丝；1730 年，返回英伦的公司商船装载了价值 69 461 两的丝织品；1733 年，东印度公司两艘返航的商船装载了 19 984 匹丝织品；1734 年，在广州的"哈里森号"和"格拉夫顿号"合共投资 16 028 匹丝织品；1741 年，东印度公司投资的丝织品为 11 074 匹；到了 1750 年和 1751 年分别为 5640 匹。[④] 可见，东印度公司商船每年都会购买丝织品作为回程投资的货物。

三、17—18 世纪中期东印度公司商船丝绸贸易情形

17—18 世纪中期的中英丝绸贸易以东印度公司商船开展的贸易活动为主，且不局限于某一个港口，丝绸的数量由东印度公司董事部和大班根据英国国内市场销售情况及中国丝绸价格和供

---

① Leanna Lee-Whitman, *The Silk Trade—Chinese Silks and the British East India Company*, Winterthur Portfolio, Vol. 17, No. 1 (Spring, 1982), Published by the University of Chicago Press, p31.

② *British East India Company, Canton Factory Records 1596-1833 in British Library*, G12(8),pp1341-1343、1358-1359,1401, 1405.

③ *British East India Company, Canton Factory Records 1596-1833 in British Library*, G12(40),pp48.

④ [美] 马士著：《东印度公司对华贸易编年史》第一卷，区宗华译，林树惠校，章文钦校注，广州：广东人民出版社，2016 年版，第 319 页、第 338 页。

应情况而定。1757年以前，每年东印度公司董事部都会派出商船到除广州以外的厦门、宁波、舟山等地开展贸易，甚至更希望把厦门或宁波当作长期贸易并获得丝绸稳定来源的港口。1757年，清政府将自海路而来的中西贸易限制在广州一口，自此，东印度公司与中国的丝绸贸易也都集中在广州。在早期中英贸易中，由于茶叶尚未成为东印度公司垄断的商品，生丝在其投资清单中居于首位。直到"18世纪后半期，英国成为欧洲最大的茶叶消费国，公司垄断了英国茶叶市场以后"[①]，生丝的出口地位才逐渐让位于茶叶，但也一直是仅次于茶叶的第二大类出口商品。

随着贸易的深入和订购生丝数量的不断增长，英国购买的中国生丝价格也不断上涨。1699—1812年东印度公司购买生丝价格可见下表。

1699—1812年生丝价格一览表

单位：两/担

年份	价格	年份	价格
1699	127~137	1757	187~230
1702	132~140	1759	198
1703	155	1763	240~250
1722	150	1764	260~290
1723	142~145	1765	269
1724	150~155	1767	260
1730	160	1768	265~294
1731	155~159	1770	300
1732	173.8~175	1771	315
1733	170~178	1773	272.5
1734	170~180	1774	275~277.5
1735	170	1775	275~277.5
1736	186	1778	270
1738	195	1783	275
1739	165	1784	310
1741	190	1785	290~310
1743	175	1792	312
1750	175~180	1793	255
1753	175	1798	288
1754	155~220	1799	270
1755	190~195	1807	300~360
1756	192.5	1812	330~350

本表资料来自 Canton Factory Records 1596-1833 in British Library, G12；[美]马士：《东印度公司对华贸易编年史》第一至五卷（区宗华译、林树惠校、章文钦校注，广东人民出版社，2016年）各章相关年份资料；李明珠：《中国近代蚕丝业及外销（1842—1937年）》，上海社会科学院出版社，1996年版，第79—80页。

上表反映了1699—1812年东印度公司在中国购买的生丝价格变化。由该表可知，1699—

---

① [美]马士：《东印度公司对华贸易编年史》第一卷，区宗华译，林树惠校，章文钦校注，广州：广东人民出版社，2016年版，第8页。

1812年，生丝的价格急剧上涨，到1738年已由1699年的每担127两上涨到195两，增长了54%。虽然此后价格有所下跌，但从1755年开始，生丝价格上涨居高不下，到1812年已达到每担330~350两的价格。生丝价格的高涨，令东印度公司大班感到忧虑，因为，"如果此间生丝定价不下降"，则东印度公司"在英伦必不能获利"。①

生丝的价格容易受到市场上供需关系的影响发生变化。1699年"麦士里菲尔德号"在广州贸易时，就因为有一艘马尼拉船到达澳门，"带来500 000元资金，或至少300 000元，准备投资生丝和丝织品，因而将丝价提高了"，丝价的上涨导致与东印度公司交易的商人不满，因为"如果市价继续上升，他们就会受到很大的损失"。② 理论上而言，生丝价格越高对于卖家更加有利，然而，中国的商人们在与东印度公司合作时，通常都是先与大班议好生丝价格并签订协议，在约定的期限内交货。由于市场上的生丝供应能力及需求不确定，一旦生丝市价高于商人们与东印度公司签订的价格，商人们就面临着破产的风险。1699—1700年，在广州与英国东印度公司商船"麦士里菲尔德号"进行生丝交易的中国商人洪顺官就遭遇到了因生丝涨价，面临破产的危险。他要求大班"预付30 000两的银圆，以便订购他所签合约中的出口货物"，还要"被迫面对布匹跌价、生丝涨价的市场进行挣扎，避免破产"。③

生丝价格在逐渐上涨的过程中也因国际政治环境的影响导致急剧下跌。18世纪末法国大革命爆发，令欧洲王室感受到威胁，1792年，英国、西班牙、普鲁士、奥地利等国组成第一次反法同盟。1793年，对法战争爆发，这一年对华贸易中，"没有法国船到来，2月间，国民大会（Convention）已对英伦和荷兰宣战"。④ 受战争影响，这一年英国东印度公司出口的生丝数量减少，生丝的价格也由1792年的每担312两下跌至255两，跌幅达22.4%。此后，价格逐年上升，到1812年达到每担330~350两。从价格的变化也可窥见当时丝绸出口贸易发展的变化情况。

与生丝一样，丝绸的大量外销导致价格的不断上涨。1703年，几种主要的丝织品价格分别为：素绢（Taffaty plain）价格为每匹1.6两，条纹绢（Taffaty striped）每匹1.79两，牛郎绸（Gogoron）每匹1.86两，花纱（Goshee flowered）每匹2.0两，素缎（Sattin plain）每匹2.34两，床上锦缎

---

① ［美］马士：《东印度公司对华贸易编年史》第五卷，区宗华译，林树惠校，章文钦校注，广州：广东人民出版社，2016年版，第73页。
② ［美］马士：《东印度公司对华贸易编年史》第一卷，区宗华译，林树惠校，章文钦校注，广州：广东人民出版社，2016年版，第103—104页。
③ ［美］马士：《东印度公司对华贸易编年史》第一卷，区宗华译，林树惠校，章文钦校注，广州：广东人民出版社，2016年版，第104页。
④ ［美］马士：《东印度公司对华贸易编年史》第一卷，区宗华译，林树惠校，章文钦校注，广州：广东人民出版社，2016年版，第234页。

（Damask for Beds）每匹2.34两；① 1734年，"康普顿号"和"温德姆号"订购的丝绸价格以成倍增长，其中绢的价格为每匹4.2~4.3两，牛郎绸为每匹6.2两，缎为每匹6.7两。② 1738年，由于当年生丝价格已达到每担195两的高价，丝织品的价格也随着上涨，这使东印度公司投资的丝织品数量不得不减少。当年，在广州的商船"奥连治王子号"（Prince of Orange）和"皇家公主号"（Princess Royal）要求减少订购一半丝织品的数量，即使这样，东印度公司董事部经考虑，只同意"减少三分之一比指定清单中价格更贵的绢和薄纱"，订购了11720匹其他的丝织品。③ 1750年，素绢的价格已经上升到每匹5两，牛郎绸每匹7.2两，床上织锦每匹8.6两。④ 可见，丝织品的价格随着生丝价格的上涨及外销数量的增加也不停上涨，在半个世纪左右的时间内，增长至少两倍。

作为英国在华输出的大宗商品，丝绸在早期中英贸易中地位超过茶叶，是东印度公司牢牢控制的商品，公司每年出口大量的丝绸。从18世纪中后期开始，在东印度公司自中国输出的主要商品中生丝所占比重退居第二位，仅次于茶叶。据有关资料统计：1760—1833年东印度公司从中国输出的茶叶、生丝和土布等主要商品在出口商品总值中所占的比重，其中茶叶所占比重最大，生丝居第二位，其次是土布⑤，其他各种商品的价值总和虽然在出口总值中占的比例超过土布，但这些商品种类非常多，单独任何一项的价值都比不上茶叶、生丝和土布。

由于丝绸出口量大，为了能够让行商们在船只从广州返航之前能够顺利交齐所有的货物，东印度公司在长期的贸易过程中采取预付款的方式使行商有充足的资金采购丝绸。在丝绸贸易中，东印度公司通常提前支付60%、80%甚至100%的预付款给行商。⑥ 这样做的原因在于"根据欧洲商人提供的样板织成的丝织品需要一定时间。按照样板织出准确的品种、尺寸，画出样稿、缝边、刺绣等需要做很多的准备。为了做得更好，而且确保秋季有充足的丝织品出口，最好的办法就是在非贸易季节（2—6月）就开始准备丝织品。"⑦ 也就是说，通过预付款的方式，"中国行商同样预付给内地商人，以便他们往南京（或苏州、杭州）采购生丝"⑧，"当英公司增加到20~30

---

① *British East India Company, Canton Factory Records 1596—1833 in British Library*, G12(7), p1016.
② *British East India Company, Canton Factory Records 1596—1833 in British Library*, G12(36), p14.
③ *British East India Company, Canton Factory Records 1596—1833 in British Library*, G12(44), p32.
④ *British East India Company, Canton Factory Records 1596—1833 in British Library*, G12(53), p97.
⑤ 参见严中平等：《中国近代经济史统计资料选辑》（科学出版社1955年版，第14页）表格"东印度公司自中国输出的主要商品1760—1833年每年平均数"。
⑥ Paul A. Van Dyke, *Merchants of Canton and Macao: Success and Failure in Eighteenth-Century Chinese Trade*, Hong Kong University Press, 2016, p184.
⑦ Paul A. Van Dyke, *Merchants of Canton and Macao: Success and Failure in Eighteenth-Century Chinese Trade*, Hong Kong University Press, 2016, p184.
⑧ ［美］马士：《东印度公司对华贸易编年史》第二卷，区宗华译，林树惠校，章文钦校注，广州：广东人民出版社，2016年版，第146页。

艘吨位较前更大的船只时，（本）季度投资茶叶 157 000 担及丝斤 3000 担，这样增长的数目，必须及早估算购办。在 3 月间签订下冬 11 月至 1 月交货的合约；这是大班能够取得确定数量并保持稳定价格的唯一办法，因为他们无法预知他们自己及其他各国来船的数目，而在季度旺市时，他们可能碰到外国人的激烈竞争。"① 可见，预付款除了可以使东印度公司及时获得所需数量的丝绸外，还可以帮助他们规避市场竞争带来价格上涨导致成本增加的风险，他们把这种风险巧妙地转嫁到了行商身上，这也成了众多行商对风险预估不足最后破产的诱因之一。

四、丝绸贸易对中英社会的影响

丝绸的大量外销，刺激了中国丝织业的迅速发展，对中国的社会经济产生着深刻的影响，特别是 1757 年清政府下令中西海上贸易限制在广州一口以来，大量丝绸从广州出口，对广东本地蚕丝业和丝织业都起到很大的推动作用，广州和佛山等地出现了一批依靠生产外销蚕丝和丝织品谋生的工人。这些靠丝织业为生的人，丝绸外销直接影响着他们的生活。1724 年，爆发了佛山织工要求行商增加工钱的事情。据同年 10 月 1 日"麦士里菲尔德号"大班皮特（Pitt）、尼克尔森（Rich Nicholson）和船长哈德森（Robert Hudson）在广州的日志中记载："我们听说佛山的织工们为了迫使商人们提高他们的工钱而停止丝织工作。我们陷入很大的痛苦直到事情得到解决。"② 这件事情的结果最终以佛山丝织工人的胜利结束，但这"鼓舞了广州丝织工人们要求提高工钱否则也停止工作"，不过这件事没多久就得到调解。③ 1732 年，再次出现广州织工罢工的事情。同年，"织工们拒绝工作，除非提高他们的工资"，由于织工们手上有大量紧急需求的丝绸，因此，他们可以从商人们那里得到条件的满足，否则商人们"将无法完成合同要求交付的丝绸"。④ 1762 年，两广总督苏昌奏折称："夷等外洋各国尚有不能织造匹头之处，向系采买丝斤，即在内地觅匠织成绸缎带回服用……向在内地买丝织成粗厚杂色绸缎带回，不但夷人得邀服饰之荣，而广州、佛山一带机户，亦得工资糊口。"⑤ 中国生丝和丝织品的出口，直接影响着广东一

---

① [美] 马士：《东印度公司对华贸易编年史》第二卷，区宗华译，林树惠校，章文钦校注，广州：广东人民出版社，2016 年版，第 146 页。
② *British East India Company, Canton Factory Records 1596—1833 in British Library*, G12(25), p10.
③ *British East India Company, Canton Factory Records 1596—1833 in British Library*, G12(25), p12.
④ *British East India Company, Canton Factory Records 1596—1833 in British Library*, G12(33), p126.
⑤ [清] 苏昌：《瑞典国商人请准带丝绸回国》（乾隆二十七年十月二十七日），见中国第一历史档案馆编：《明清宫藏中西商贸档案》（三），北京：中国档案出版社，2010 年版，第 1617—1618 页。

带丝织工人的生活。

随着丝织业的发展，广州纺织行业组成了锦纶行，按产品，可以分为朝蟒行、十八行、十一行、金彩行、通纱行；按雇佣关系，可以分为东家行和西家行。[①]乾隆年间（1736—1796），广州有绣坊、绣庄50多家，分布在状元坊、沙面、新胜街一带，从业人员3000多人，并成立了专门的刺绣行会——锦绣行，对行内事务进行统一管理，并协调同行业内部各绣坊之间的矛盾。[②]为了适应欧洲的需求，丝织品和刺绣品也在外销的刺激下出现了多样化的产品，不少专门供应外销丝织品在图案、色彩、规格等方面都出现了符合欧洲审美和生活需要的品种。英国商人会把剪裁好的服饰图样拿到广州绣坊加工刺绣。[③]

英国在中国订购的丝绸除了从中挑选充满"中国想象"的传统图案和风格的品种外，在长达两百年的丝绸贸易中，也有不少丝绸品种是东印度公司专门来样定制的。1732年，东印度公司派遣四艘商船到广州，船上的大班组成管理会与广州的商人磋商进出口货物协议。在订购丝绸的过程中，大班将一张记录有需要订购的丝绸颜色样品的纸交给保商开官（Beau Khiqua）并按照要求订购黑色、白色、猩红色、天蓝色、黄色、深蓝色、玫瑰色、深红色、绿色等各色绢5000匹；并且每种颜色的绢需要与相应的样品对应，其中300匹天蓝色绢要求对应第一号样品、450匹天蓝色绢对应第二号样品、210匹天蓝色绢对应第三号样品、240匹深蓝色绢对应第四号样品……[④]同样，大班们也给康官（Hunqua）一份载有需要订购的丝绸样品的纸张，对各种需要订购的丝绸颜色和图案做详细的要求。大班们在日志中写道："他们（中国商人）的丝绸用上等南京丝织成，带花朵的丝绸都是最新的图案，并且颜色都尽可能接近我们给他们的图案。"[⑤]这些专门定制的丝绸有的还是专门带有欧洲图案的风格。1741年，东印度公司大班与德舍（Texia）订购的丝绸中就有11件有欧洲图案的南京丝绸。[⑥]

中国丝绸的外销在影响着本土的社会经济及贸易结构的同时，也对输出国的社会经济带来很大影响。英国东印度公司从中国出口大量丝绸，特别是生丝出口数量大，使英国对中国生丝的依赖程度加深。随着英国资本主义生产和科学技术的发展，1733年，英国人约翰·凯伊发明

---

① 广州市荔湾区地方志编纂委员会、广州历史文化名城研究会：《广州十三行沧桑》，广州：广东省地图出版社，2001年版，第84—86页。
② 广州市地方志编纂委员会：《广州市志》卷五（上）"工业卷"，广州：广州出版社，1998年版，第756页。
③ 顾书娟：《清代出口贸易对广州手工业的影响》，见赵春晨、冷东主编：《十三行与广州城市发展》，广州：世界图书出版广东公司，2011年版，第147页。
④ *British East India Company, Canton Factory Records 1596-1833 in British Library,* G12(33),p33.
⑤ *British East India Company, Canton Factory Records 1596-1833 in British Library,* G12(33),p37.
⑥ *British East India Company, Canton Factory Records 1596-1833 in British Library,* G12(49),p31.

了飞梭，大大提高了织机的织造效率。16世纪50年代，意大利停止向英国供应生丝，为了确保英国本土丝织业的发展，英国对中国生丝的需求日益增多。英国"国会将中国生丝税降低到和意大利丝相同"①，这一政策大大刺激了东印度公司对中国生丝的投资。1750年，东印度公司从中国输出生丝986担，丝织品5640匹。1762年，英吉利商人伯兰等通过两广总督向清政府呈称："来至天朝贸易，十分路远，受尽许多。原想买些湖丝回去，奉禁两年，不能买得。夷等带来羽纱、哆啰呢、哔吱等物都要湖丝添配做纬，方能织得光亮。若无湖丝，实实不能织得。况买湖丝回去，织成缎匹，又来天朝应用，就是妇女也要做些手作工夫，无湖丝，亦各都没针指。"②可见，英国对中国生丝的依赖。1836年，英国曼彻斯特商会首相孖地臣与外交大臣巴麦尊备忘录中也这样写道："没有生丝，我们这一门极其重要的迅速增长的制造业将瘫痪。"③

华丽柔软而又充满中国风情的丝织品外销到英国及其他欧洲国家，风行于欧洲皇室贵族的社交圈中，备受当时贵族的喜爱和赞赏。《十八世纪中国出口艺术品》的作者朱尔丹描述："18世纪，英国贵妇们使用着中国刺绣艺人双面绣刺绣围巾。还有一些时髦的贵妇与小姐将设计、剪裁好的服装、名片通过东印度公司运送到中国，请中国刺绣匠师刺绣。"④中国丝织品服饰成为王公贵妇标新立异的工具，不时出现在上流社会的化装舞会中。"东印度公司的崛起为中国生丝、丝织品和绣品进入欧洲开辟了便捷通道，欧洲各国贵妇把中国丝绸穿在身上，戴在头上，摇在手上，铺在床上，原因在于其精美高贵、色彩艳丽、质优价廉，且极具东方情调。"⑤

17—18世纪丝绸的外销不仅推动着广东丝织业的迅速发展和商品经济结构的调整，也促使当地丝织技术的改进和分工的专业化发展，对传统丝织业的发展产生深远影响。丝绸贸易的输出同样也对英国产生着极大的影响；中国生丝是英国丝织业的重要来源，中国精美华丽的丝织品也是英国上层社会追求的时尚用品，成为其身份和地位的象征。

---

① ［美］马士著：《东印度公司对华贸易编年史》第一卷，区宗华译，林树惠校，章文钦校注，广州：广东人民出版社，2016年版，第331页。
② 苏昌：《瑞典国商人请准带丝绸回国》（乾隆二十七年十月二十七日），中国第一历史档案馆编：《明清宫藏中西商贸档案》（三），北京：中国档案出版社，2010年版，第1598—1599页。
③ James Matheson, *The Present Position and Prospects of the British Trade With China, Together With Some Leading Occurrences in Its Past History*, London, 1836, p128.
④ 转引自白芳：《明清时期的广绣外销艺术品》，载《福建文博》，2014年第4期。
⑤ 施晔：《海上丝路的经典案例：东印度公司与18世纪欧洲的"中国风"》，载《社会科学》，2017年第1期。

我国外销织绣品的变迁及其影响因素

浙江工业大学设计与建筑学院　袁宣萍

[内容摘要] 16—19 世纪，我国外销织绣品在不同阶段的产品类型、工艺技术和装饰风格是有所区别的，它们既体现了西方消费者的审美，又带有浓郁的中国艺术色彩。文章认为，这一时期我国外销织绣品是针对西方市场设计与制作的，是大航海背景下全球贸易的一部分。在全球贸易的视角下考察其产品与装饰风格的变迁，可知其与西方的技术进步、文化时尚与经济因素均有着密切的关系。

[关键词] 外销艺术品；织绣品；西方市场；16—19 世纪

The Change of China's Export Embroidery and Its Influencing Factors

Institute of design and architecture, Zhejiang University of Technology, Yuan Xuanping

Abstract: From the 16th Century to the 19th Century, the product types, craftsmanship, and decorative styles of China's exported embroidery products at different stages are different. They not only reflect the aesthetics of Occident consumers, but also have a strong Chinese artistic style. The article holds that the export embroidery of our country in this period was designed and produced for the occident market demand, and it was a part of the global trade under the background of great navigation epoch. From the perspective of global trade, the changes of its products and decorative styles are closely related to the technological progress, cultural & fashion factor and economic factors of the occident.

Keywords: China's Export Art, Embroidery, Occident Market, 16-19 Century

从汉代张骞开辟了陆上丝绸之路以来，丝绸都是中国重要的外销产品。罗马人因为丝绸而关注中国，并想方设法间接地获得中国丝绸织物。随着16世纪开辟的大航海时代的来临，世界拉开了全球贸易的大幕，中国丝绸从此和西方市场直接关联，而不必再通过波斯、阿拉伯等中东商人的中介。因此，16—19世纪的中国外销织绣品是与西方的技术进步、文化时尚与经济政策等密切相关的，在多种因素的影响下导致其不同阶段产品类型和装饰风格的变迁。对16—19世纪我国外销织绣品的研究，不能仅限于风格的描述，而应在全球贸易的视角下考察影响其发展变化的过程。

一、16—19世纪我国外销织绣品概述

我国历史上针对西方市场的直接贸易，始于葡萄牙人来到中国并在澳门建立贸易据点。从16世纪后半叶直到19世纪末，持续了三个多世纪。这一时期，中国的丝绸、茶叶、瓷器、漆器、家具以及各种原料和杂物，大规模运往西方，其中丝绸是最为重要的大宗产品之一。但这里要说明的是，所谓丝绸包括生丝原料、坯绸和经过装饰设计的制成品三类。与西汉张骞通西域后开通的丝绸贸易不同，16—19世纪的西方各国都已能生产丝织品，尤其是意大利、法国、西班牙等国，因此，西方与其说需要中国的丝织品，不如说更需要中国的生丝、坯绸等原材料。本文所说的外销织绣品，不是指原料，而是指那些在造型、色彩和纹样上具有独特风格、针对西方市场而设计的具有艺术价值的手工制成品。

从现有资料来看，这些具有艺术价值的外销织绣品保存下来的并不多，因为它们在当时就没有被纳入东印度公司大宗采购的清单，而是委托船员们采购的私人贸易，更有相当一部分在使用过程中被消耗掉了。但是，西方一些重要的博物馆，如英国V&A博物馆、美国大都会艺术博物馆等都有收藏，在外销艺术品研究热兴起的今天，还有一部分回流进入了国内，如广东省博物馆和中国丝绸博物馆就收藏了不少外销织绣品。这些收藏以及出版物和网站上的藏品信息，为我们的研究提供了实物资料。

中国外销织绣品的市场首先是欧洲，从16世纪到19世纪的三百多年中，欧洲各国的商船在广州采购了大量商品，同时也为私人委托购买织绣品。其次是南美，这个市场是由西班牙人主导的，16世纪后期起，西班牙人以菲律宾的马尼拉为据点，转运来自中国的货物，在中国—菲律宾—墨西哥的大三角贸易中获利丰厚。再次是北美，在美国独立战争（1775—1883）后的第二年，美国就迫不及待地派出了"中国皇后号"商船，从而开启了中美之间的直航贸易。与欧洲市场不同，美国进口的丝织品数量较大，品种也更为丰富。此外，还有一部分外销织绣品通过各种途径流向了俄罗斯，在俄罗斯爱米塔什博物馆，我们同样能看到类似的产品。总而言之，从16世纪到19

世纪后期，外销织绣品贸易时有起伏，但不曾停止，是大航海时代全球贸易的一个组成部分。

二、我国外销织绣品的产品变迁

我国外销织绣品的种类，从工艺上说，主要有手绘、刺绣和织造提花三种。从用途上说，一是服饰面料；二是室内装饰用品，包括被子、床帘和床罩等床上饰品，还有窗帘、墙饰和家具织物；三是服装制成品，包括披肩、中式服装以及手帕、鞋子、手套、阳伞等。在西方社会，这些外销织绣品曾经是品位与时尚的象征，是上流社会塑造自身形象的重要媒介。

16世纪晚期及17世纪初，外销织绣品以针对葡萄牙与西班牙市场的宗教用品为主，多以提花工艺制作，如天主教神父的法衣等。在V&A博物馆有一块三色提花绸残片，以红、蓝、黄三经丝分区织成，主题纹样为戴着皇冠的双头鹰。还有两件红地提花锦缎残片，工艺较复杂，主题纹样类同（图1）。根据相关资料，这些织物很可能由澳门的中国工匠织造的。刺绣也被用于宗教用品，如V&A博物馆收藏的一件刺绣十字褡，主题纹样是圣母子和圣安娜，配饰则绣出卷曲的花茎、凤鸟和鹿，明显与中国装饰艺术相联系。

从17世纪起，刺绣工艺在外销织绣品中得以广泛应用，尤以床品为多。美国纽约大都会艺术博物馆收藏了两件17世纪早期的床品，一件是红色刺绣床罩，中央双龙戏珠的团窠纹样，两龙旋转对称，外饰方形边框，四个角上各绣有花树下的一位西方绅士，着装是16世纪末或17世纪初葡萄牙与西班牙男装风格。边框外至床罩边缘则绣满了莲塘、瓶花、花树与狮子、凤鸟等，是典型的中国纹样。此类外销刺绣床品在18世纪至19世纪前期得以继续发展，风格类似（图2）。从各地的收藏看，面料以缎为主，色彩有黄色、红色、蓝色、奶白等，以彩色丝线和平绣针法，绣出繁密华丽的纹样。纹样的布局，大部分也是中央一个团窠，四周满布花树禽鸟，四周有较宽的边饰，有时还加上流苏装饰。如以中央团窠的主题划分，可以分为三类：第一类团窠内为纹章图案，这种一般是私人定制的，用于特别的用途；第二类团窠内为中国式的吉祥动物，如双龙、双凤、双狮等；第三类团窠内是一朵大团花，呈中心放射性排列，此类床品数量最多，如收藏在V&A博物馆的黄缎地团花纹刺绣床罩、收藏在纽约大都会艺术博物馆的蓝缎地团花纹刺绣床罩等。

图1 红地双头鹰纹锦缎残片（V&A博物馆收藏）

图2 红地团窠双龙人物花卉纹刺绣床罩（美国大都会艺术博物馆收藏）

图3 白缎地团花缠枝纹刺绣床罩（中国丝绸博物馆收藏）

中国丝绸博物馆也收藏了四件，分别为蓝缎地、红缎地、黄缎地和奶白色缎地，给人以花团锦簇的华美之感（图3）。

18世纪起，中国外销手绘丝绸走向繁荣。很难确定手绘丝绸是何时兴起的，但可以追溯到17世纪晚期。这些手绘丝绸面料的用途，首先是服装，中国手绘丝绸与印度印花棉布，都是女性连衣裙（robe）的最佳选择。手绘丝绸多以绢、纺等面料制作，行走时面料摩擦会有"沙沙"的丝鸣声，可以为时尚女性增添无限魅力。V&A博物馆和美国大都会艺术博物馆均有此类手绘裙装保存下来，可谓美轮美奂。其次是室内装饰，可以用作窗帘、床帘以及墙布。有很多没有经过裁剪的手绘面料保存下来，推测可能是时尚变迁的关系，使得远渡重洋而来的面料错过了花样的流行期。手绘丝绸通常以浅色丝绸为底，以彩色颜料绘制花卉禽鸟（图4），花卉的组织形式有中国式的缠枝、西方式的串枝和散点排列的束花纹样等几种，均给人以明媚、光亮、华丽的审美感受。

图4　手绘花鸟纹丝绸面料（艾米塔什博物馆收藏）

19世纪20年代起，刺绣大披肩大放异彩，并一直持续到20世纪前叶。这种方形大披肩是完全根据欧洲市场的需要而设计的。开始时数量不多，鸦片战争国门打开后，制造披肩的工业在广州地区发展起来，外销数量越来越大。主要有两种类型，一种是白绸底上用白色丝线绣花，给人以素雅简洁的美感，纹样以花卉为主；一种是在各色丝绸上绣以五彩纹样，这种披肩占多数。由于披肩是对角线折叠后披饰的，故有的披肩别出心裁地设计为双色（图5）。彩绣披肩的纹样以花卉为主，也有一些披肩加入了建筑、庭园、人物等中国元素。如中国丝绸博物馆收藏的一块浅黄缎地双面绣亭台楼阁外销披肩（图6），将广东建筑、小桥流水、戏曲人物与繁盛的花枝结合起来，具有特别明显的东方情调。

图5　双色带流苏刺绣大披肩（大都会艺术博物馆收藏）

19世纪后期起，中式服装作为一种新的外销织绣品开始兴起。中式服装那宽松自在的廓形、异域特色的纹样，被认为可用于茶服、休闲服和睡袍，甚至作为晚礼服在舞会时穿着。这种服装最初也是私人少量进口，20世纪初清王朝覆灭以后，由于帝制的取消和民众的改装易服，从20年代起，外销中式服装反而增多。这其中又有一些是民国时期的仿制品，或者只是戏装。对西方人来说，又有谁能分得清呢？

18世纪大放异彩的手绘丝绸，到19世纪逐渐减少；刺绣床品发展出更多式样，而提花锦缎是容易被忽略的一类产品，其纹样既有西方风格的，

图6　浅黄缎地双面绣亭台楼阁外销披肩（中国丝绸博物馆收藏）

也有中国传统风格的，甚至有颇具现代风格的条格纹样，根据制订者的具体用途而异。与服装配套的饰品还有阳伞、绢扇（包括扇套）、手套、手帕、鞋履等，只要有需要都是可以定制的。

三、影响我国外销织绣品的技术、文化和经济因素

在我国外销织绣品贸易的三百多年内，市场起起落落，产品种类与艺术风格也是一个变迁的动态过程。形成这种变迁的影响因素是什么呢？既然外销织绣品针对的是西方市场，就应该从全球贸易的视角进行考察。本文认为，可以从技术、文化和经济三方面分析其影响因素。

1. 技术因素

在16—19世纪的外销织绣品贸易中，刺绣、手绘等工艺手段占了主要地位，而具有较高水平的提花织物反而退居次要地位。究其原因，一是提花锦缎最重要的产地远在江南，广东在这方面并不占优势，也就是说，没有相当规模的本地生产能力。西方商人来到广州贸易是有时间期限的，织绣品的用途也要求必须跟上潮流。提花产品从花样设计、挑花结本、提花织造到整理下机，是一个相对复杂的过程。且江南与广州路远迢迢，水陆并行的长途运输使成本高企。而刺绣、手绘则不同，在当地即可组织有规模的生产，同样能使丝绸表面布满艳丽的图案，而不必像提花那样费工花时；二是参与中国贸易的西方国家丝织业本身较发达，尤其是意大利、西班牙、法国，都是欧洲丝织品生产重地。从文艺复兴开始，西方的丝绸提花技术逐渐成熟，能织造华丽的锦缎，尤其是天鹅绒织造技术更是独步天下。从技术的角度看，西方没有必要进口大量中国锦缎，相反，西方的天鹅绒技术反而在贸易过程中传入中国，经过中国人的学习和改良，成为今天非物质文化遗产——漳绒和漳缎的前身。18世纪末，经过不断的探索，法国里昂的一位作坊主约瑟夫·贾卡发明了新式提花龙头，提高了提花锦缎的效率，降低了成本，使锦缎不再是一种奢侈品。19世纪70年代，这种新的提花工艺传至明治维新后的日本，至清末民初又传到中国。与此相应的是，从19世纪晚期起，中国丝织品不但出口锐减，国内市场也受到洋绸倾销的压力，不得不向西方学习，革新图强，此为后话。

18世纪手绘丝绸的兴起也是因为工艺简易，易于操作，中国作坊生产的分工合作和劳动力成本优势，加上异国情调，很容易成为市场上的热门产品。手绘丝绸一般选择绢、纺、罗等素织产品，在染色后再行上浆，使织物平挺。接着在绸面上勾勒图案的轮廓，可以直接用手绘制，也可以借助于某种工具。我国有绢上手绘的传统，明清时期也时见缂丝、刺绣加手绘以增添色彩的做法。没有证据表明木版印花技术用于外销织绣品生产，更可能的做法是与刺绣和漆器一样，采用传统粉本制作的方法，即通过粉末漏过针孔的方式，把描绘在纸上的图案轮廓线转移到绸面上。然后用笔勾线、填彩。外销手绘绸的纹样效果类似外销瓷上的粉彩，因为在施彩的过程中用到了

铅白，色彩过渡自然，最后金银线勾勒，色彩明媚动人。

然而，工业革命后，英国等西方国家纺织品印花技术不断进步，滚筒印花问世后，印花业从此进入机械时代。与机械印花相比，手绘的成本和效率太低了，故衰落是必然的。其时英国本土的棉织业开始大幅度增长，当鸦片战争打开了中国的大门后，中国面临的就是西方洋纱和洋布的大规模冲击，而最早在上海设立棉布印花厂的，也是英国商人。

相比之下，刺绣在当时是无法机械化的，广东当地的男工、女工甚至童工的广泛参与保证了劳动力成本的优势，各作坊分工合作的方法更进一步提高了生产效率。相比中国绣坊，西方的刺绣业并不具有优势，故外销绣品在19世纪并没有出现类似的困境。相反，由于长期对西方市场出口，在当地形成了中西合璧的广绣风格，在今天依然独领风骚。

2. 文化因素

外销织绣品主要用于服饰和室内装饰，具有较强的时尚属性，与西方市场关系密切，反映出不同时期的装饰艺术特点。从16世纪后期到19世纪，西方艺术经过了从巴洛克、洛可可和新古典主义等多个艺术风格的变迁。而在中国，从明后期到清后期，装饰艺术风格虽也有变化，但变化路径并不清晰。从目前能看到的外销织绣品来看，其风格变迁，一是与时代相关，二是表现出东西方文化交融的特点。

以天主教教会用的宗教法衣为例，16世纪晚期至17世纪初外销提花锦缎制作的法衣，主题是比较严肃的哈布斯堡家族与奥古斯丁修会的象征——戴皇冠的双头鹰与被箭射中的心脏，或者《圣经》题材，虽然也掺入了东方花草与动物，但造型严谨、布局对称，色彩沉稳，艺术风格是庄重的。但是到了18世纪，西方世界流行洛可可风格，装饰艺术变得轻快与明艳起来，甚至连宗教法衣这种本应严肃庄重的服装居然也采用了手绘，浅色的丝绸底子，用彩色描绘出生动的花枝，花瓣用色以铅白打底、色彩自然过渡，花头栩栩如生，花枝婉转伸展，再用金银色勾勒轮廓，有一种明媚闪亮的美感（图7）。这种风格的法衣，显然与18世纪中期洛可可艺术的流行有直接的关系。

图7 手绘花卉纹法衣
（V&A博物馆收藏）

19世纪初异军突起的刺绣披肩，既与新古典主义的盛行有关，也与南亚与西班牙文化有着较深的缘分。披肩起源于南亚克什米尔地区，本是当地一种羊绒制品，18世纪被英国东印度公司的高级官员带回西方，作为一种珍贵的东方纪念品。18世纪晚期法国大革命的爆发，西方女装以法国为中心发生了深刻的变化。华丽烦琐的洛可可时尚被当作旧贵族的象征而不再流行，取而代之的是古希腊简洁的充满悬垂感的及地长裙，而一袭羊绒披肩不仅给衣衫轻薄的女性带来温暖，更是与简洁的长裙组合，将优雅美丽的女性形象推上了时装舞台。法国画家弗朗索瓦·热拉尔（Franois Gérard）创作于19世纪初的《雷卡米尔肖像》中，一位美丽的贵族女子身着白色薄裙、裹着黄色的羊毛大披肩的形象，正是这一时期流行时尚的忠实纪录。披肩逐渐流行起来，成为新古典主义时期女性时装不可或缺的组成部分。英、法等国开始以机器仿制克什米尔披肩，至19世纪20年代，西方客商开始在中国定制丝绸面料的披肩，用重磅的绉绸作面料，用五彩丝线刺绣，称为"中国披肩"（Chinese shawl）。与羊毛披肩相比，丝绸披肩主要起装饰作用，其流行在19世纪中期达到顶峰，演绎出多种花型与风格，成为一个时代的标志。在西班牙文化中，这种披肩极为流行，因为中国外销织绣品往往通过菲律宾的马尼位转口后运往西方，故也称为"马尼拉大披肩"，成为西班牙民族服装的组成部分。跳着"弗朗明戈"舞蹈的西班牙女郎，为优美的丝绸披肩抹上了一层热情奔放的色彩。

19世纪六七十年代是西方艺术史上的浪漫主义时期，东方被想象成浪漫的所在，中国、日本、印度的东方元素被广泛应用，中国外销织绣品也因此进一步强调异域风情。无论是服装还是披肩，或阳伞与扇子等，在花卉与动物之外更加上了庭园、小桥、人物、戏曲等元素，给人一种充满浪漫色彩的东方想象。

3. 经济因素

中国织绣品贸易是16—19世纪全球贸易的一部分，因此，各种政治与经济因素也纠缠在里面产生影响。正如《中国贸易》作者所说："中国贸易不是一个独立的贸易：它必须作为整个国际贸易和贸易市场的一个组成部分来对待。今天国际贸易所面临的出口与进口、货币流失、汇率、新市场和需求变化等问题，19世纪初的贸易商也面临着同样的问题。只有对19世纪中国贸易及其商品与欧洲、印度和东南亚的贸易建立了适当的关系之后，才能对市场及其商品、需求和出口的全貌有一个正确的认识。"[①] 由于无法获得足够的贸易档案资料，我们无法对这种影响做出估计，但有些影响因素是明确的。一是战争，当西方国家之间发生战争时，对外销艺术品的影响是双重的，它减少了西方各国之间及与美洲的贸易，会增强中国产品的竞争力，但同时也会减少需求；而当欧洲的和平时间足够长久，会增加对中国产品的需求，但同时也提高了法国、意大利和西班牙丝绸产品的竞争力。在中国，明清王朝易代的战争也导致17世纪中期贸易出口的停滞；二是各国关税与禁运政策。由于中国生丝与丝绸的出口较大，且售价便宜，在很大程度上削弱了西方国家丝织品的竞争力，导致白银大量外流。为此，西班牙、法国、英国、美国以及西属美洲

---

① Carl L. Crossman: *The China Trade: Export Paintings, Furniture, Silver & Other Objects*, US, 1975.

等都采取了一系列限制进口政策，或提高丝织品关税等贸易保护主义措施。这些经济措施对中国外销丝绸带来很多不确定影响，但由于织绣品在贸易总额中所占比例很小，对其的影响不如大宗丝绸生丝、坯绸和土布来得大。19 世纪中期以后，有两个重大事件对中国丝绸贸易产生重大影响，一是鸦片战争打开了中国的门户，外来棉布和丝织品反向输入国内市场，二是明治维新后日本丝绸业的崛起。19 世纪七八十年代，日本通过引进技术，使传统的丝织业走上了工业化道路，到 20 世纪初，日本丝绸不仅在国际市场侵占中国份额，而且开始进军中国本土市场。至此，持续并繁荣了三百多年的中国外销织绣品贸易落下帷幕。

四、结论

从 16 世纪后期发展起来的我国外销艺术品，在 17 世纪后期至 19 世纪初发展鼎盛，到 19 世纪中期以后逐渐衰落。外销织绣品是大航海时代中国外销艺术品贸易的一个重要组成部分。对外销艺术品的研究，不但要从装饰艺术的角度考察，而且要在全球贸易的视角下，对工艺技术、文化时尚和经济政策等各方面进行考察，才能对外销织绣品的兴衰有一个相对全面的理解。

参考资料：

[1] Craig Clunas: Chinese Export Art and Design, Victoria and Albert Museum, London, 1987.

[2] Carl L. Crossman: *The China Trade: Export Paintings, Furniture, Silver & Other Objects*, US, 1975.

[3] Margaret Jourdain and R.Soame Jenyns: *Chinese Export Art in the Eighteenth Century*, London: Country Life Limited, New York: Charles Scribner's Sons ,1950.

[4] The State Hermitage Museum: *Chinses Export Art in the Hermitage Museum*, Slavia, St.Petersburg. 2003.

[5] Patrick Conner: *The China Trade 1600-1860*, Brighton: The Royal Pavilion, Art Gallery & Museums, 1986.

[6] *The Art of Textiles*, An Exhibition for Sale by Spink & Son Ltd. London, 1989.

[7] 梅玫：《一个世纪的优雅与梦幻：中国外销披肩与西方时尚》，载《收藏》，2016 年第 15 期。

"马尼拉披肩"的前世今生

浙江省博物馆 蔡琴

[内容摘要] 在厘清"马尼拉披肩""马尼拉大帆船"概念的基础上,梳理了"马尼拉披肩"的主要风格和代表作品;并通过实地调研,展示了中华人民共和国成立后,"马尼拉披肩"(即广绣披肩)的创新、生产和出口情况,同时也介绍了在"一带一路"倡议的框架下,虽然风格、制作发生了变化,但在今天,"马尼拉披肩"依然是中国能够以开放的姿态与拉美各国开展贸易的重要介质。

[关键词] 马尼拉大帆船贸易;马尼拉披肩;广绣

The Past and Present Life of Mantón de Manila

Zhejiang Museum, Cai Qin

Abstract: On the basis of clarifying the concepts of Manton de Manila and The Manila Galleon, the main styles and representative works of Manton de Manila were combed; and field investigations were conducted to demonstrate the Manton de Manila (Cantonese embroidery) after the founding of New China, in the framework of the "Belt and Road" initiative. Although the style and production have been changed, but the "Manila Shawl" is still an important medium for China to carry out trade with Latin American countries in an open manner in today.

Keywords: The Manila Galleon Trade; Manton de Manila ; Cantonese embroidery

在广东省博物馆的员工餐厅，透过落地的幕墙玻璃，是欣赏被称为"小蛮腰"的广州电视塔的最佳角度。在鳞次栉比的高楼之间，结合展厅里曾经和正在举办的"外销"系列展览，试图辨析阡陌水路，幻想当年世界各地的商船从珠江口进入广州的千帆万桅。

广东地处南海之滨，海岸线绵长，良港众多。凭借便利的水陆交通、先进的造船技术、丰饶的物产资源和发达的手工业，广东早在秦汉时期就已成为海上丝绸之路的重要发祥地。宋代海上丝绸之路持续发展，对外贸易的管理机构——市舶司首设于广州。明代海上丝绸之路航线向全球扩展，洪武三年（1370），设置浙江、福建、广东三个市舶司管理对外通商，并规定："宁波通日本，泉州通琉球，广州通占城、暹罗、西洋诸国"。[1] 明嘉靖元年（1522），因倭寇为患，宁波、泉州两地市舶司被废除，广州成为全国唯一合法的对外贸易港口。乾隆二十二年（1757），诏令西方商舶只限进广州港。在近代中国，广东这个重要的门户，上演了著名的三元里抗英、林则徐销烟等一幕幕精彩的历史长剧。

广州向世界输送茶叶、丝绸、瓷器，当然，也从世界输入各种物品以及文化要素。"以生丝和广州缎子为例，1620—1621年间，每担生丝在菲律宾马尼拉港售价200比索，在秘鲁利马港售价为1950比索，每匹广州缎子在马尼拉售价为5比索，在利马为50比索。"[2] 在巨大利润的驱使下，18世纪末，在墨西哥的进口总值中，中国丝绸就占到65%。中国丝绸运抵墨西哥后，再转运到秘鲁，然后经秘鲁扩散到中美洲和加勒比海地区，正如安尼塔·布雷德利所说："沿南美洲海岸，无处不有中国丝织品的踪迹"。其中，广东外销丝织品在全国丝绸出口中占有重要地位。虽然中国丝绸的外销历史十分悠久并一直持续至今，但如果人们说到外销绸（export silk），其概念却是十分清楚，专指十八、十九世纪前后中国输出到世界各地特别是欧洲、美国的中国生产的丝绸织绣品。这里所谓的中国生产，一般均是指用的是中国的织绣技术，而所谓的外销，应该是指专为外销设计的图案和款式，有可能是完全西方的创意，也可能是带有东方影响的图案。而刺绣大披肩又是中国外销品中重要的一宗，在西方被称为"中国披肩"或"马尼拉披肩"（Mantón de Manila）。

一、"马尼拉大帆船贸易"和"马尼拉披肩"

16—19世纪初，西班牙殖民者先用从美洲殖民地掠夺的白银从菲律宾收购中国商船运来的丝绸、瓷器和其他中国产品，再用大帆船横渡太平洋，将这些商品运抵新西班牙殖民地（今墨西

---

[1] 《明史》卷八十一《食货志五·市舶》。
[2] 沙丁等：《中国与拉丁美洲关系简编》，郑州：河南人民出版社，1986年版。

哥）的阿卡普尔科港，然后一部分商船在此将中国商品就地出售，再装上美洲的白银回到马尼拉，以再次购买中国商品；另一部分商船则将中国商品和美洲盛产的经济作物运回西班牙本土，在那里购得美洲殖民地需要的各种物资后再返回美洲。在整个贸易过程中，因为以马尼拉作为中转站，且以西班牙式被称为"Galleon"的大帆船作为运输工具，所以被称为"马尼拉大帆船贸易"（Manila Galleon Trade）。

广绣大披肩经"马尼拉大帆船贸易"的航线运往欧洲：先是从中国东南沿海通过平底海船运到马尼拉集运，然后通过大帆船从马尼拉东岸跨太平洋到达墨西哥的阿卡普尔科港，上岸之后用大轮车运至大西洋西岸的韦拉克鲁斯港，再度装船经大西洋至南欧的塞维利亚港，自此分发欧洲各地市场。经几次转运之后，欧洲人只知大帆船上的货都来自集运港马尼拉，而不知原产地，因而称之为"马尼拉大披肩"。

1815年，墨西哥独立战争爆发，"马尼拉大帆船贸易"中断，但"马尼拉披肩"便直接从马尼拉出口到西班牙，"广州——澳门——马六甲——印度果阿——好望角——里斯本航线"成为运销"马尼拉披肩"可以选择的第二条海上丝绸之路。从1818年开始，西班牙商船也可直接到广州交易，因此运至西班牙的"马尼拉披肩"可从马尼拉和广州两处采购。1869年，苏伊士运河通航，"马尼拉披肩"经马六甲到达果阿之后，通过苏伊士运河进入地中海，直达地中海西岸的几个港口。1896年，菲律宾独立战争爆发，"马尼拉披肩"主要从广州进口，和"马尼拉"没有关系了，应回归"广绣大披肩"的称呼。

二、"前世"

广绣是对以广州为中心的珠江三角洲一带民间刺绣工艺的总称，它历史悠久、风格独特，是与苏绣、湘绣、蜀绣齐名的中国四大名绣之一。民国朱启钤《存素堂丝绣录》有"铺针细于毫发，下针不忘规矩""以马尾缠作勒线，从而钩勒之""针眼掩藏，天衣无缝"等记述。广绣的特色是色彩鲜艳、繁而不乱。伴随海上丝绸之路航线的发展，吸收了西洋油画的艺术风格，布局章法中西合璧，用色浓艳，并且运用透视和光线折射的原理，增强了表现力。"马尼拉披肩"是广绣中十分重要的实用品类，不仅受到西方的绘画技巧和美学原则的影响，还曾一度引领欧美的时尚。

"马尼拉披肩"的起源目前无考。推测是南美印第安人原住民的传统服饰和中国传统的云肩融合的产物。库斯科印加人，无论男子还是女子，都披着印加式披肩；奇楚亚人，男人们都披着用两块方形的毛料缝制而成的斗篷，这种斗篷套头而穿，边翼便自然地披落下来，天热的时候，人们常常把斗篷撩起一边，搭挂在肩上；盖丘亚族女人用毛料做成披肩，披肩在胸前用一个银胸针固定，身后则折叠成一个口袋状，可以用来背小孩或东西；艾马拉人男女都穿紧身衣服，男的外面披上一件斗篷，女子则用披肩。总之，因环境差异，南美印第安人原住民的斗篷和披肩各不相同，唯一相同的是质地，都采用毛料。把斗篷披罩在外衣上，既美观，又避寒，还利于骑马驰骋；把披肩披在肩上既保暖又别有一种韵味。

而中国的云肩，是古代置于肩部的装饰织物，最初只是用以保护领口和肩部的清洁，后逐渐演变为一种装饰物，多以丝绸质地绣制四季花卉瓜果图案。从视觉形态来看，饱含了社会与精神文化的意味，反映出使用者的地位、情感、精神寄托等因素。

图1　弗雷德里克·巴齐耶（法国印象派画家，1841—1870）：《家庭聚会》，1867—1868，布面油画（巴黎奥赛博物馆藏）

南欧民族服饰在婚礼、社交场合和舞蹈活动中也有使用披肩的传统。在欧洲，另外还有一个源于广绣在西方传播的历史背景。1514年，葡萄牙商人在广州购得龙袍绣片回国献给国王受到重赏，广绣从此扬名欧洲。英国女王伊丽莎白一世还积极倡导广绣，称之为"中国给西方的礼物"，要求英国采用广绣作坊形式组织王室绣庄，加工绣制贵族服饰。在法国，刺绣匠师协会专门为皇室设计具有东方风格的刺绣纹样。18世纪末，源于印度克什米尔披肩的时尚之风，风靡英法。19世纪，巴黎开始成为时尚之都，擅长描绘室外场景和光影变幻的法国印象派画家也随之开始在自己的作品中描绘那些时髦人士的着装，捕捉了许多各种场合的女性形象，从画中可以看出中国外销的披肩等配饰已经成为当时法国时尚生活的一个部分。安格尔、莫里索、雷诺阿、马奈、莫奈等著名印象派画家都曾画过相应的作品，或在包厢，或在花园，或在阳台，或执扇，或撑伞……浪漫优雅的女性更显动人。[①]（图1）所以，很有可能，在"马尼拉大帆船贸易"中，南美和中华、南欧服饰文化，东西方各种文化元素，融会贯通，欧洲商人设计的，提供给广州洋行加工，最后升华入化，成为自成风格的"马尼拉披肩"，最终在欧洲、美洲盛行。

在长盛不衰的二百多年生产与发展历程中，"马尼拉披肩"得以继承传统的广绣技法，同时也在不同时代产生了各具特色的作品，从丝绸面料的变化、线材的变化、染料的变化、配色的变化、规格的变化、流苏的变化、构图的变化、题材的变化、风格的变化、市场喜好的变

---

① Inpressioni Fashion, Modern. The Art institute of chicaco Yale University pre.

化等，既可以看到中西文化相互磨合和交融的过程，又能看出当时的社会历史文化背景。

从存世的实物来看，1825年之前的产品难得一见。洛杉矶郡立博物馆所藏的一块米白色披肩约为1825年左右（图2）产品，披肩面料为绉绸（crepe），通长约230厘米，两头带流苏，披上后几乎拂地，同色绣花纹样为欧洲风格的卷草边框和集中在两端的折枝花卉。

19世纪三四十年代开始逐渐出现方形的中国披肩。方形披肩可折成三角形，从后背披下。披肩的线条呼应裙子上身的V形线条。披肩的色调整体比较雅致，一般采用同色绣花，图案基本结构是外围一圈盘卷的蔓藤花枝纹样作为窄花边，盘卷的蔓藤花枝纹样原是16世纪至17世纪英国刺绣的流行纹样，后广泛出现在17至18世纪印度外销刺绣和印花棉布中，18世纪的中国外销织物、壁纸上亦常见到。花边内的正方形区域三纵三横划分成九个小正方形，刺绣集中在四角的四个正方形内，安排具有中国传统的花鸟图案，剩下的五个小正方形拼成一个空白的十字形状。大披肩面向的市场是天主教文化区，留出的十字形空白区或有宗教方面的考虑。1840年后，十字形空白区开始出现一些小花、小鸟、小蝴蝶的点缀。早期广绣大披肩的流苏线束细而排列密，直接结在经向布边上，而纬向布边则要卷成0.5厘米宽度的三层卷边后再结流苏。[①]

19世纪五六十年代的披肩尺寸比以前大，约有160~180厘米，图案更加繁复，设计由中心图案、放射性花饰、外边框三部分组成，中心图案一般极富中国传统色彩，放射性花饰、外边框盘卷的蔓藤花枝呈现自由、舒展的面貌，在构图上仍可清晰见到以四个角落定位的设计。流苏也加长，可达25厘米以上，流苏上的编结更加繁复。

随着中外文化的交流，在欧洲的一些戏剧和小说中，以中国式的情节，准确地说是异国情调的中国样式，受到热烈的欢迎。"中国戏"和"中国小说"成为欧洲"中国热"中的一道景观，也反映在与当时时尚生活紧密联系的披肩上。除了花卉外，还出现了中国

图2 米白色披肩（洛杉矶郡立博物馆藏）

图3 黄缎地双面绣亭台楼阁披肩（中国丝绸博物馆藏）

图4 镬耳屋

---

① 参见广东民间工艺博物馆"风情万种：19—21世纪的外销广绣大披肩"展览。

传统的吉祥图案，有趣的动物、植物图案，山水建筑和人物故事等，更多反映中国式的思想情感与善恶判断，具有深刻的文化内涵。中国丝绸博物馆藏黄缎地双面绣亭台楼阁披肩（136 cm×136 cm，流苏长14 cm，约18世纪60至70年代）（图3）把"镬耳屋"这种建筑形式整合到画面里作为戏曲故事的背景，构图匀称，色彩斑斓，极富装饰效果。海贸重镇广州，包括沙面、黄埔等岛屿有一种建筑形式叫"镬耳屋"。镬耳屋用青砖、石柱、石板砌成，外墙壁均有花鸟图案。镬耳屋的山墙砌成镬耳状，故称"镬耳屋"（图4）。据说镬耳状的建筑防火和通风性能良好：火灾时，高耸的山墙可阻止火势的蔓延和侵入；微风吹动时，山墙可挡风入巷道，进而通过门、窗流入屋内。民间还有"镬耳屋"蕴含富贵吉祥、丰衣足食意义之说。广州开埠以后，很多外国人曾旅居附近，著名的外销画画家南昌（活跃于1845年至1880年）一些作品即取材于当地的景色。

1860年前后，南欧一些地区流行对角图案的披肩，即以一条方形披肩按对角线分界，一侧的三角形做甲图案，另一侧做乙图案；或两侧图案同而颜色不同。如此一来，使用者把披肩对折成三角形后可轮流披戴甲或乙图案，有两用之妙。纽约大都会博物馆所藏的一件19世纪末的披肩，一半为妖娆的五彩花草，另一半则是紫红色单色花卉，可根据衣裙、场合翻转变化，既新奇又实用。（图5）。

1865年后，中国外销披肩尺寸更大，流苏和编结继续加大，直接可以当作包裹身体的衣服。中国丝绸博物馆藏黑色流苏披肩（157 cm×157 cm，流苏长达48 cm，20世纪初期），方形，以黑色重绉为地，以平绣针法，用白色丝线绣制花卉，四角对称，构图细致繁密却又繁而不乱，四周辅以编织网格和长流苏。1926年出版的《西班牙区域服饰》的一幅插图与之几乎一模一样。（图6、图7）中国披肩在西班牙以及西属殖民地如墨西哥、菲律宾等地的流行程度更胜于欧美其他国家，甚至在19世纪后半叶成为西班牙女性民族服装的一个重要组成部分。上至贵妇，下到雪茄厂女工、弗拉明戈舞女，都以拥有一件来自中国的"马尼拉披肩"为荣。

"马尼拉披肩"的魅力是和广绣的独特技艺分不开的。披肩为双面刺绣，两名绣工在竖立的绣绷两面，同时在同一部位交替穿针引线，

图5　披肩（纽约大都会博物馆所藏）

图6　黑色流苏披肩（中国丝绸博物馆藏）

图7　1926年出版的《西班牙区域服饰》中的一幅插图

线头巧妙地藏在针脚中，不露痕迹。依托刺绣业的行会"锦绣行"，广绣行业又派生出上下手分工制度。绣坊在绣制大披肩的图案时划分出精工部分和粗工部分，先把粗工部分分发到南海、番禺、顺德和广州城四郊农村地区，由女绣工完成，这就是下手工；随后绣坊收回这些半成品披肩，交由男绣工绣制精工部分，这就是上手工。上手工绣鸟、蝶、昆虫和大花芯，下手工绣其他图案。广绣产业化的标志是"九彩线用色"，其精髓在于两个要素，一是特定的九种线，其中包含石红、灰紫、橙黄、灰蓝、叶绿五种渐变色线和大红、二红、加白、枝绿四种单色线，这是物质前提；二是，已成为默契的用色规则和口口相传的用色口诀。

三、"今生"

2019年1月，在广东省博物馆举办"风尚"外销扇展览之际，在策展人白芳博士的陪同下，笔者有幸考察了位于佛山顺德大良镇的广绣庄。大良，自古以来是顺德经济富庶之地，顺德的政治、经济、文化中心，商贾富人云集，"广绣重镇""南国丝都""广东银都""粤菜之都"说的都是大良。当年大良的小船可以沿着大小河汊地进入广州城，很多大良人都是在被誉为"第一码头"大良码头坐船，途经伦教、勒流，然后直达广州南方大厦的钟楼。除承担客运功能外，"第一码头"还是当时大良的一个重要货运码头，从广州、江门运来的货物都是经"第一码头"运到大良，而大良的农副产品、手工艺品等也是通过这个码头运往各地。小船进入广州港，然后上岸贸易，这就是当年的"国际社会"吧。显然，这个水网联系起了广阔的世界，使大良成为世界的一部分。

今天的大良，虽然华盖路步行街两旁还保留着明末清初骑楼特色的岭南西洋建筑，在古码头还依稀可以想象当年"第一码头"的面貌。不过整体上，它已经成为一个完全观光化的城镇。邻近岭南名园清晖园修葺一新，有游客寻寻觅觅的老字号皮奶店。八层高的广绣大厦在华盖路的显著位置，代表了顺德广绣曾经的繁华。如今，这座旧楼略显破败，但是还有一批经营者和刺绣从业者，坚守着广绣的记忆，把自己编织进跨海的网络，一边传承着传统，一边根据市场变化，创新设计，制作了一批新版披肩，这座大厦里的富德工艺品有限公司（前身是顺德刺绣工艺总厂）即广绣庄运作至今。（图8、图9）

白缎"五谷丰登"人物纹披肩（140 cm×140 cm，约1979年），这件披肩展现的是在丰收之后，主妇杀鸡还神的场景，庭院中的芭蕉、椰树、棕榈、葵树等典型的南方植物，呈现出浓郁的岭南风情。此图案设计于20世纪50年代，当时，曾经风行一时的中国人物题材披肩已基本退出欧洲市场，"五谷丰登"却因其内容丰富、情节完整、中国风情浓郁而广受欢迎，多年来批量生产，直到90年代才逐渐退出市场。

"文革"期间和改革开放初，广绣设计者努力探索新的披肩题材。湖蓝缎"渔村"海景人物纹披肩（110 cm×110 cm，20 世纪六七十年代）。广绣大披肩根据形势需要，发掘表现工农兵工作和生活的题材。黑缎"飞天"人物纹披肩（140 cm×140 cm，1970 年代末至 1980 年代初），"飞天"图案以敦煌飞天为母题，结合西汉帛画和马王堆漆器中的相关形象和用色特点。黑缎"远古"人物纹披肩（110 cm×110 cm，1970 年代末至 1980 年代初），"远古"图案以变形漫画的形式描述了远古时代人类的生活，包括采摘、养殖、耕作、收获、狩猎、战争、舞蹈、恋爱等场面。由于这些画面与欧洲的审美品位存在差距，未被市场接受，因此未能实施批量生产，有的只是硕果仅存的样品。

图 8　顺德广绣庄

20 世纪 90 年代，市场经济发展起来，广绣披肩更多设计适销对路的产品。黑双绉"摩尔人的花园"花草纹披肩（140 cm×140 cm，1991 年），设计师观赏摩尔人阿罕布拉宫花园后，遥想摩尔王宫当年繁花似锦、流水淙淙的美景，设计出这款"摩尔人的花园"图案。黑双绉花中花大牡丹纹披肩（140 cm×140 cm，1995 年），主花足够大而且富有南欧风情，在色彩的选用上，采用大红与橙黄配以明度较低的灰绿，构成强烈而又协调的色彩组合。这些披肩在市场上广受欢迎，有些屡被进口商要求专营。

20 世纪末，欧洲披肩市场出现一股怀旧风。黑双绉"复古白鹇鸟"花鸟纹披肩（140 cm×140 cm，1998 年），参考晚清外销披肩常见的白鹇鸟、孔雀、彩蝶图形后，结合当时欧洲常见的洋花卉，再配以 20 世纪 90 年代流行用色和分层宽度，制作出来的风格怀旧而又时尚的大披肩，深受欢迎。黄双绉葡萄纹披肩（140 cm×140 cm，2000 年）是旧作创新。1929 年，广东人曾经为欧洲某葡萄酒公司设计了一种以葡萄为题材的广绣大披肩。20 世纪 70 年代，又有欧洲人带着彩色照片要求重新设计一款葡萄巾。针对旧作散乱的结构和大小悬殊的葡萄，重新修改铺排，并且分别设计了白葡萄、红葡萄和红白相间的葡萄三种彩图，使得新款在欧洲市场极受欢迎。

图 9　顺德广绣庄绣制的披肩

进入 21 世纪，虽然广绣披肩的市场需求出现多元化趋势，而古法设计诞生的经典之作，流行至今。黑双绉"热烈的弗拉门戈"牡丹纹大披肩（140 cm×140 cm，2008 年），用于弗拉门戈舞蹈，主花尺寸大、色彩对比明显。双绉"越鸟芳园"花鸟纹披肩（155 cm×155 cm，2009 年），选用清代插屏画的孔雀、鹌鹑、蝴蝶形象，结合现代的色彩，在制作工艺上，沿用了清代刺绣行业上下手工分工的古法，由技术一流的刺绣师傅绣制孔雀尾羽和所有鸟的眼睛。白双绉大见蒂花纹披肩（140 cm×140 cm，2009 年），设计师根据 1877 年前后，广州外销绣品公司 POOSHANG 的一张欧洲来样定制绣花稿，复原为正常尺寸的披肩白描稿，所有的主花向下，不见花蕊，只见花蒂，由此命名为"见蒂花"。设计者还参考欧洲大花披肩的用色，选取灰紫为基调色做花，配以灰绿叶色。可见在 2008 年欧洲金融危机降临前后，欧洲富有的消费者还在追求设计制作奢华的精工披肩。绣制一件这样的披肩大约需要四五个月，金融危机后，消费者对于广绣披肩的选择趋于理性，更愿意以较低廉的价格入手与众不同的产品。根据这种心理需求，设计师设计出黑双绉牡丹灵芝纹披肩（140 cm×140 cm，2015 年）这类披肩。它在用色上采用中高档披肩巾的配色，在题材和构图上避开了低价披肩常见的细枝单叶重复一点的构图格式，大、小花均匀布局，大气脱俗，为消费者提供了别致而又价格可以承受的选择。

由于现代化进程，绣工大量流失。从 20 世纪 80 年代初开始，顺德刺绣工艺总厂便开始往潮汕、茂名等地发展广绣生产基地，之后又往江西、湖南、广西等地扩建广绣生产基地。由于西班牙经济的持续萎缩，顺德的广绣披肩开始开拓国内市场，以前全部是外销，如今内销已经占据了产量的近三成。

2019 年 12 月，有机会来到坐落于世界上海拔最高的可承载航运的的喀喀湖岸边秘鲁东南部的普诺，使我对"马尼拉披肩"的"今生"得以更全面和深入认识。普诺是印第安克丘亚和艾马拉族的故乡，城市的历史可以追溯到殖民时期。于 1668 年由总督佩德罗·安东尼奥·费尔南德斯·德·卡斯特罗（Pedro Antonio Fernández de Castro）所建，以作为 Paucarcolla 省的首府，原名圣胡安包蒂斯塔普诺（San Juan Bautista de Puno）。后为纪念西班牙国王卡洛斯二世而改名为圣卡洛斯普诺（San Carlos de Puno）。

漫步普诺街头，随处可以看见城里服务西班牙殖民者和向原住民传教的教堂。最著名的普诺大教堂位于普诺中心的武器广场（Plaza de Armas）建于 17 世纪，由于正在维修，只能在外围欣赏。同时，偶尔发现写有"CHIFA"的中餐馆。"CHIFA"是粤语"吃饭"的谐音，这是秘鲁中餐馆特有的招牌，已经被收入当地词典，成为秘鲁中餐馆的"专有名称"。"炒饭"和"云吞"又是"CHIFA"的招牌菜，而"炒饭"和"云吞"这两个词在西班牙语里也是粤语直译过来的。除了 CHIFA、炒饭、云吞等词语直接沿用粤语发音，在秘鲁，当地人也直接把"姜"叫作"kion"、酱油叫作"sillao"、白菜叫作"bok choy"，这些都来源于粤语。

从这里发源的印加文化，历经曲折地被保留下来。殖民时期传入的伊比利亚半岛欧洲文化和"马尼拉大帆船贸易"带来的中国文化与之交汇，普诺成为安第斯山脉土著人民不断迁移到秘鲁大城市的第一个主要枢纽，也是来自周边较小农牧区新居民的接收者。"马尼拉大帆船贸易"带来的中国丝绸对拉丁美洲各地也产生了一定影响。在当时西属美洲殖民地的上层社会中，女士以穿着中国丝绸作为时尚，看似是几乎同一时期在欧洲流行的"中国热"的翻版。

离开普诺的前一天傍晚，在皮诺广场（Pino Park）的圣母圣殿教堂（Santuario de la Virgen de la Candelaria）前，我们就幸运地遇见了狂欢的游行队伍。宗教节日、印第安传统节日、民族独立日或建城周年的盛典都是游行的盛会。圣烛节更是南美三大嘉年华之一，普诺是主会场之一。圣烛节（Kyndelmisse），又称"圣母行洁净礼日"或"献主节"等，是在每年的2月2日，即圣母玛利亚产后40天带着耶稣往耶路撒冷去祈祷的纪念日。后来普诺将节日延伸至每个月的第三周周日，都要举行圣烛节游行，我们遇见的正是十二月第三周周日游行。

游行的队伍款款过来，每人都手拿带沙槌和花束，随着鼓乐缓缓前进。一个方阵为一个团队，统一着装。一个方阵接一个方阵，男队女队间隔行进。男士方阵穿西装，女士方阵穿印加民族服饰anacu改善过来加入了鲜艳的色彩和多层次的宽大的蛋糕裙，最吸引眼球的是她们的披肩。（图10~图14）披肩的颜色与方阵衣服的颜色统一，流苏目测长达40多厘米。随着舞步转圈和手中装饰绚丽的沙槌摇动的时候，流苏甩开来，非常动感、漂亮，让人联想起西班牙弗莱明戈舞的热烈奔放的音乐、舞步以及演员身上那飘逸的大披肩。只是，披肩再也不是精工而奢华的广绣，而是来自中国义乌的小商品市场更加适合"快餐"文化需求的机器生产的舞蹈用品。可见，曾经通过"马尼拉大帆船"为中南美洲带来大批商品的中国，在今天依然能够以相对开放的姿态和相对公平的条件与拉美各国开展贸易。

我沿着利马街，逆行着在观看游行的人群中穿梭，与其说在寻找这游行队伍的尽头，不如说在寻找马尼拉披肩的前世今生。在"一带一路"倡议的框架下，无论是双方经贸合作的前景还是中国在拉丁美洲影响力的进一步增长，都是相当值得期待的。

图10　身着披肩的游行队伍（一）

图11　身着披肩的游行队伍（二）

图12　身着披肩的游行队伍（三）

图13　身着披肩的游行队伍（四）

图14　身着披肩的游行队伍（五）

清代广州丝绸商业行会

——以匹头行锦联堂为例①

广东省博物馆　白芳

[内容摘要] 明清时期，海上丝绸之路的全球拓展为中国丝货提供了广阔的国际市场。在海外市场需求的刺激下，广东地区的丝织业生产规模日益扩大、生产分工日趋精细，呈现出高度商品化和专业化的特征。清代广州丝绸行业的手工业、商业会馆名目繁多，但因文献记载的缺失，我们对每一行的了解多数仅停留在字面的只言片语上。匹头行锦联堂是清道光以来在广州较为活跃的丝绸商业群体，本文根据最新发现的史料，对匹头行的组织架构、经营范畴、行会规章及流变影响进行梳理，从一个侧面考察清代广州丝绸贸易的情况。

[关键词] 广州；丝绸；商业行会；匹头行；锦联堂

Canton Silk Commercial Guild in Qing Dynasty: Analysis a case Pitou Hong "JinLian-tang"

Guangdong Museum Bai Fang

Abstract: During the Ming and Qing Dynasties, the global expansion of the Maritime Silk Road provided a vast international market for Chinese silk goods. Stimulated by the demands of overseas markets, the production scale of the silk industry in Guangdong area is increasingly expanding, and the division of production is becoming more and more sophisticated, showing a high degree of commercialization and specialization. There were many kinds of handicraft and commercial guilds in the silk industry of Canton in the Qing Dynasty, but due to the lack of literature records, most of our understanding of each line can only stay on the literal words. The Pitou Hong --"JinLian-tang" is a piece goods or yard-goods shop of the silk business group that has been active in Canton since the Daoguang years of the Qing Dynasty(1821——1850). According to the latest historical data, this article reviews the organizational structure, business scope, guild regulations and rheological influence of Pitou Hong from one side. Investigate the situation of Canton silk trade in Qing Dynasty.

Keyword: Canton; Silk; Commercial guilds; Pitou Hong; JinLian-tang

---

① 本文为2017年度《广州大典》与广州历史文化专题研究重点课题《广州十三行时期外销织绣品研究》（项目批准号2017GZZ06）和2018年度国家社会科学基金重大项目《广州十三行中外档案文献整理与研究》（项目批准号18ZDA195）阶段性研究成果。

明清时期，海上丝绸之路的全球拓展为中国丝货提供了广阔的国际市场。在海外市场需求的刺激下，广东地区的丝织业生产规模日益扩大、生产分工日趋精细，呈现出高度商品化和专业化的特征。同行业的手工业者和商人纷纷组建各自的手工业行会和商业行会，各行有各自的会馆，制定各自的行规，以保护本行业的发展。

目前关于广州丝绸手工业行会研究比较深入的是锦纶会馆，它是目前广州唯一保留下来的丝织行业东家会馆，位于广州下九路西来新街，始建于清雍正元年（1723），是清代广州丝织行业盛衰的历史见证。原本关于锦纶会馆的地方文献史料匮乏，但幸运的是从锦纶会馆留存下来的19方碑刻中，我们对会馆建立和重修的经过、会馆的组织架构、经费来源、日常运作和管理有了清晰的认识。锦纶会馆碑刻为我们了解广州丝织业生产和对外贸易发展提供了不可多得的珍贵史料。[1]

锦纶行仅是丝织行业大行的总称，它的下面又分众多小行，"总而言之，曰锦纶行；分而言之，则有放机行、朝蟒行、金彩行、宫绉线平行、牛郎行、杂色行、洋货三行、十一行、十八行、丝纱行、线纱行、广纱行、绍纱行、三纱行、八丝行，缕析条分，各开门户，彼此执业，不能稍逾（逾）"。[2] 按雇佣关系，每一行又可分为拥有织机的东家行和由机工组成的西家行，但因文献记载的缺失，目前我们对每一行的了解仅仅停留在字面的只言片语上。

除手工业行会之外，清代以来广州还存在着大量和丝绸相关的商业行会。"广州商业，以七十二行著称。七十二行者，土丝行、洋庄丝行、花纱行、土布行、南海布行、沙绸行、上海绸布帮行、疋头行、绒线行、绸绫绣巾行、颜料行、故衣行、顾绣班靴行、鞋靴行"[3] 等，可以说当时的广州"商各有行，行各有规；自为保护，自为推拓"。[4] "各行皆置立会馆，议定行规，公举行老董理其事。一行之中，凡货式之大小、工资之多寡，均有定章，同行各人共相遵守，不容混淆。有违例者，无论东家西家，行众定必鸣鼓而攻，不遗余力"。[5]

---

[1] 相关研究有：广州市文化局编：《广州锦纶会馆整体移位保护工程记》，北京：中国建筑工业出版社，2007年版；孔柱新：《锦纶会馆与广州丝织业史》，载《岭南文史》，2003年第2期；胡晓宇：《从锦纶会馆碑刻看其历史》，载《岭南文史》，2004年第4期；段雪玉：《锦纶堂：近代蚕丝业行会组织的社会史考察》，载《海洋史研究》（第三辑），2012年5月。

[2] 《论机房亟须改良以挽利权》，载《广州总商会报》，1907-04-（05-08）连载；转引自邱捷：《清末广州的七十二行》，载《中山大学学报》（社会科学版），2004年第6期。

[3] 番禺市地方志编纂委员会办公室：《民国辛未年（1931年）番禺县续志》点校本，广州：广东人民出版社，2000年版，第287页。

[4] 《论各商行宜自行集股振兴本业》，载《香港华字日报》，1908-05-05；转引自邱捷：《清末广州的七十二行》，载《中山大学学报》（社会科学版），2004年第6期，第82页。

[5] 《车料争讼》，载《香港华字日报》，1897-04-28；转引自邱捷：《清末广州的七十二行》，载《中山大学学报》（社会科学版），2004年第6期，第82页。

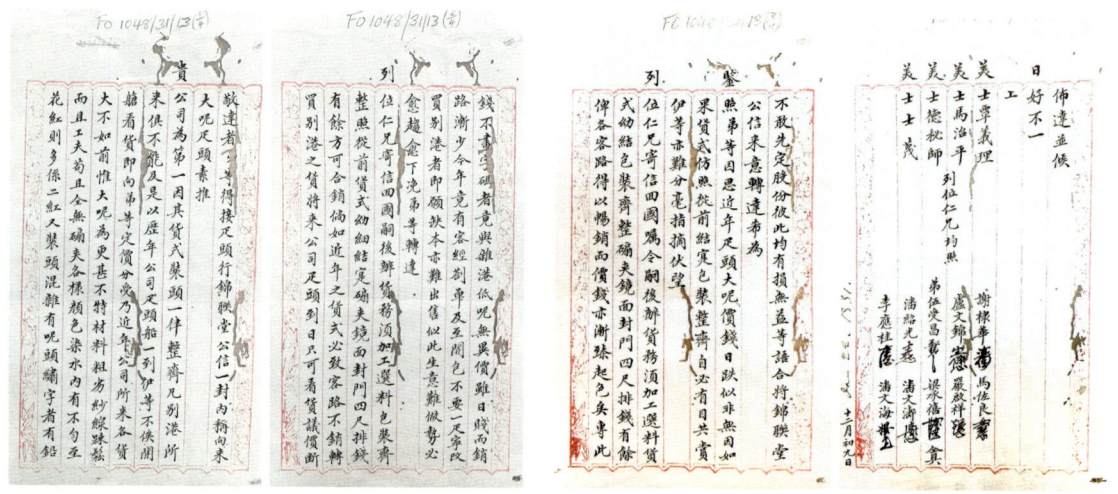

图 1 《十二月初九日转达匹头行锦联堂公信》（英国国家档案馆 FO 1048/31/13）

关于七十二行中的匹头行，笔者从最近出版的《广州十三行天宝行海外珍稀文献汇编》①中，发现两则与之相关的档案，对厘清匹头行的行会组织、经营范围及行规规章等情况有一定的帮助，试分析如下。

一、行会组织

我们通过英国国家档案馆 FO 1048/31/13《十二月初九日转达匹头行锦联堂公信》（图1）这则档案，可以了解到匹头行的组织架构和经营内容，现全文摘录如下：

敬达者□等，得接匹头行锦联堂公信一封，内称向来大呢匹头素推贵公司为第一，因其货式装头一律整齐，凡别港所来俱不能及。是以历年公司匹头船一到，伊等不俟开舱看货，即向弟等定价分受。乃近年公司所来各货，大不如前，唯大呢为更甚。不特材料粗劣，纱线疏松，而且工夫苟且。全无碻夹，各样颜色染水内有不匀，至花红则多系二红，又装头混杂，有呢头绣字者，有铅钱不画字码者，竟与杂港低呢无异价。虽日贱而销路渐少，今年竟有客经札单及至开色不要一匹，宁改买别港者，即愿缺本亦难出售。似此生意难做，势必愈趋愈下，浼弟等转达。

列位仁兄寄信回国，嗣后办货物务须加工选料包装齐整，照从前货式幼细结实，碻夹镜面封

---

① 冷东、梁承邺、潘剑芬主编：《广州十三行天宝行海外珍稀文献汇编》，广州：广东人民出版社，2019年版。

门四尺排钱有余方可合销。倘如近年之货式，必致客路不销，转买别港之货，将来公司匹头到日，只可看货议价，断不敢先定股份，彼此均有损无益等语，合将锦联堂公信来意转达希为。

鉴照弟等因思近年匹头大呢价钱日跌，似非无因，如果货式仿照从前结实，包装整齐，自必有目共赏，伊等亦难分毫指谪伏望。

列位仁兄寄信回国嘱令嗣后办货物须加工选料货式幼结，包装齐整，硋夹镜面封门四尺排钱有余，俾各客路得以畅销，而价钱亦渐臻起色矣。专此布达并候。

日好不一。

美士覃义理、美士马治平、美士德秘师、美士士蔑，列为仁兄均照

弟：谢棣华、马佐良、卢文锦、严启祥、伍受昌、梁承禧、潘绍光、潘文涛、李应桂、潘文海全具

十二月初九日

此则档案讲述的是匹头行锦联堂因英国东印度公司供应的"大呢匹头"质量下降导致销售困难，因此致十三行行商公函一封，希望负责洋行事务的十三行行商予以转达意见。于是东裕行行商谢棣华、顺泰行行商马佐良、广利行行商卢文锦、兴泰行行商严启祥、怡和行行商伍受昌、天宝行行商梁承禧、同孚行行商潘绍光、中和行行商潘文涛、万源行行商李应桂、仁和行行商潘文海等十人于十二月初九日联名致函给英国东印度公司广州商馆特选委员会成员覃义理、马治平（主席）、德秘师、士蔑四位，希望特选委员会写信回国，告知公司今后运来广州市场的大呢匹头等货物须加遴选，确保昔日质量，才能销路畅通、利润丰厚。

此则档案一式四联，中式信笺，墨笔手书而成。信笺以木刻雕版红色彩印装饰，每页八栏，左右两侧各装饰梅竹图案，取"梅竹双清"之意。信札墨笔书写，字体工整清秀，书信行文规矩，重视礼节，从称谓语到正文，从祝愿语到署名，信函中的每一个环节都极为注重礼仪规范，体现着卑己尊人的处世哲学。文中十位行商多处对自己谦称为"弟"，尊称四位广州商馆特选委员会的成员为"仁兄"，落款处四位委员名字前均冠以"美士"二字，即英文"先生"的译音。信函末页左下方空白处墨笔小楷书写"十二月初九日"，另有钢笔书写的英文日期1831年1月22日，即清道光十年（1830）十二月初九日。

此封信函撰写的时间我们还可以从马士的《东印度公司对华贸易编年史》中得到佐证。在1830年的贸易季中，东印度公司有如下记载："本季度末，行商交给委员会一份布业行会的函件，埋怨前时凡盖有公司商标的布包，不需要检验就可以原包流通整个帝国，因为人们完全相信其所

标明的质量，但那种时期已成过去，因为公司的布匹质量近来已降低。"①此处讲述的事件与英国国家档案馆收录的这则档案为同一内容，但时间却相差一年，想必是马士编纂的东印度公司档案参考的时间是中国传统的年号纪年法，即清道光十年（1830），所以导致了同一事件相差一年的情况。另根据马士的记载，1830年贸易季度初期，特选委员会成员是盼师（主席）、米利特、班纳曼和丹尼尔等四人，从1830年11月22日起，特选委员会组成人员为马治平（主席）、德庇时、覃义理和查尔斯·史密斯。英国国家档案馆收录的这则档案，四位特选委员会成员除一位名"士蔑"的成员之外，其他三位名称均相符。"士蔑"应是清朝人对"史密斯"名字的中文翻译，这也是清朝人以天朝大国的身份自居，对西方蛮夷鄙视轻蔑的心态流露。

通过英国国家档案馆收录的这则档案，我们可以推断匹头行的行会组织名为锦联堂，锦联堂也是匹头行集会议事之所。彼时，堂、会馆、公所、祠、庙等都是手工业、商业行会常用的名称，有时会馆和堂还有相互通用的情况。如锦纶行的锦纶会馆又称锦纶堂，20世纪50年代广州的老丝织工人在回忆19世纪三元里人民抗英斗争时说："锦纶堂出钱，机房仔和打石工人出力。因为锦纶堂的财力甚为雄厚，又肯出钱，而那丝织工人、打石工人都是勇敢善战之士，所以在打仗中很出色。"②锦纶会馆是一座坐北朝南、广三路、深三进、硬山顶、镬耳山墙、青砖石脚、碌灰筒瓦的大型祠堂式建筑。第一进头门花岗岩门额上刻有行书"锦纶会馆"四字，第二进中堂的心间后金柱隔架上悬挂"锦纶堂"横匾，这都表明"会馆"和"堂"的名称时有互通的情况。锦纶行集会议事之所最初在广州西来胜地的关帝庙，后因丝织业日益发达，从业人数日益增多，锦纶行便于雍正二年（1724）集资在关帝庙之左兴建锦纶会馆作为集会议事之所。③目前关于匹头行锦联堂的会馆地址、成员构成、议事方式等诸多问题尚待更多资料求证。

二、经营范围

从这则《十二月初九日转达匹头行锦联堂公信》中可知，匹头行售卖的商品是英国东印度公司运来的"大呢匹头"，但具体指的是哪些商品呢？我们从中文档案《清代钞档：道光二十五年三月十七日敬敩奏》记录中可知，"至外洋所产之大呢羽毛哔叽等类，并一切贵重之奇物，则专

---

① ［美］马士：《东印度公司对华贸易编年史（1635—1834年）》第4卷第88章，区宗华译，广州：广东人民出版社，2016年版，第256页。
② 广东省文史研究馆编：《三元里人民抗英斗争史料》，北京：中华书局，1978年版，第177页。
③ 雍正九年（1731）《锦纶祖师碑记》：郡城之西隅业蚕织者，宁仅数百家□从前助金脩建关帝庙于西来胜地，以为春秋报赛及萃聚众心之所。迨后生聚日众，技业振兴，爰于癸卯之岁，集众金佥题助金，构堂于关帝庙之左，以事奉仙槎神博望张侯焉。

有闽广商舶，赴粤运销。"①匹头行售卖的是欧洲本地产的毛呢、羽纱、哔叽之类的毛织物。另据马士《东印度公司对华贸易编年史》英文档案，我们还可以对"大呢匹头"所囊括的毛织物的具体类别和价格有更详尽的了解。1830年"本季度的毛织品降低价格降低售出，宽幅绒，特等每码1.30两；上等，0.90两；下等，0.80两；长厄尔绒，每匹5.50两；羽纱，每匹19元"。②本年度，英国制造的毛织品成本为489 228镑，售价为1 660 511两；不列颠花布成本为32065镑，售价为108 000两；棉纱成本为17 538镑，售价为58 320两。③

在马士编纂的东印度公司档案中，我们还发现，广州商馆特选委员会成员在收到了这十位行商转达的匹头行锦联堂公信后确有寄信回国，敦促公司提高质量以改变现状。"这样一种绝对信任的事例，我们相信在世界上任何地方几无其匹，因此我们想到这种信任有受到任何损害的可能，将必引起极大的遗憾。"④但遗憾的是，我们在1831年新的一个贸易季中，从英国毛织品的销售情况可以推断英国东印度公司商船运送来的货品质量问题并没有得到很好的改善。"委员会出售毛织品，被迫接受降价如下：宽幅绒，特等，上季度每码1.30两，本季度1.20两；上等，上季度每码0.90两，本季度0.85两；下等，上季度每码0.80两，本季度0.80两；长厄尔绒，上季度每匹5.50两，本季度5.40两；羽纱上季度每匹19.00元，本季度19.00元。"⑤

匹头行锦联堂除经营售卖欧洲产的毛织品外，还有否经营其他业务呢？我们从《广州十三行天宝行海外珍稀文献汇编》收录的另外一则档案（图2）似乎可以找到蛛丝马迹的答案。英国剑桥大学怡和洋行档案MS MS/H1/52《道光二十九年（1849年）二月初六日粤省锦联堂公啟》中有："况红罗紫绮，皆可为衣，吴绵蜀锦，亦可谋利，岂必呢羽等物乎？⑥"的记录，这似乎表明匹头行除经营售卖呢羽洋货外，也同时经营红罗、紫绮、吴绵、蜀锦等国内织造的丝绸商品。

清代广东的佛山镇和省城广州同为手工业、商业发达的城市，《民国佛山忠义乡志》详细记

---

① 《清代钞档：道光二十五年三月十七日敬敩奏》，彭泽益编：《中国近代手工业史资料（1840—1949）》第一卷，北京：中华书局，1962年版，第494页。
② ［美］马士：《东印度公司对华贸易编年史（1635—1834年）》第4卷第88章，区宗华译，广州：广东人民出版社，2016年版，第256页。
③ ［美］马士：《东印度公司对华贸易编年史（1635—1834年）》第4卷第88章，区宗华译，广州：广东人民出版社，2016年版，第255页。
④ ［美］马士：《东印度公司对华贸易编年史（1635—1834年）》第4卷第88章，区宗华译，广州：广东人民出版社，2016年版，第256页。
⑤ ［美］马士：《东印度公司对华贸易编年史（1635—1834年）》第4卷第89章，区宗华译，广州：广东人民出版社，2016年版，第292页。
⑥ 冷东、梁承邺、潘剑芬主编：《广州十三行天宝行海外珍稀文献汇编》，广州：广东人民出版社，2019年版，第324页；同见于黄元颐：《夷务杂录钞本》卷二四，见彭泽益编：《中国近代手工业史资料（1840—1949）》第一卷，北京：中华书局，1962年版，第511页。

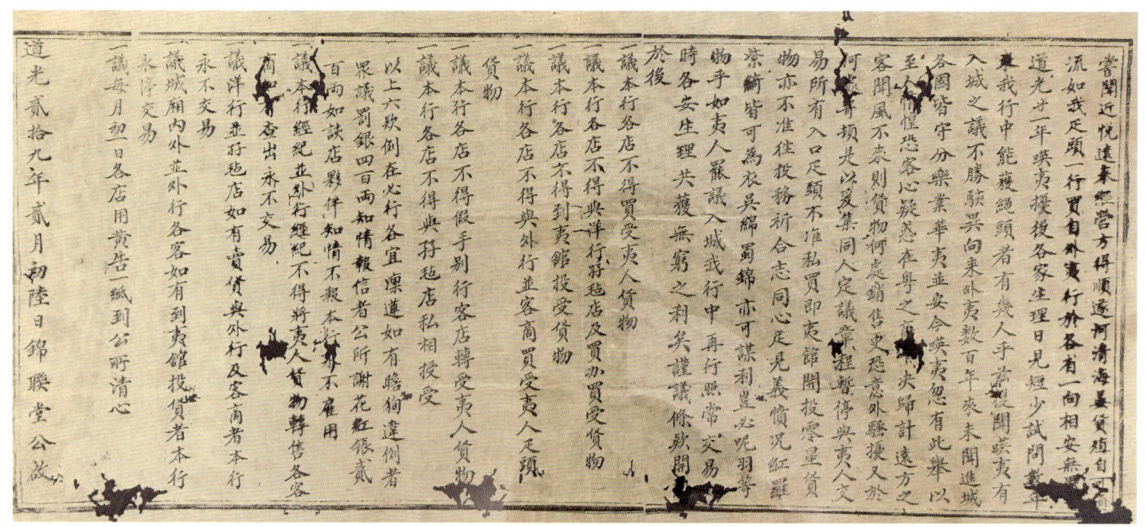

图 2 《道光二十九年（1849 年）二月初六日粤省锦联堂公啟》（英国剑桥大学怡和洋行档案 MS MS/H1/52）

录了佛山镇衣服类手工业行会 14 类，分别为机房土布行、布箔行、顾绣行、绒线行、头绳行、碾布行、绸绫染色行、覆染行、自制颜料行、棉胎行、浆缎行、扑布行、抓布行、皮金行；[①] 衣服类商业行会 16 类，分别为花纱行、京布行、兴宁布帮、齐昌布庄、绸缎行、新衣行、故衣行、青靛行、牛皮行、洋南染料行、纱纸颜料行、品料颜料行、薯莨行、草席蒲包行、水草草席行、金银首饰行。[②] 其中商业行会绸缎行经营"葛、麻、丝、棉之属，出自国内。绒、毯、毡、羽之属来自外洋。兼收并蓄，售诸内地外埠，远及西北两江。"该绸缎行同时经营零售和批发业务，"零翦店多在公正市，发行店多在富文里北胜街等处。大小五十余家。"绸缎行行会名为"阐义堂"，"会馆在汾水铺汾流街，至原日之金丝行，会馆则在快子上街。"[③] 从这段记载中我们可以推断佛山镇的绸缎行阐义堂和省城广州的匹头行锦联堂经营的业务范围相近，只是因为所在地域不同，从而设立了各自同行业的行会和会馆。从已知文献推断，广州匹头行锦联堂业务经营的重心由国产高档丝绸向价格相对低廉的呢羽洋货等毛织品转变至迟在清道光年间已定型。

---

① 佛山市图书馆整理：《民国佛山忠义乡志》校注本，卷 6《实业志》，长沙：岳麓书社，2017 年版，第 206—208 页。
② 佛山市图书馆整理：《民国佛山忠义乡志》校注本，卷 6《实业志》，长沙：岳麓书社，2017 年版，第 223—224 页。
③ 佛山市图书馆整理：《民国佛山忠义乡志》校注本，卷 6《实业志》，长沙：岳麓书社，2017 年版，第 223 页。

三、行规规章

为加强行业垄断，维护本行业利益，行会组织往往通过制定行规、议定章程等方式对本行成员进行约束，"使行业组织成为具有一定约束力的共同利益团体"。①

匹头行锦联堂在面对英国人即将入城开业，即将对本行业务造成严重影响的情况下，紧急"爰集同人，定议章程"，要求全行"暂停与夷人交易。是以所有入口匹头，不准私买；即夷船开投零星货物，亦不准往投。务祈合志同心，足见义愤。"并详细制定六条禁令：

一议本行各店，不得买受夷人货物。

一议本行各店，不得与洋行孖毡店及买办买受货物。

一议本行各店，不得到夷馆投受货物。

一议本行各店，不得与外行并客商买受夷人匹头货物。

一议本行各店，不得假手别行客店，转受夷人货物。

一议本行各店，不得与孖毡堤店私相授受。②

匹头行锦联堂不但明确制定本行各店禁止与夷人交易的约束条款，而且还同时颁布了严明的赏罚措施。"如有胆狗违例者，众议罚银四百两；知情报信者，公所谢红花银贰佰两；如该店伙伴，知情不报，本行永不雇用。"

除对本行各店严格约束外，匹头行锦联堂对有业务关联的其他各行也做了相应的约定：

一议本行经纪并外行经纪不得将夷人货物转售各客商，如有查出，永不交易。

一议洋行并孖毡店如有卖货与外行及客商者，本行永不交易。

一议城厢内外并外行各客如有到夷馆投货者，本行永停交易。

一议每月初一日各店用黄告一纸到公所清心。③

---

① 周德华：《中国丝绸行会的历史作用》，载《丝绸》，2005年第11期，第52页。
② 冷东、梁承邺、潘剑芬主编：《广州十三行天宝行海外珍稀文献汇编》，广州：广东人民出版社，2019年版，第324页；同见于黄元颐：《夷务杂录钞本》卷二四，见彭泽益编：《中国近代手工业史资料（1840—1949）》第一卷，北京：中华书局，1962年版，第511页。
③ 此四条为英国剑桥大学怡和洋行档案MS MS/H1/52内容的一部分，但未见收录于黄元颐：《夷务杂录钞本》卷二四，见彭泽益编：《中国近代手工业史资料（1840—1949）》，第一卷，北京：中华书局，1962年版，第511页。

上述章程，直到"夷人罢议，我行中再行照常交易"，以达到"斯时各安生理，共获无穷之利矣"的目的。

四、影响流变

晚清民国时期，以经营洋织物为主的匹头行粤商辗转到全国各个口岸城市。其中，粤商在广西经营的洋布洋纱行，行会名"苏杭匹头行"①在众多洋货店中发展最快、规模最大。匹头行以"苏杭"二字冠名，并非是因其经营苏杭产的绫罗绸缎业务，而是取售卖织物的质量上乘之意。如佛山镇刺绣手工业行会名"顾绣行"，"专造各种刺绣品，或雇工人在店制造，或发四乡女工接绣。行销本省及广西地方……多设于长兴街等处。"②顾绣又称"露香园顾绣"，因起源于明代松江地区（今上海）的顾名世家而得名。顾绣是以名画为蓝本的画绣，精美典雅、技法独到，同侪不能望其项背，声名显赫一时。佛山镇的"顾绣行"显然是借用顾绣的名气，由本地绣娘组成的刺绣手工业行会。"1933年，广西梧州苏杭匹头业59家，已知籍贯者33家，其中粤籍就有30家，本地人仅3家；洋纱行2家，全为粤籍。""19世纪五六十年代，粤商在玉林县城开设洋纱匹头批发商号""民国初年，玉林城苏杭绸缎店，如经昌、万昌、公泰、又隆、雷致昌、恰合等号多是广东人经营"③，由此可推断粤商经营的匹头行在全国洋货店中具有强势的影响力。如果说省城广州的匹头行至迟在清道光年间（1821—1851）开始大规模经营呢羽洋货的话，那么在广西柳州，粤商经营的苏杭匹头行则是在"光绪以后逐渐向以销售洋布产品为主兼营绸布演变"。④

民国时，为加强对行会的管理，南京国民政府立法院于1929年颁布《工商同业公会法》，规定"所有工商同业组织都改称同业公会，在同一区域内有7家以上发起，经官署核准即可成立，但一地一个行业只准有一个同业公会"。⑤于是，民国十九年（1930）广州各类丝绸商业行会成立绸缎业同业公会；同年，广州各类丝绸手工业行会成立丝绸业同业公会。可以说《工商同业公

---

① 黄滨：《近代粤商与广西城镇百货行、专项洋货批零行、土洋杂货行的发育》，载《广西地方志》，2004年第5期，第40页。
② 佛山市图书馆整理：《民国佛山忠义乡志》校注本，卷6《实业志》，长沙：岳麓书社，2017年，第207页。
③ 黄滨：《近代粤商与广西城镇百货行、专项洋货批零行、土洋杂货行的发育》，载《广西地方志》，2004年第5期，第41页。
④ 同上。
⑤ 周德华：《中国丝绸行会的历史作用（2）》，载《丝绸》，2005年第11期，第50页。

会法》的通过和实施促进了行业组织由五花八门的行会会馆向规范统一的工商同业公会转变。

明清时期，伴随世界地理大发现，东西航路开通，丝绸作为最重要的大宗商品从广州运销到世界各地。与此同时，世界总产量近一半的白银源源不断从海外流入中国。清代《广州竹枝词》"洋船争出是官商，十字门开向二洋，五丝八丝广缎好，银钱堆满十三行。"[①] 就是对清代广州十三行时期丝绸贸易盛况的最佳描述。清道光以后，虽然国内鸦片横流，洋货倾销，但广东丝绸在世界市场上始终占据重要地位。"光绪季年，（佛山）大机房二十余家，小者六七十家，工人二千余，多织丝织品，丝由顺德各乡购回，出品颇多，最著名为金银缎、八丝缎、充汉府缎、充贡缎。售于本地者十之二三，外埠四乡量亦相等，运赴外洋则十之三四。"[②] 可以说清代广州丝绸生产和贸易与清代广州在世界贸易体系中所处的地位和发挥的作用密切相关。本文根据最新发现的材料，对匹头行的组织架构、经营范围、行会规章及流变影响进行梳理，以期从一个小的侧面对清代广州丝绸生产和贸易情况有所认识。

---

① [清]屈大均：《广东新语》卷15《货语》，北京：中华书局，2006年版，第427页。
② 佛山市图书馆整理：《民国佛山忠义乡志》校注本，卷6《实业志》，长沙：岳麓书社，2017年版，第206页。

图录 Catalogue

前 言

洋船争出是官商，
十字门开向二洋，
五丝八丝广缎好，
银钱堆满十三行。
——屈大均《广州竹枝词》

粤港澳大湾区以环珠江口区域为核心，背靠大陆，面向海洋，地处国际航线要冲。自秦汉至明清，以广州为中心的珠三角一带，作为海上丝绸之路的重要起点，一直都是中外海上贸易的枢纽，东西方文明在此交汇，中国从这里走向世界，这一区域也成为世界了解中国的窗口。

中国是丝绸的发源地，世界了解中国，首先是从丝绸开始的。罗马帝国时代，丝绸一度是最昂贵的奢侈品，与黄金等价。明清时期，东西航路开通，丝绸作为重要的大宗商品经粤港澳湾区运销到世界各地。与此同时，世界总产量近一半的白银源源不断从海外流入中国。丝绸在中国对外交往的舞台上曾经流光溢彩，熠熠生辉，也曾历经坎坷，令人扼腕。

湾区经济靠港而生、依湾而兴，具有天然的开放属性，其兴衰高度依赖国际贸易体系，也深刻影响国际贸易体系。丝绸外销见证了粤港澳三地手工业的辉煌和贸易全球一体化的进程。当下，丝绣技艺依旧在传承中发展，它为塑造丰富湾区的文化内涵，增强提升湾区的文化软实力，发挥着积极的影响作用。粤港澳大湾区同根同源、同声同气，是连接古今海上丝绸之路的重要桥梁，是推进世界丝绸贸易的重要枢纽。

PREFACE

Facing the ocean and having the continent on its back, the Guangdong-Hong Kong-Macao Greater Bay Area ("Greater Bay Area"), with the Pearl River Estuary Region as its core, is a pivot of International routes. From as early as Qin and Han dynasties to Ming and Qing dynasties, the Pearl River Delta with Guangzhou as the center has served as the important starting point of the Maritime Silk Road. Being the hub of international marine trade, it has been the meeting point of Eastern and Western civilizations, China's starting point to go the world as well as the world's window to see China.

Silk, from which the world started to learn about China, originated in this country. During the Roman Empire period, it was regarded as the most valuable luxuries and its price was equivalent to that of gold. During Ming and Qing dynasties, with the opening of trade routes between the east and the west, silk was shipped to all over the globe through the Guangdong-Hong Kong-Macao Greater Bay Area as animportant mass commodity. During this period, silver coins continuously flowed to China, the amount of which constituted 1/2 of the world's silver. However, apart from those glorious days in foreign trades, silk was also part of a sorrowful chapter in China's history.

The Greater Bay Area economy has relied on and thrived on harbors and ports, which enjoys inherent openness. Its prosperity and decline are highly dependent on the international trading system, and it also profoundly affects the international trading system. Silk has witnessed the glory of handicraft industry and the process of global intergration of trade in Guangdong, Hong kong and Macao. At present, silk embroidery skills are still being developed and inherited. Silk embroidery skills play a positive role in shaping and enriching the cultural connotation, enhancing the cultural soft power of the Greater Bay Area. The Greater Bay Area shares the same ancestral roots and regional dialect, and stays in tune with each other. The Great Bay Area is a key bridge connecting the Maritime Silk Road from ancient to modern, and an important hub to promote the silk trade in the world.

PART ONE

THE GREATER BAY AREA

第一部分

湾区旧貌

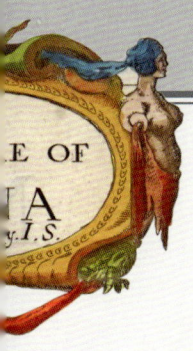

广州是中国与海外交往的重要口岸，历两千年之久而不衰。16—19世纪中前叶，澳门隶属广州府香山县，香港隶属广州府新安县，分处珠江口东西两侧。自东西航路开通以来，澳门、香港先后成为广州的外港，这一区域一直都是中国与世界进行贸易往来、文化交流的重要枢纽。

Canton, served as an important port for the communication between China and the world, has enjoyed almost two thousand years of prosperity. From 16th to mid-19th Century, Macao belonged to Xiangshan County, and Hong Kong to Xin'an County. Sitting on the east and west banks of the Pearl River estuary respectively, Macao and Hong kong were both under Canton Prefecture. After the opening of trade routes between the east and the west, Macao and Hong kong became Canton's outer port successively. The Greater Bay Area is an important hub for the exchange of goods an cultures between China and the world.

"中国皇朝"地图

若翰·斯皮德（1552—1629）绘

约 1626 年

纸本

纵 39 厘米，横 52 厘米

澳门博物馆藏，MM5766

Map of the Imperial Dynasty of China

John Speed（1552 - 1629）

c. 1626

Paper

L 39cm, W 52cm

Collection of Macao Museum, MM5766

若翰·斯皮德（John Speed），英籍地图绘制师。地图标示着中国各城市的位置、河流、山川、长城以及交通工具；左右两侧画有中国男女、日本士兵及勃固（今缅甸）男女的容貌及衣着。

广东和福建地图

温琴佐·科尔内利（1650—1718）绘

1695 年

纸本

纵 45.5 厘米，横 60.5 厘米

澳门博物馆藏，MM4857

Map of Guangdong and Fujian Province

Vincenzo Coronelli (1650 – 1718)

1695

Paper

L 45.5cm, W 60.5cm

Collection of Macao Museum, MM4857

温琴佐·科尔内利（Vincenzo Coronelli），意大利著名的地图绘制家、出版家、地理学家，编写百科全书的学者，曾绘制过500多幅的地图。在这张地图中，作者清晰地标注了澳门的名字"Macao"，且在对开海域标注"Golfo di Macao"，意为澳门海湾。

澳门市及海港图

巴洛（画）　贝克（刻）
1796 年
纸本
纵 69 厘米，横 52 厘米
香港艺术馆藏
AH1964.0431.011

A Plan of the City and Harbour of Macao

J. Barrow (drawn), B. Baker (engraved)
1796
Paper
L 69cm, W 52cm
Collection of Hong Kong Museum of Art
AH1964.0431.011

　　这张地图清晰地记录了澳门及其海港在 18 世纪末的面貌。右上方标示澳门位处中国版图的最南端。地图正中央是澳门市，图中详列城内重要建筑设施的名称和位置，例如炮台、修道院、书院等。此图不但附有比例尺，还标注了内港的水深及海底土质地形。

　　此地图是乔治·斯汤顿爵士（Sir George Staunton, 1781－1859）于 1796 年印制，并在他的《马戛尔尼出使中国记》一书中出现。根据他的描述，地图上的资料是从一位长居此地的人士实地勘察得来的。

澳门城市及港口地形图

1796 年

纸本

纵 83 厘米，横 57 厘米

澳门博物馆藏，MM692

The Topographical Map of Macao City and Ports

1796

Paper

L 83cm, W 57cm

Collection of Macao Museum, MM692

地图标示有澳门的堂区、炮台、神学院、女修道院、小教堂及庙宇等的位置，亦清晰绘制了旧城墙的界线，划分昔日葡萄牙人与华人生活的范围。地图左上方见一城镇，葡人称之为"中国人城镇前山寨"。另外，地图亦测量了内港的水深及河面的土质地形，供航行船只参考。

珠江口及香港海图

何塞·埃斯佩霍绘
1849年
纸本
纵99厘米，横67厘米
澳门博物馆藏

The Chart of Pearl River Estuary and Hong Kong

José Espejo
1849
Paper
L 99cm, W 67cm
Collection of Macao Museum

西班牙人何塞·埃斯佩霍（José Espejo）绘制的大型海图，1849年由西班牙海军部出版。图上有澳门港口的绘测，是借鉴船长海伍德（Captain Peter Heywood, 1772-1831）1804年的测绘图。香港的绘测标识有山脉、海湾以及维多利亚港等地，北部海岸线上可见许多房屋。

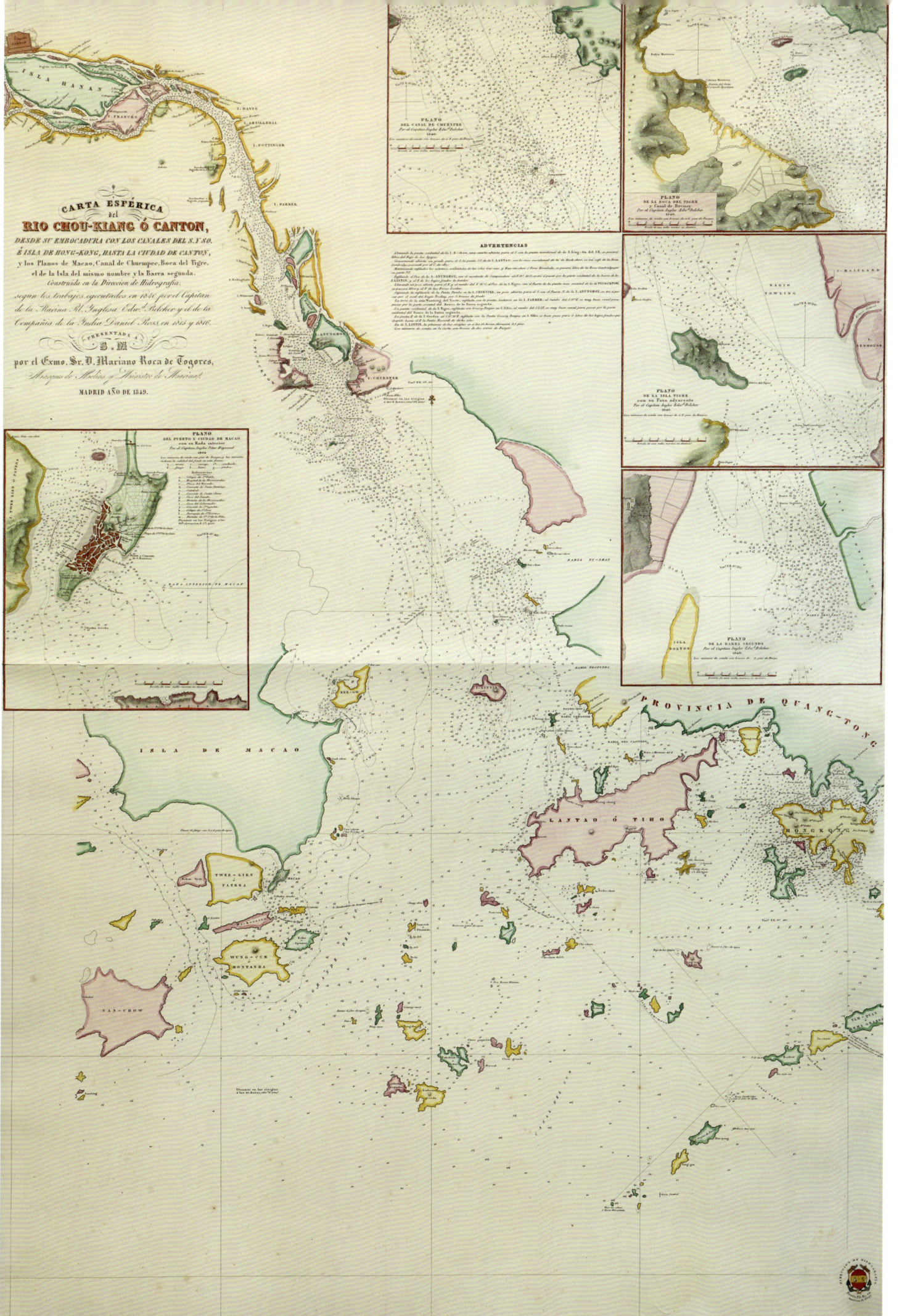

仿陈伦炯四海全图（广州内海段）

19 世纪

纸本设色

纵 29.5 厘米，横 571 厘米

广东省博物馆藏，B7651

Map of Four Seas (Guangzhou Inner Water area) Imitating Chen Lunjiong

19th Century

Ink and color on paper

L 29.5cm, W 571 cm

Collection of Guangdong Museum, B7651

濠江渔歌
Stories of Macao

明代中叶以来，澳门是前往广州的西方商船抵达中国南方海岸后的第一站。1557年，葡萄牙人获准在澳门居留贸易。澳门作为广州的外港，成为连接欧洲、拉丁美洲、日本和东南亚等国家的中心，由此迎来发展史上的黄金时期。

When reaching the southern coast of China, Macao had been the first stop of western merchant ships heading for Canton since mid-Ming dynasty. In 1557, the Portuguese were permitted to live and trade in Macao. As the outer port of Canton, Macao has become the centre connecting Europe, Latin America, Japan and Southeast Asian countries, thus ushering in Macao's golden period of development history.

澳门一景

约 1665 年

纸本

纵 19 厘米，横 29.5 厘米

香港艺术馆藏

AH1967.0027

The Port of Macao

c. 1665

Paper

L 19cm, W 29.5cm

Collection of Hong Kong Museum of Art

AH1967.0027

约翰·纽荷芙（Johan Nieuhof，1618 – 1672）于 1655 年至 1657 年曾跟随荷兰东印度公司使节团前往中国，并将沿途所见事物记载下来，其后被辑录成书《荷使初访中国记》，于 1665 年出版。书内的插图被认为是西方最早接触的中国之图像。

此插图正上方标示澳门的名称，海面上可见两艘荷兰船只及硝烟。背景似是南湾沿岸一带，城里建设了不少西式建筑，右方的嘉思栏及左边的西望洋山皆清晰可辨。

从西望洋山俯瞰澳门中部

18 世纪末

布本油彩

纵 35.5 厘米，横 54.5 厘米

香港艺术馆藏

何东爵士捐赠

AH1964.0054

Central Macao from Penha Hilly

Late 18th Century

Oil on canvas

L 35.5cm, W 54.5cm

Collection of Hong Kong Museum of Art

Donated by Sir Robert Ho Tung

AH1964.0054

中国佚名画家绘制。此画描绘 18 世纪晚期的澳门中部，从西望洋山向北，左方是澳门内港及青洲，中部则矗立着大炮台及板樟堂。在大炮台的左方是 1835 年大火前的圣保禄教堂。葡人约自 16 世纪中叶已在澳门活动，发展海上贸易，直至鸦片战争以后，由于香港开埠，澳门的海上贸易地位渐被取代。

澳门南湾

1785 年

纸本

纵 44 厘米,横 77 厘米

澳门博物馆藏,MM5740

Nam Van in Macao

1785

Paper

L 44cm, W 77cm

Collection of Macao Museum, MM5740

中国佚名画家绘制。画面清晰描绘了南湾沿岸建筑的模样,海面上中西船只云集,包括常见的小舢板、中式帆船等,画作右下方两艘大型同安梭船以及数艘飘扬着荷兰、英国等国家旗帜的西方船只,反映了18世纪末海上贸易的繁盛。

澳门南湾

Nam Van in Macao

新呱（活跃于 1830—1870 年代）绘

Sunqua (act. 1830s – 1870s)

19 世纪

19th Century

布本油彩

Oil on canvas

纵 47 厘米，横 79.5 厘米

L 47cm, W 79.5cm

澳门博物馆藏，MM5743

Collection of Macao Museum, MM5743

新呱是中国著名外销画画家，以创作港口运输和贸易场景的画作知名。新呱曾在粤港澳三地开设画室，作品远销西方国家。此画对澳门南湾风景描绘细致，今日的大三巴、大炮台在画面中清晰可见，画作右方的加思栏兵营和炮台、正中近海处的南湾炮台、左方的烧灰炉炮台，以及星罗棋布于海面上的各式中西船只，构图布局错落有致。

"中国·妈港"

爱德华·希尔德布兰特 (1818—1868) 绘
19 世纪
纸本彩色石版画
纵 26.5 厘米，横 38.5 厘米
澳门博物馆藏，MM5772

China · Amacao

Edward Hildebrandt (1818 – 1868)
19th Century
Colored lithographic painting on paper
L 26.5cm, W 38.5cm
Collection of Macao Museum, MM5772

德国画家爱德华·希尔德布兰特（Eduard Hildebrandt）绘制。历史上的澳门是东西方海上航运的枢纽港，是许多欧洲画家来华的首站地，故留下了许多以澳门为主题的画作。此幅彩色石版画作品，是画家游澳期间绘制的，题材取自碇泊所有葡萄牙船和外国商船的"阿妈港"，为我们留下难能可贵的 19 世纪妈阁庙的全景图。

律劳卑勋爵房子及西望洋山 — House of William John Napier and Penha Hill

乔治·钱纳利（1774—1852）绘 — George Chinnery (1774 - 1852)

19 世纪 — 19th Century

纸本素描 — Sketch on paper

纵 18.3 厘米，横 37.5 厘米 — L 18.3cm, W 37.5cm

澳门博物馆藏，MM5122 — Collection of Macao Museum, MM5122

英籍画家乔治·钱纳利（George Chinnery）的素描作品，描绘的是律劳卑勋爵（William John Napier, 1786–1834）在澳门南湾一带的居所。律劳卑，英国人，首位英国驻华商务总监，逝世于澳门。

乔治·钱纳利1825年移居澳门，并在此终老。他是19世纪欧洲来华画家中最著名、最具影响力的艺术家之一，其画风影响了一批早期中国口岸外销画家。

蛋家船旁的渔妇

乔治·钱纳利（1774—1852）绘

19 世纪

纸本水彩

纵 20 厘米，横 13.5 厘米

澳门博物馆藏，MM5123

The Fishwoman beside the Fishing Boat

George Chinnery (1774 – 1852)

19th Century

Watercolor on paper

L 20cm, W 13.5cm

Collection of Macao Museum, MM5123

钱纳利擅绘人物肖像。此幅东方女性的画作，人物形象与背景充满澳门的地域特色。

背着小孩的渔妇

乔治·钱纳利（1774—1852）绘

19 世纪

纸本水彩

纵 20 厘米，横 13.5 厘米

澳门博物馆藏，MM5124

The Fishwoman Carring a Child on Back

George Chinnery (1774 – 1852)

19th Century

Watercolor on paper

L 20cm, W 13.5cm

Collection of Macao Museum, MM5124

    早期澳门曾经渔业繁盛，渔民的形象是澳门生活百态中一道独具特色的风景。

浅水中的舢板船和疍家船

乔治·钱纳利（1774—1852）绘

19 世纪

纸本水彩

纵 13 厘米，横 10 厘米

澳门博物馆藏，MM5279

The Sampan Boats and Fishing Boats in Shallow Water

George Chinnery (1774 – 1852)

19th Century

Watercolor on paper

L 13cm, W 10cm

Collection of Macao Museum, MM5279

    钱纳利描绘了很多澳门的沿海风物，不论是建于海湾边的富商宅第，还是靠岸的渔船，都能作为他的创作题材。

三城记—明清时期的粤港澳湾区与丝绸外销

濠江渔歌

乔治·钱纳利（1774—1852）绘

1830—1852 年

布本油彩

纵 26.7 厘米，横 45.7 厘米

香港艺术馆藏

何东爵士捐赠

AH1964.0010

The Praya Grande, Macao

George Chinnery (1774 – 1852)

1830 – 1852

Oil on canvas

L 26.7cm, W 45.7cm

Collection of Hong Kong Museum of Art

Donated by Sir Robert Ho Tung

AH1964.0010

　　此画是从圣彼得小炮台附近向西南方远眺，可以看到堤岸上欧式建筑排列整齐，背靠西望洋山，山上白色建筑物是西望洋圣堂，是澳门重要地标之一。

　　澳门南湾是钱纳利喜爱取景的地方，湾边拍岸波浪、渔民作业的情景都是他喜爱的绘画题材。

　　钱纳利被誉为19世纪侨居东亚并最杰出的英国画家，创作了大量描绘广州、澳门、珠江景物的油画、水彩、素描作品。

1757—1842 年，广州是官方指定的唯一对西方人通商的贸易港口，这一段时期的贸易被称为"广州贸易"。西方来的商船在澳门登记后，通过指定的航道，经虎门沿珠江北上至黄埔。黄埔港是西方商船的碇泊之所，船员不得随意上岸。大班、船长在向粤海关完成登记后，可乘舢板船前往广州城外的十三行商馆暂居到贸易季结束。

羊城帆影
Crowding Trade-Boats in Canton

From 1757 to 1842, Canton was the only designated trade port to the westerns in China. Thus, the trade during this period is also called "Canton Trade". After registering in Macao, western merchant ships journeyed northward to Huangpu (Whampoa Anchorage) via Humen (Bocca Tigris). Huangpu Port was an anchorage for western merchant ships, yet the crew members were not allowed to land at will. Only when the supercargo and the captain finished the registration with the Canton Customs, they could take a sampan boat to the Thirteen Hongs and live provisionally until the end of the trade season.

澳门及虎门港口景色

19 世纪初

铜版油彩

纵 11.5 厘米，横 15 厘米

澳门博物馆藏，MM4938

The Scenery of Macao and Bocca Tigris

Early 19th Century

Oil on copper

L 11.5cm, W 15cm

Collection of Macao Museum, MM4938

中国佚名画家绘制。澳门风景的构图取自西望洋山北眺澳门半岛，故内港及南湾景致尽收眼底；虎门位处珠江口险要位置，是船只航行至广州的必经要道，具有重要的军事意义，澳门与虎门同是外销画常见题材。

虎门远眺

约 1860 年

布本油彩

纵 41.4 厘米，横 74.4 厘米

香港艺术馆藏，AH1988.0042

Bocca Tigris

c. 1860

Oil on canvas

L 41.4cm, W 74.4cm

Collection of Hong Kong Museum of Art, AH1988.0042

中国佚名画家绘制。虎门是珠江口一处狭窄的河道，为珠江之门户，是外国商船往广州必经之路，由于位置险要，清廷在此筑建炮台，以作防卫之用。画的左方为横档炮台，右方为威远炮台。清廷在此设置关卡，凡洋船离境，需在此出示通行证，以证明关税已在黄埔缴清。

画中可见碇泊了一艘挂着美国旗的飞剪式帆船，欧美商人利用这种浅底、细长型帆船能快速从中国运送货物回国，故在19世纪中叶，这类帆船大量出现于广东及香港水域，并且常出现在外销画作上。

进入广州海关之客船

奥古斯特·博尔杰（1808—1877）绘

19 世纪

纸本素描

纵 21 厘米，横 39 厘米

澳门博物馆藏，MM6345

The Passsenger Ships Entering Guangzhou Customs

Auguste Borget (1808 – 1877)

19th Century

Sketch on paper

L 21cm, W 39cm

Collection of Macao Museum, MM6345

奥古斯特·博尔杰（Auguste Borget，法籍画家兼旅行家。1836 年 10 月，他从法国出发，开启历时数年的环球旅程，于 1838 年抵达中国。在华近一年的时间里，他主要在澳门、香港、广东一带生活和绘画，写实记录了珠江流域人们的生活形态，画中可见渔船正往返于珠江之上，络绎不绝。

澳门和广州间之乡村

奥古斯特·博尔杰（1808—1877）绘

19 世纪

纸本

纵 20.8 厘米，横 25 厘米

澳门博物馆藏，MM5838

The Village between Macao and Guangzhou

Auguste Borget (1808 – 1877)

19th Century

Paper

L 20.8cm, W 25cm

Collection of Macao Museum, MM5838

　　奥古斯特·博尔杰在澳门停驻了约 8 个月后，继续他的东南亚和印度之旅。1840 年 8 月，博尔杰携带旅途中绘制的大量写生作品回国。这张刊载在教会杂志《Le Monde chrétien illustré》的版画，描绘了广州与澳门之间的一座乡村，展现了中国人生活多姿多彩的一面。

黄埔帆影

煜呱（活跃于 1840—1880 年代）（传）

约 1850 年

布本油彩

纵 41.5 厘米，横 73 厘米

香港艺术馆藏

何东爵士捐赠

AH1964.0047

The Huangpu Anchorage

Youqua (act. 1840s – 1880s) (attri.)

c. 1850

Oil on canvas

L 41.5cm, W 73cm

Collection of Hong Kong Museum of Art

Donated by Sir Robert Ho Tung

AH1964.0047

　　黄埔是广州的外港。1757—1840年间,广州是中国唯一对外贸易港。洋船须在黄埔泊碇,量吨位、纳关税和卸货。货物再由驳运的货艇转送20公里外的广州。黄埔岛沿岸设立了许多船坞仓栈,为远洋船只提供修理服务。此画是从长洲岛远眺黄埔全景。长洲岛上有外国人墓地,今天仍可找到有关遗迹。

　　此画传为知名中国外销画大师煜呱所绘,他在广州和香港都设有画室,店号"怡兴",广州画室的地址位于十三行靖远街34号。

粤海关总巡税馆、行商货栈和船

约 1770 年代

绢本水粉

纵 33.4 厘米，横 55 厘米

广东省博物馆藏，B7393

General Taxation Bureau, Hong Merchants' Warehouses

c.1770s

Silk, Gouache

L 33.4 cm, W 55 cm

Collection of Guangdong Museum, B7393

　　中国佚名画家绘制。两组画面描绘的是广州的城墙、货栈和珠江水面。一幅画面左侧，飘扬的黄色旗帜上书有"钦命总巡税课"六字，根据《粤海关志》："此系挂号口，在广州府南海县（现广东省佛山市南海区）附城"的记载，推断此处应为粤海关的"总巡税馆"；另一幅画面行商货栈临江而立，背倚城墙，面临珠江，多为干栏式建筑。珠江水面停泊着两艘大型三桅远洋商船，一艘为"三益"号，隶属于丰晋行，从事到东南亚等地的远洋贸易。

广州十三行商馆

约 1784—1785 年

绢本水粉

纵 43.5 厘米，横 71 厘米

香港艺术馆藏

何东爵士捐赠

AH1964.0025

Foreign Factories in Guangzhou

c. 1784 – 1785

Gouache on silk

L 43.5cm, W 71cm

Collection of Hong Kong Museum of Art

Donated by Sir Robert Ho Tung

AH1964.0025

这是一幅以水粉绘画在丝绢上的作品，相信是出于中国画师之手。这幅画从正面描绘广州城外的商馆区建筑及岸边的情况。画中所见排列整齐的西式建筑物，一般是两层高，上层作居住用途，下层办公或存货。岸边泊满小艇，洋船上的货物进出口，都需由这些货艇驳卸。

从图上飘扬的旗帜可辨，于1784—1785 年间居住在商馆的有丹麦人、法国人、匈牙利人、瑞典人、英国人、荷兰人等。商人购买这类外销画以作纪念，当时繁盛景象得以凝聚流传。

广州十三行商馆大火——大火初起
（组画之一）

1822 年
布本油彩
纵 27.5 厘米，横 38 厘米
香港艺术馆藏
何东爵士捐赠
AH1964.0031

Guangzhou Foreign Factories on Fire: Beginning

1822
Oil on canvas
L 27.5cm, W 38cm
Collection of Hong Kong Museum of Art
Donated by Sir Robert Ho Tung
AH1964.0031

中国佚名画家绘制。此作是一组油画的第一幅，描绘广州商馆区大火火焰初升的一刻。画中火灾发生在 1822 年 11 月 1 日晚上约 9 时，由商馆区附近的饼店失火引起，翌日早上已波及商馆区。

画中可见商馆区后的楼房有一团火焰冒起，居民纷纷提灯赶来帮忙，有些更背着水桶救火，船艇上的人都跑出船舱观望。

这场火连烧两昼夜，大部分商馆以至数千家店铺及民居受灾尽毁，超过 4 万人无家可归，财物损失甚为严重。

广州十三行商馆

顺呱（活跃于 1830—1870 年代）绘

约 1840 年

布本油彩

纵 45 厘米，横 58 厘米

广东省博物馆藏，B8061

Thirteen Hongs of Canton (*Thirteen Factories*)

Sunqua (act. 1830s – 1870s)

c.1840

Oil on canvas

L 45cm, W 58cm

Collection of Guangdong Museum, B8061

十三行商馆屡遭大火、屡次重建，此作品描绘的是 1841 年商馆火灾之前的面貌。画作右下方留有中英文签名款识："SUNQUA，广东洋画店有章顺呱写"。

广州十三行商馆

约 1850 年代

纸本水粉

纵 31.7 厘米，横 54.2 厘米

广东省博物馆藏，B7662

Thirteen Hongs of Canton

c.1850s

Gouache on paper

L 31.7cm, W 54.2cm

Collection of Guangdong Museum, B7662

中国佚名画家绘制。美国花园旁的圣公会教堂始建于1847年，1856年伴随第二次鸦片战争的炮火，商馆区被夷为平地，故推断该画作绘制年代不迟于1855年，画面展现了十三行商馆末期的繁华风貌。

香江往昔
The Past of Hong Kong

香港从一个渔村逐渐发展成为今日繁荣的国际金融中心,其成长与国际贸易息息相关。1842年,《南京条约》签订,把香港岛割让给英国,香港成为对华贸易的重要转口港,尤其是广州的进出口贸易大部分都是经香港转运的。1869年,苏伊士运河开通,香港与欧洲各国的贸易更为频繁,奠定了香港作为远洋航运中心的地位。四通八达的交通运输网,带动了香港经济的腾飞,使其跻身为国际商埠。

Hong Kong, developed from a fishing village in the past to an international financial center today, and its growth is closely related to international trade. In 1842, with the signing of the Nanjing Treaty, Hong Kong Island was ceded to the United Kingdom, and Hong Kong became an important re-export port for trade with China. In particular, Guangzhou's import and export trade were almost entirely transited through Hong Kong. Since the Suez Canal traffice is opened in 1869, Hong Kong's trade with European countries has become more frequent, establishing Hong Kong's position as an ocean shipping center. The well-connected transportation network has driven Hong Kong's economy to take off, and made Hong Kong become an international commercial port.

香港仔附近的瀑布

威廉·哈维 (1782—1857) (传), 菲尔丁 (刻)

约 1816 年

纸本

纵 10.5 厘米，横 16 厘米

香港艺术馆藏

AH1964.0362

Waterfall at Aberdeen, Hong Kong

William Havell (1782 – 1857) (attri.), T. Fielding (engraved)

c. 1816

Paper

L 10.5cm, W 16cm

Collection of Hong Kong Museum of Art

AH1964.0362

这是香港早期重要的图像记录。此版画是根据一幅水彩作品印制而成。水彩画原作是 1816 年英国亚美士德使节团随团画家哈维所绘。

18—19 世纪，英国亚美士德使节团来华，与清嘉庆帝商讨贸易事宜。经过漫长的航程，船只寄碇于香港水域。使节团发觉这个荒僻小岛不但是一个天然的避风良港，而且岛上更有淡水可供饮用。此画描绘一小艇正载着水手前往瀑布取水。外国人对香港的认识，可说是由这道水源开始。

画中瀑布至今仍然存在，现位于香港仔华富邨旁瀑布公园内，在薄扶林水塘建成后，水流大减。

中英官员会面图

约 1843 年

纸本水彩

纵 29 厘米，横 39.5 厘米

香港艺术馆藏，AH1971.0001

British Officers Greeting Chinese Mandarins

c. 1843

Watercolour on paper

L 29cm, W 39.5cm

Collection of Hong Kong Museum of Art, AH1971.0001

这是一幅历史价值甚高的水彩画。画作所描绘的是 1843 年 6 月 26 日钦差大臣耆英在香港主持《南京条约》换文时，砵甸乍迎于督辕的情景。仪式完成后，香港正式割让予英国，砵甸乍则成为第一任总督。

画中前方有仪仗队从远处而来，一名身穿朝服的中国官员正自轿子中步出，与伫候在旁的一位身穿西式礼服的外国人握手为礼，另一名站在台阶的外国人则趋前迎接，场面隆重。耆英对换文之事描述如下："该夷目率同夷兵，摆队奏乐，挎刀远迎⋯⋯次日亲赴该酋住处⋯⋯奴才遂在夷楼居住四日⋯⋯"耆英所指的"夷楼"位于现今礼宾府以南的山坡，亦即动植物公园的所在地，与画中前景位置吻合。

维多利亚城远眺

煜呱（活跃于 1840—1880 年代）（传）
1854 年
布本油彩
纵 57 厘米，横 100 厘米
香港艺术馆藏，AH1964.0160

Victoria City

Youqua (act. 1840s – 1880s) (attri.)
1854
Oil on canvas
L 57cm, W 100cm
Collection of Hong Kong Museum of Art, AH1964.0160

　　这幅油画作品记录了一百多年前的维多利亚城及海港的真貌。维多利亚城即是今香港中西区及湾仔区一带。香港岛上建筑物的位置及形状均画得极为仔细。1841年,香港政府首次拍卖土地,进行发展,数年间,货仓、商行和各类中西式住宅相继涌现,演变成画中的模样。

　　画中的草盖屋为兴建中的督宪府,竣工于1855年;督宪府以东是圣约翰座堂,于1849年落成。当时各项建设已展开,与开埠前只有二十条村落的情境有天壤之别。

从半山俯瞰维多利亚城

马西安诺·巴普蒂斯塔（1826—1896）绘
约 1858 年
纸本水彩
纵 41 厘米，横 62 厘米
香港艺术馆藏
遮打爵士捐赠
AH1964.0134

Hong Kong from the Mid-levels Looking Northwest

Marciano Antonio Baptista (1826 – 1896)
c. 1858
Watercolour on paper
L 41cm, W 62cm
Collection of Hong Kong Museum of Art
Donated by Sir Paul Chater
AH1964.0134

巴普蒂斯塔生于澳门，1840 年代曾为钱纳利助手，他后来移居香港。绘画之外，又从事摄影和教师工作。

此作取景马己仙峡道向西北眺望香港中区景色。左方是当时督宪府及其花园，中央是辅政司署、圣约翰座堂及右方的美利军营，对岸是昂船洲及九龙。

维多利亚湾的英国快剪帆船

重呱（活跃于 1850—1860 年代）绘

约 1855 年

布本油彩

纵 46 厘米，横 60 厘米

广东省博物馆藏，B7425

A British Clipper Ship in the Victorian Bay

Chong Qua (act. 1850s – 1860s)

c.1855

Oil on canvas

L 46cm, W 60cm

Collection of Guangdong Museum, B7425

重呱，19 世纪中叶广州知名外销画家，先后在广州、香港开设画室。作品画框背部上方有长方形画室标签"Chong Qua, Ship and Portrait Painter, Daguerreotype"，可知重呱既是油画家又是摄影师，擅长绘制船舶肖像画。

快剪帆船是源起于美国的快速帆船，船型瘦长，前端尖锐突出，航速快，吨位不大，19 世纪 40 年代飞剪帆船用于到中国从事茶叶和鸦片贸易。

中国商船"耆英"号

罗克氏与佩恩（出版）

1848 年

设色蚀刻版画

纵 23 厘米，横 33.5 厘米

香港艺术馆藏

遮打爵士捐赠

AH1964.0138

画中所见的是第一艘横越非洲好望角的中国商船"耆英"号，以当时两广总督耆英的名字命名。此船船身用柚木制成，排水量达八百吨，无论速度和坚固程度都不比西洋轮船逊色。当时中国禁售船只予外国人，英国商人经过重重阻力，才在广州成功购入此船。"耆英"号经历过多番风浪仍无重大损伤，并且能在 21 日内由美国航行至英国，速度可与当时的蒸汽船相媲美。

The Chinese Junk, *Keying*

Rock Brothers & Payne (published)

1848

Coloured aquatint

L 23cm, W33.5cm

Collection of Hong Kong Museum of Art

Donated by Sir Paul Chater

AH1964.0138

光绪三十年香港茂利公司船期表

1904 年

纸

纵 38.2 厘米,横 72 厘米

广东省博物馆藏,近 1:1816

Sailing Schedule of Hong Kong *Mao Li* Steamship Company

1904

Paper

L 38.2cm, W 72cm

Collection of Guangdong Museum, Modern 1:1816

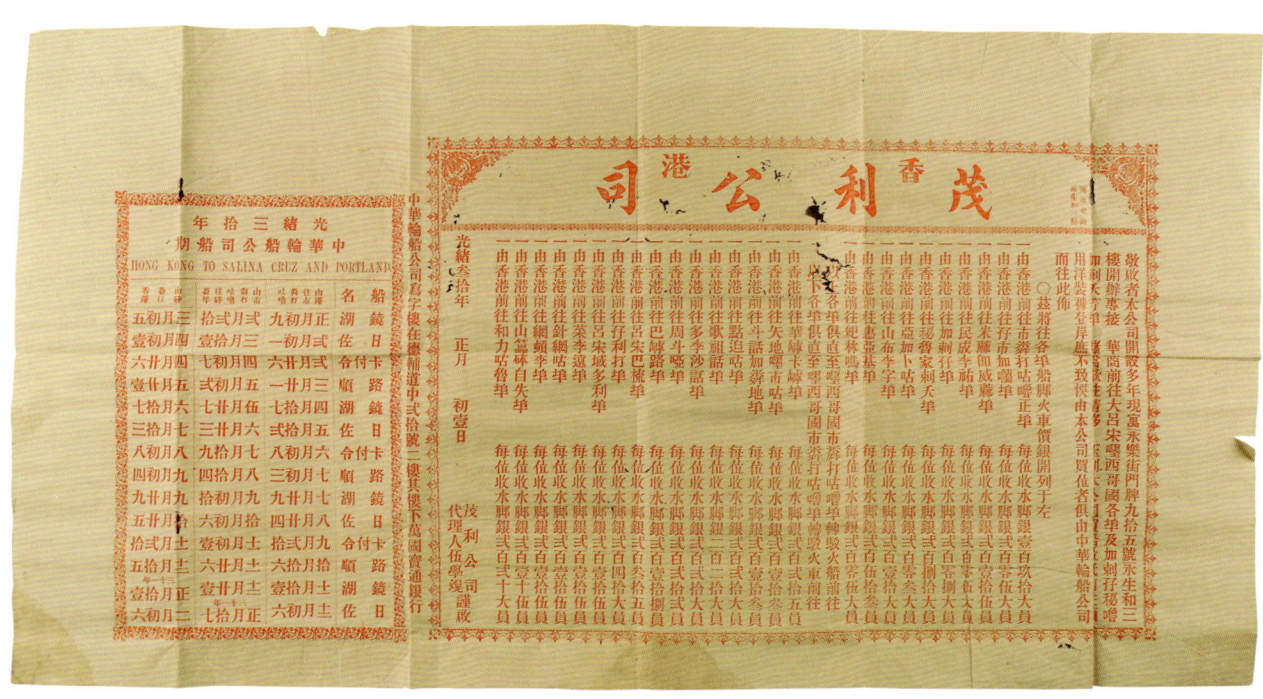

香港成为自由贸易港后,船务公司纷纷拓展香港与世界各地的定期航线,四通八达的交通运输网带动了香港经济腾飞,奠定了香港远洋航运中心的地位。此为中华轮船公司由香港发往墨西哥萨利纳克鲁斯港再到美国波特兰港的循环客运船期表。

先施保险置业有限公司粤局保险单据

1948 年

纸

纵 47.5 厘米，横 25.7 厘米

广东省博物馆藏，近 1:1804

The Sincere Fire Insurance & Investment Company Ltd. Canton Branch

1948

Paper

L 47.5cm, W 25.7cm

Collection of Guangdong Museum, Modern 1:1804

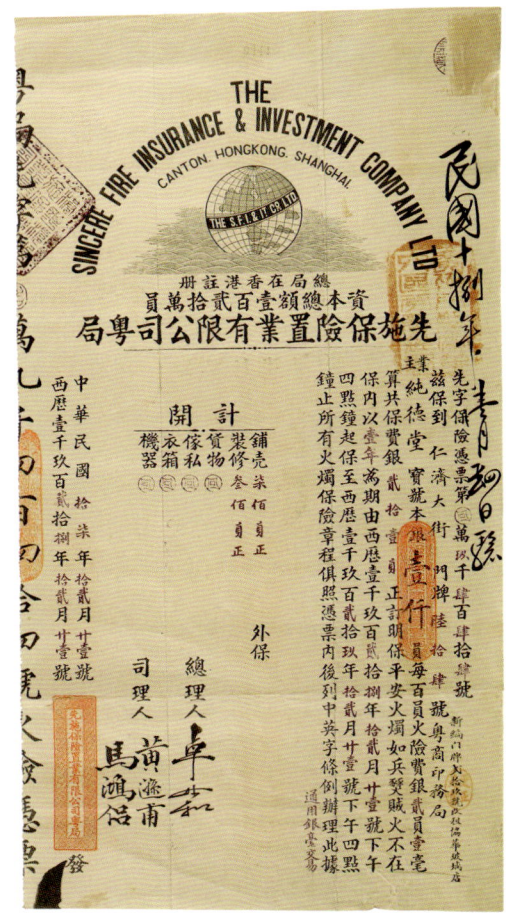

香港保险业 1860 年由英商创办，早期保险业的发展与航运事业息息相关，广泛应用于保障船舶货物的范畴。19 世纪末，华资保险业发展迅速。1915 年，先施保险置业有限公司成立，总部在香港注册，香港、广州、上海设有分公司，专办水火保险事宜。

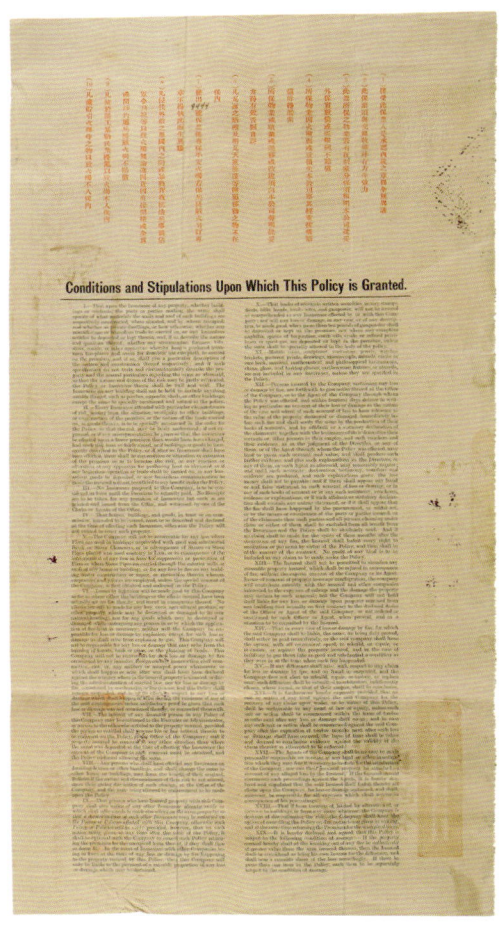

PART TWO

EXPORT SILK

第二部分

丝绸外销

中国是丝绸的故乡，丝绸是中华物质文明的重要代表。早在两千多年前，丝绸通过陆路和海路向海外传播，形成连通东西方商品贸易和文化交流的通道——丝绸之路。16世纪以来，世界航路逐渐贯通。由于世界市场对中国丝绸的喜好和追求，中国生丝和丝绸成为最重要的大宗外销商品运销世界各地，形成了面向太平洋、大西洋、印度洋的国际性丝绸贸易局面。

Originating from China, Silk is a vital representative of Chinese material civilization. More than two thousand years ago, silk spread overseas by both land and sea routes, and the Silk Road, a commodity and culture exchange pathway between East and West, came into being. Since the 16th Century, the global marine routes have linked into a complete network gradually. Being one of the most important mass commodities, China's raw silk and silk products were sold around the world, forming a international silk trading system covering the Pacific Ocean, Atlantic Ocean and Indian Ocean.

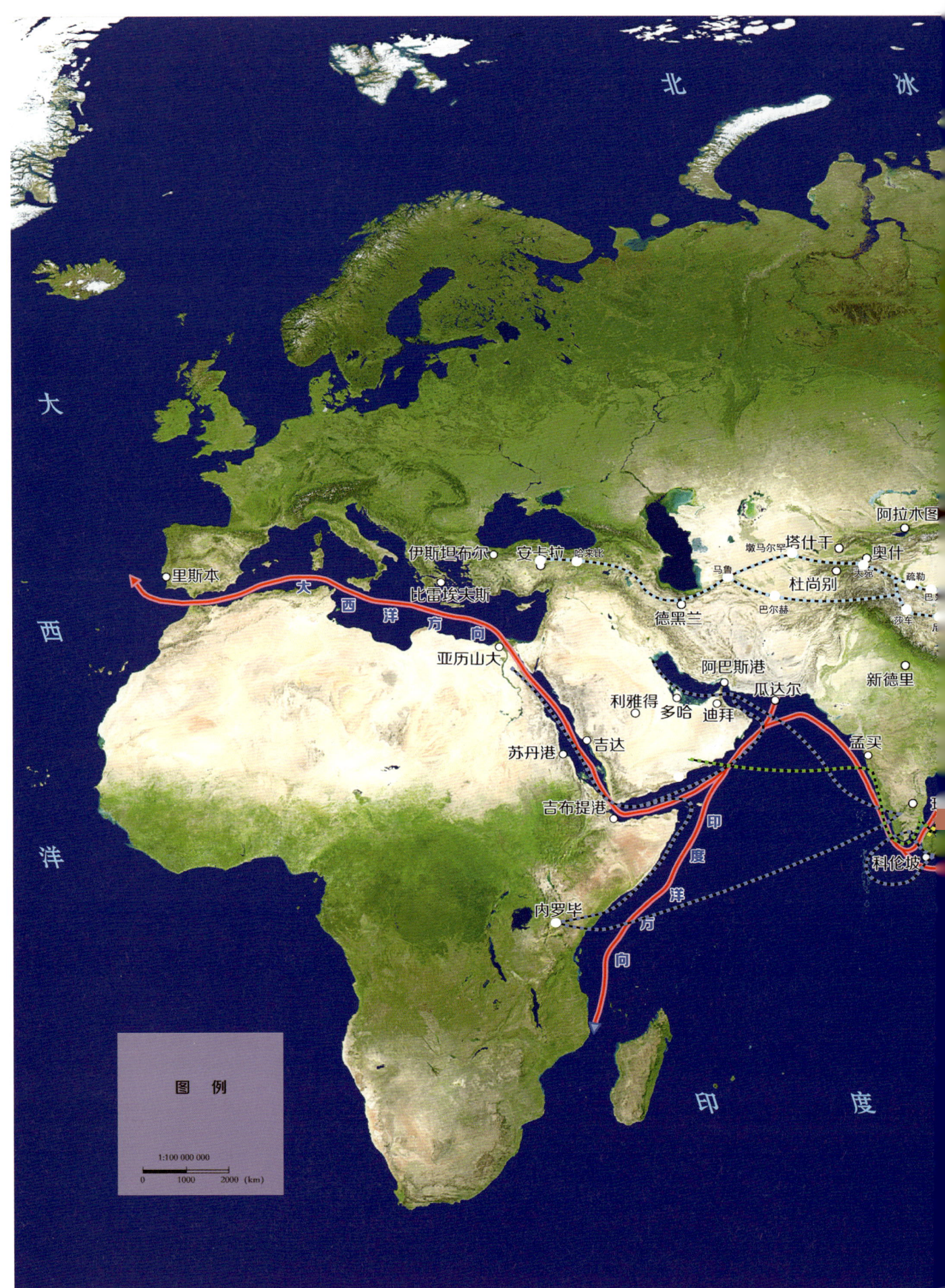

历代丝绸之路示意图

丝绸生产 Silk Production

明清时期，海上丝绸之路的全球拓展为中国丝货提供了广阔的国际市场。在海外市场需求的刺激下，以环太湖流域为中心的江南地区和以珠江三角洲为中心的岭南地区，蚕桑养殖、丝绸生产呈现出高度商品化和专业化的特征。清乾隆、嘉庆年间广东顺德地区流行的一首《竹枝词》："呼郎早趁大冈墟，妾理蚕缲已满车；记问洋船曾到几，近来丝价竟何如？"可见，连乡村农家都与国际市场发生了密切的联系。

During the Ming and Qing Dynasties, Maritime Silk Road's global expansion provided a broad international market for Chinese silk products. Stimulated by the demand of overseas markets, sericulture and silk production have been highly commercialized and specialized in Jiangnan region centered around Taihu Lake Basin and Lingnan region centered around Pearl River Delta. *Zhu Zhi Ci*, which is popular in the area of Shunde in Canton in the period of the Qianlong and Jiaqing in the Qing dynasty, describes this as follows: "Early in the morning, a peasant woman asked her husband to take the advantage of the Dagang market earlier, the cart had been full of silkworms. Please remember to ask how many foreign ships had arrived? What the price of silk was recently?" It is thus clear that even rural famers have been closely linked with the international market.

仿焦秉贞御制耕织图（一组12件）

清末

纸本设色

每件纵24厘米，横24厘米

广东省博物馆藏，ZB321

Imperial Paintings of Tilling and Weaving Imitating Jiao Bingzhen's style (Set of 12)

Late Qing Dynasty

Ink and colour on paper

Each L 24cm, W 24cm

Collection of Guangdong Museum, ZB321

 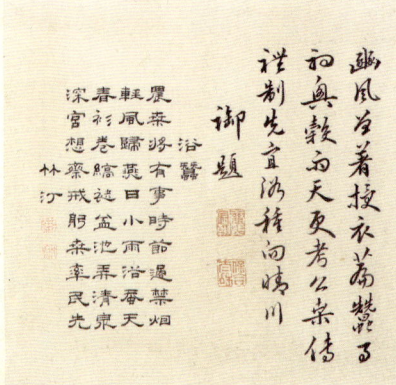

浴蚕

"农桑将有事，时节过禁烟。轻风归燕日，小雨浴蚕天。春衫卷缟袂，盆池弄清泉。深宫想斋戒，躬桑率民先。"

画面中蚕妇正在浸洗蚕子，汰选蚕种。

 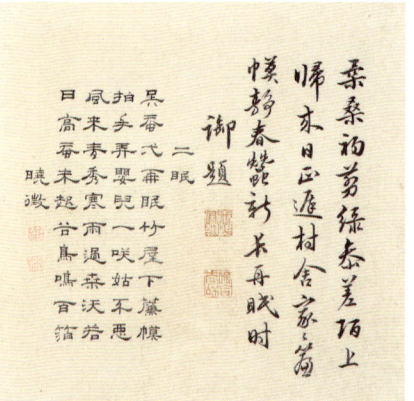

二眠

"吴蚕一再眠，竹屋下帘幕。拍手弄婴儿，一笑姑不恶。风来麦秀寒，雨过桑沃若。日高蚕未起，谷鸟鸣百箔。"

蚕发育到一定时期，不食不动，直至蜕皮为眠蚕。图中还描绘了戏婴场景，很好地体现了蚕眠给蚕妇所带来的那份暂时的闲适，与整个养蚕技术节奏的变化形成了巧妙的呼应。

 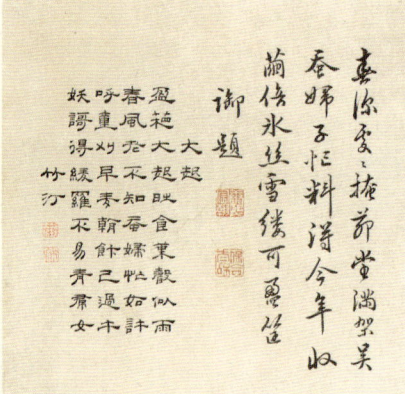

大起

"盈箱大起时，食叶声似雨。春风老不知，蚕妇忙如许。呼童刈早麦，朝饭已过午。妖歌得绫罗，不易青裙女。"

蜕皮的蚕为起蚕，这时养蚕人会给蚕开始喂大叶。

御制耕织图以江南农村生产为题材，每图配有康熙帝御题七言诗一首。此处选取耕织图中养蚕丝织部分，画面依次描述了浴蚕、二眠、大起、分箔、采桑、上簇、下簇、祀谢、络丝、经、织、剪帛等情景。

分箔

"三眠三起余，饱叶蚕局促。众多旋分箔，早晚碓满屋。郊原过新雨，桑柘添浓绿。竹间快活吟，惭愧麦饱熟。"

随着蚕不断长大，原有的蚕箔已经不能满足蚕的生长需要，养蚕人会将蚕分散开，放置到不同箔中。

 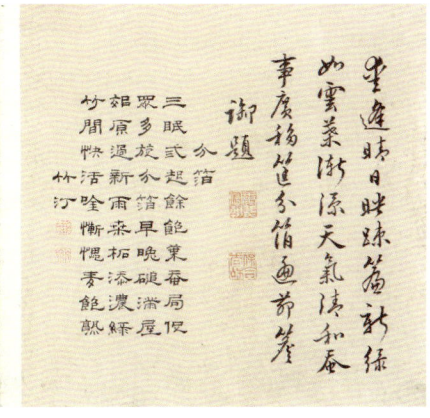

采桑

"吴儿歌采桑，桑下青春深。邻里讴歌好，过畔无欺侵。深篮各自携，层梯高倍寻。黄鹂饱紫椹，哑咤鸣绿阴。"

蚕大起眠后，需要喂食大量桑叶。画面中描绘了蚕农采桑叶、接桑叶、拾桑叶、运桑叶的场景。

 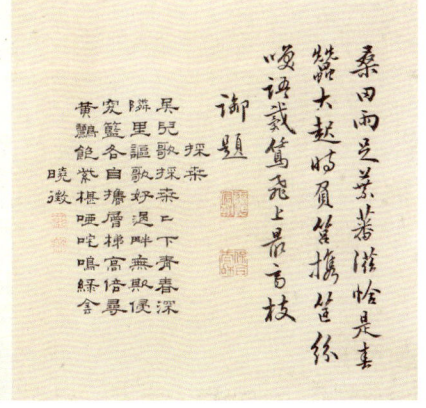

上簇

"采采绿叶空，翦翦白茅短。撒簇轻放手，蚕老丝肠懑。山市浮晴岚，风日作妍暖。会看茧如瓮，累累光照眼。"

蚕在上面做茧的器具为簇，通常用稻草做成。上簇就是将快要吐丝的蚕从蚕箔移到蚕簇上。

 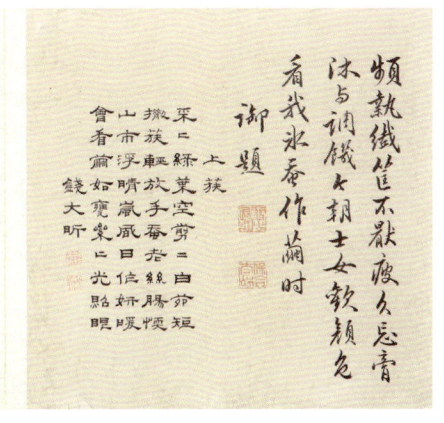

下簇

"晴明开雪屋，门巷排银山。一年蚕事办，下簇春向阑。邻里两相贺，翁媪一笑欢。后妃应献茧，喜色开天颜。"

下簇即蚕结茧三天后，从蚕簇上将蚕茧取下。画面中描绘的就是结茧下簇后，开始有人上门收购的场景。

祀谢

"春前作蚕市，盛事传西蜀。此邦享先蚕，再拜丝满目。马革裹玉肌，能神不为辱。虽云事渺茫，解与民为福。"

祀谢是蚕农在蚕丝练成后祭神以谢蚕事丰顺的一项风俗。

络丝

"儿夫督机丝，输官趁时节。向来催租瘢，正为坐逾越。朝来掉蘩勤，宁复辞腕脱。辛苦夜未眠，败屋灯明灭。"

络丝也称理丝、解丝，蚕妇通过一手的牵引和一手的缠绕来整理丝线，以便增强丝的韧性。

经

"素丝头绪多,羡君好安排。青鞋不动尘,缓步交去来。脉脉意欲乱,眷眷首重回。王言正如丝,亦付经纶才。"

整经也叫牵经,就是将理好的丝线按照需要的长度和宽度平行排列卷绕在卷经轴上,使得每一根丝线张力相同,以便织出好丝绸。

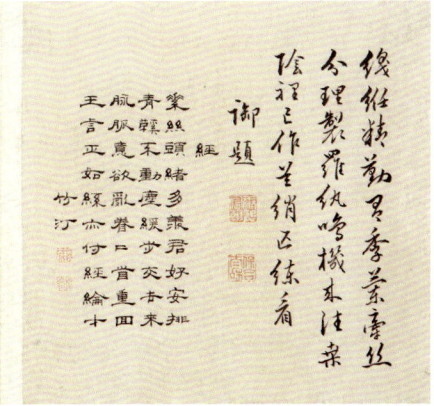

织

"青灯映帏幕,络纬鸣井阑。轧轧挥素手,风露凄已寒。辛勤度几梭,始复成一端。寄言罗绮伴,当念麻苎单。"

织就是把丝线分成经线和纬线两组,通过纺织机械使经线和纬线互相交织,织成织物的过程。

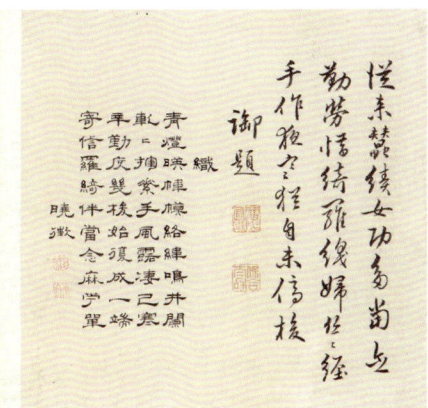

剪帛

"低眉事机杼,细意把刀尺。盈盈彼美人,剪剪其束帛。输官给边用,辛苦何足惜。大胜汉缣绫,粉污不再着。"

剪帛即裁剪布帛以便制作相应衣物。

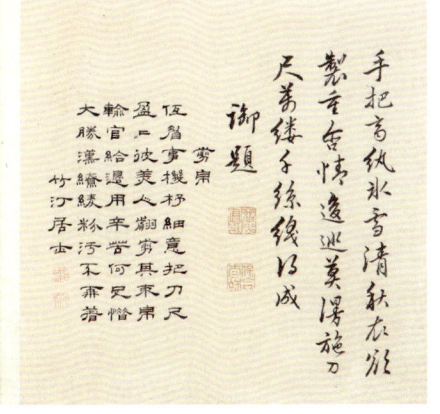

粉彩描金耕织图花口碗

清乾隆

瓷

高 8 厘米，口径 17.5 厘米

澳门博物馆藏，MM1553

Famille-rose Bowl with Ploughing and Weaving Pattern

Qianlong Period, Qing Dynasty
Porcelain
H 8cm, DM 17.5cm
Collection of Macao Museum, MM1553

　　碗身绘制农耕及养蚕图并附题词，其中养蚕图描绘了"上簇"和"下簇"两个环节。画面中整理好的蚕箔放置在多层蚕架上，农妇正在桌前拣选早熟、即将吐丝的蚕"上簇"。"上簇"又称"装山"，是为了让蚕在簇上吐丝结茧，有时人们还会在蚕簇附近放炭火以保暖，目的是让蚕持续吐丝，并防止丝线腐烂。另一幅画面为"下簇"，描绘了蚕结茧下簇后，人们开始收购买卖蚕茧的场景。

丝织品生产图（一组12件）

19世纪

纸本水粉

每件纵39厘米，横49厘米

香港艺术馆藏

AH1975.0058.001- AH1975.0058.012

Production of Silk (Set of 12)

19th Century

Gouache on paper

Each L 39cm, W 49cm

Collection of Hong Kong Museum of Art

AH1975.0058.001- AH1975.0058.012

这套水粉画共十二幅，分别描绘了浴蚕、喂蚕、蚕眠、采桑、大起、上蔟、暖蚕、缫丝、蚕蛾、络丝经纬、织染、剪裁等共12个制作丝织品的生产流程，其主题、布局均以传统国画为范本，唯一不同的是，此作品以西方技法表现，运用了丰富色彩，及以透视和阴影来营造空间深度和立体感。

纺织图（一组 8 件）

19 世纪

通草纸、水粉

每件纵 16.7 厘米，横 24 厘米

广东省博物馆藏，B7163

Painting of Spinning and Weaving(Set of 8)

19th Century

Gouache on pith paper

Each L 16.7cm, W 24cm

Collection of Guangdong Museum, B7163

画面依次描绘了炙箔、缫丝、络丝、纺纱、染色、锤丝、晾丝和卖丝的全过程。反映中国丝绸、瓷器、茶叶等大宗出口商品制作过程的画面，甚至包括相关交易和出口的情景，都是外销画的重要题材，反复地出现在各种媒介的绘画中。它们通常全套出现，每幅画面展现一道生产流程。也有少数画作在同一幅画面上展现多个不同的生产环节。

制丝图稿本

庭呱（活跃于 1840—1870 年代）绘

1844 年

纸本水墨素描

纵 30.3 厘米，横 38.5 厘米

澳门博物馆藏，MM5820

Sketch of Silk Manufacture

Tingqua (act. 1840s-1870s)

1844

Ink painting sketch on paper

L 30.3cm, W 38.5cm

Collection of Macao Museum, MM5820

　　1843 年，法国派使团来华交涉以求获得通商便利，法国政府应当地制造业者的建议，特别安排了丝、毛、棉等织品和巴黎奢侈品手工业代表同行，以搜集获取中国的技术和信息。毛织品代表纳塔利·洪都（Natalis Rondot,1821—1900）在游记中记录了他们在广东与澳门的行踪和采购活动。这张标有"织素缎"的作品是纳塔利购自中国画家庭呱的绘画，画中织机线条结构清晰，整体构图合理，充分掌握了空间透视感。

　　庭呱（Tingqua），名关联昌，林呱之弟，活跃于 1840—1870 年代，是广州知名的外销水彩画师。

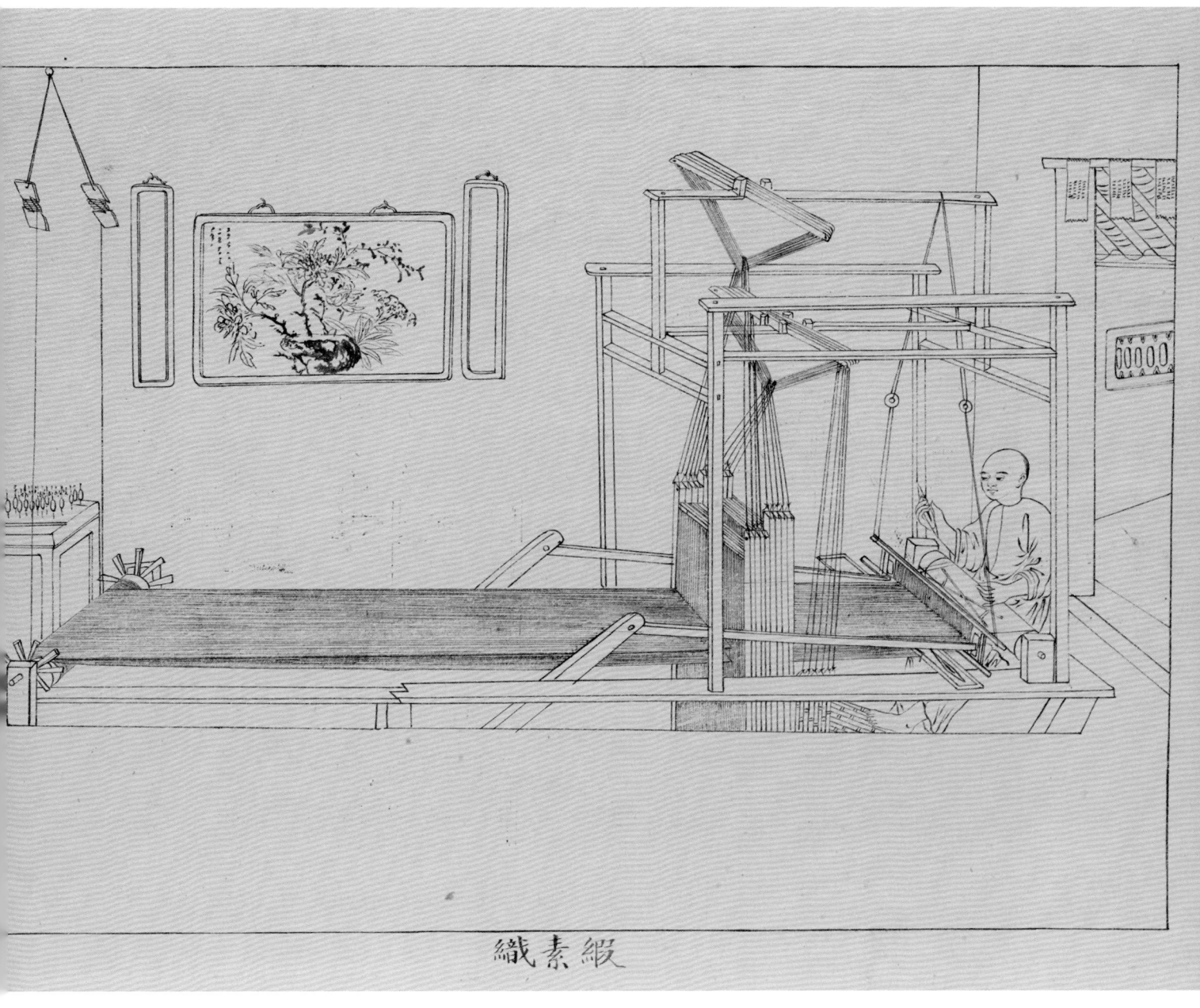

锦纶会馆碑记拓片

　　锦纶会馆位于广州下九路西来新街,始建于清雍正元年(1723),是清朝至民国广州丝织行业会馆,现如今为广州丝织行业博物馆。锦纶会馆幸存碑刻19方,详细记载了会馆创建、重修和添建的经过以及会馆的组织架构、经费来源和日常运作等情况。锦纶会馆碑为研究广州丝织业生产发展和对外贸易提供了珍贵的文字资料。

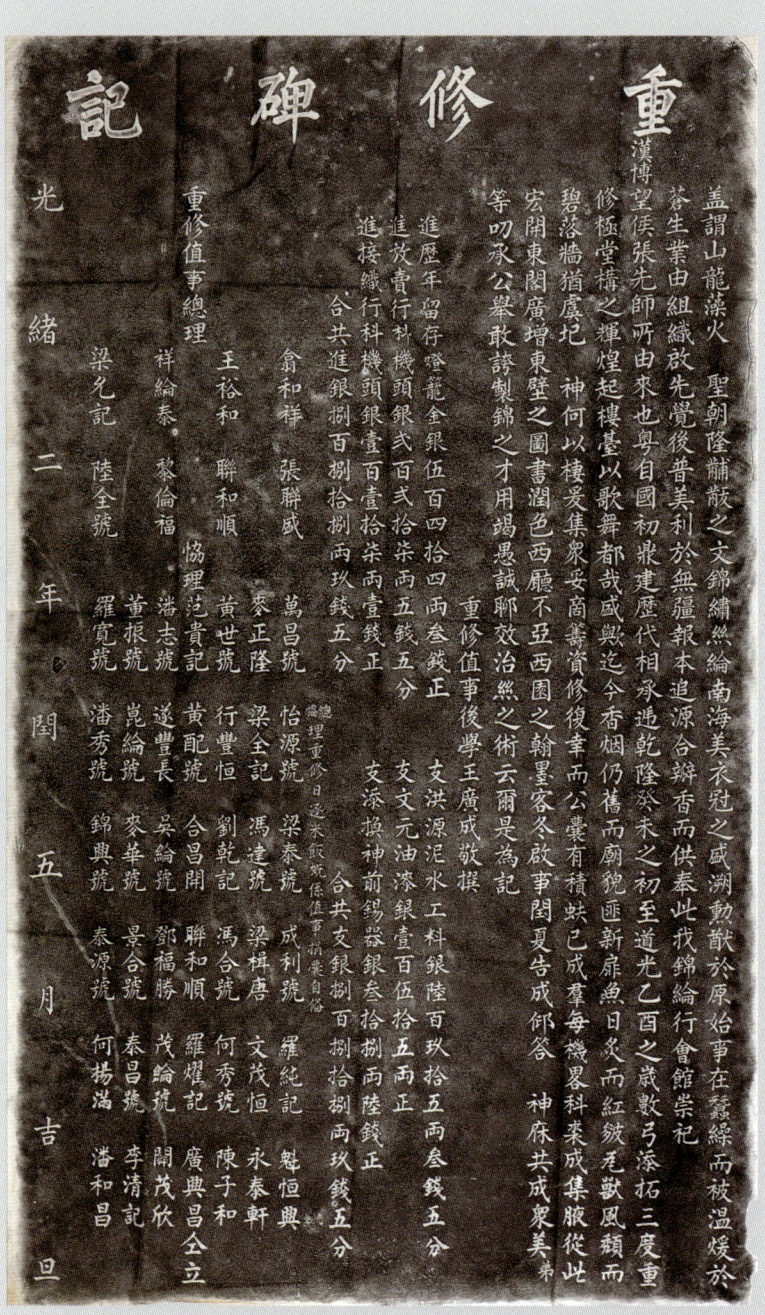

关于拍卖丝绸和丝缎长裙的文献记录

1755 年
纸
纵 31 厘米，横 22 厘米
澳门博物馆藏，MM843

Records of Silk and Silk Dress Auction

1755
Paper
L 31cm, W 22cm
Collection of Macao Museum, MM843

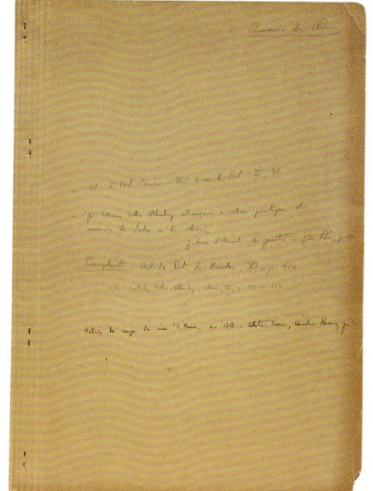

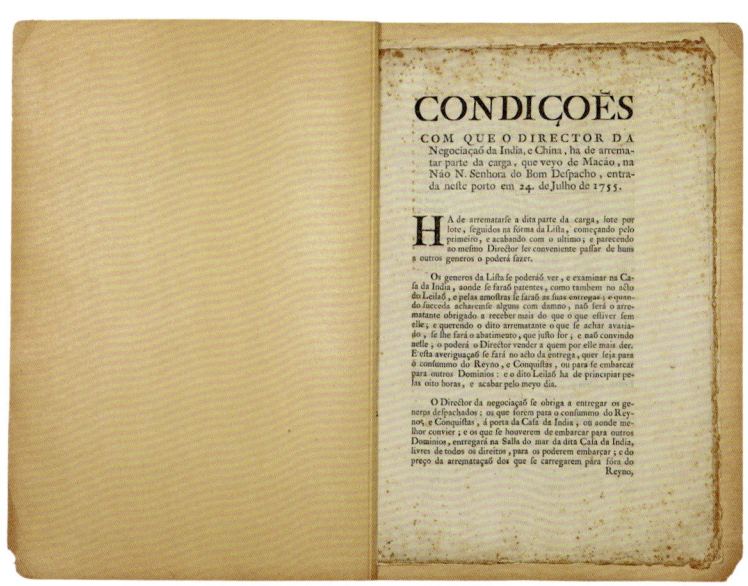

  在这份 18 世纪附有拍卖条款的文献记录中，记述了人们正在抢购一批来自澳门的货物。货物列表中，除了品类繁多的茶叶之外，还有一匹匹的丝绸以及多条丝缎长裙，它们都是海上丝绸之路上价值连城的商品。

里斯本与澳门之间的商贸文献记录

1783 年

纸

纵 29 厘米，横 20 厘米

澳门博物馆藏，MM844

Records of Business Trade between Lisbon and Macao

1783

Paper

L 29cm, W 20cm

Collection of Macao Museum, MM844

这是一份关于里斯本、巴西、果亚与澳门之间的商贸货物往来指令的历史文献。文件发布于 1783 年 11 月，以"我是女皇"作为开端，此处指葡萄牙女王唐娜·玛丽娅一世（Dona Maria I, 1734—1816），文件最后有葡萄牙海事暨海外部部长卡斯特罗（Martinho de Melo e Castro, 1716—1795）的署名。同年 4 月卡斯特罗以女王名义，向印度总督吉廖梅·索萨（Guilherme de Sousa, D. Frederico, 1737—1790）发布指示（即《王室制诰》），对澳门推行政府改革计划，以便主导澳门地区的政治和生活。

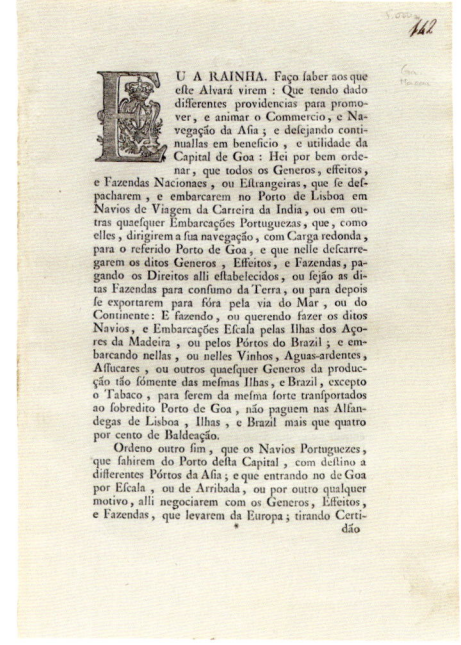

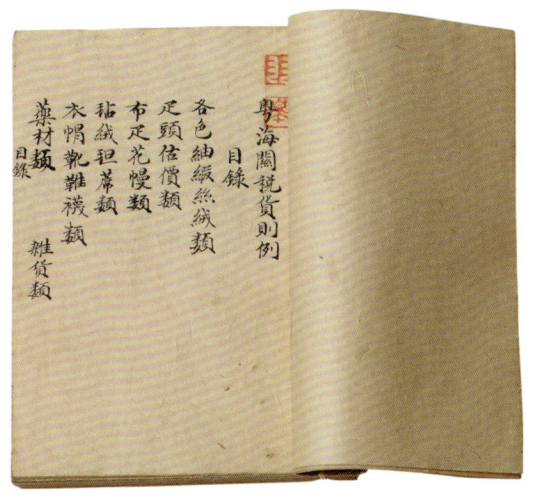
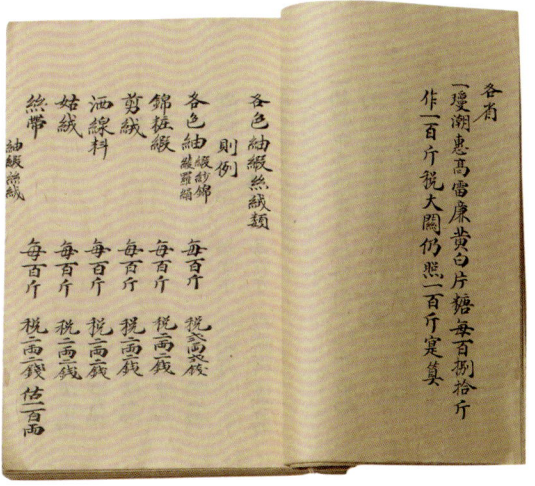

《粵海關稅貨則例》（手抄本）

清

紙

縱 12 厘米，橫 9 厘米

澳門博物館藏，MM3787

Taxation Rules of Guangzhou Customs (Manuscript)

Qing Dynasty

Paper

L 12cm, W 9cm

Collection of Macao Museum, MM3787

粵海關首要的職能是徵收關稅。清代的海外貿易稅主要由船鈔、貨物稅和附加稅三部分組成，前兩者是正稅，後者是雜稅，由原來海關人員各種私索的陋規歸公後逐漸形成。此冊臚列了各種商品所需繳付的貨物稅。從目錄可見，粵海關對各色綢緞絲絨、疋頭、布匹花幔等制定了徵稅規則，這表明布匹絲貨是海貿通商中一項重要的進出口貨物。

从珠江口发往伦敦的信

1840 年 1 月 25 日

纸

纵 25 厘米,横 40 厘米

广东省博物馆藏,近 1: 1276-1

A Letter from the Pearl River Estuary to London

January 25th, 1840

Paper

L 25cm, W 40cm

Collection of Guangdong Museum, Modern 1 : 1276-1

信中提到当年中国茶叶出口量 1500 万磅,生丝出口量 5000 包。"托马斯·高茨"号日前从黄埔归来,载有大批货物,并将很快转运至英国。

"永德号"桃红色、洋绿色绣线,"纶盛号"四品彩绣线

清
纸、丝
纵16.5厘米,横8.5厘米
屈汀南收藏

Pink and Green Emboidery Thread of "Yongde Hao";
Colorful Emboidery Thread of "Lunsheng Hao"

Qing Dynasty
Paper, Silk
L 16.5cm, W 8.5cm
Collection of Qu Tingnan

"永德号"绣线庄位于广东省城太平门内太平街(今西关上下九一带),"纶盛号"位于广东省城太平门内状元坊,两店均以七里湖丝为原料,加工染制各色绒线(即绣线)出售。

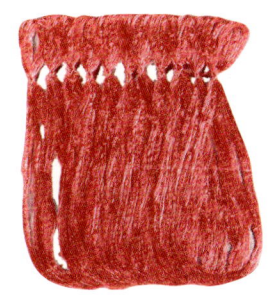

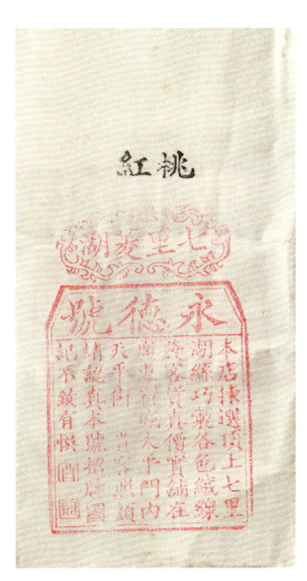
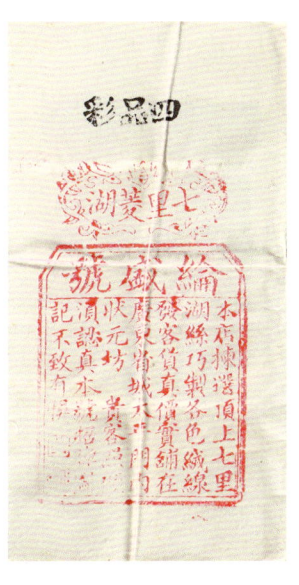

丝织原料与工具一组

南国丝都博物馆提供

Silk Weaving Materials and Tools

Provided by South Silk Town Museum

依次为：茧箩与蚕茧，茧箩由竹篾编成，用于蚕茧分类；厘称，蚕茧定价的称量工具；六角括丝，机器缫丝专用器具；厂丝，机器缫制的桑蚕丝；土丝，人工缫制的桑蚕丝；木梭，纺织用具。

蚕茧

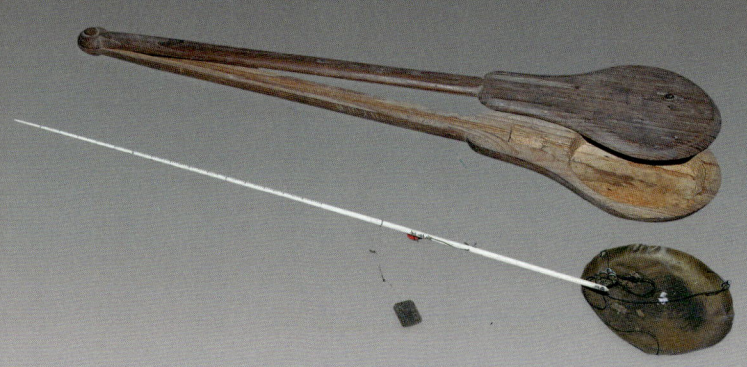

厘称

丝织原料与工具一组

南国丝都博物馆提供

六角括丝（带丝）

木梭

土丝

厂丝

提花织物
Jacquard Fabric

明代以来，在海外市场需求的刺激下，传统的丝绸生产重镇江南地区和新兴的珠江三角洲一带丝织业生产高度发达，丝绸品种丰富，花色样式繁多。大量精美的丝织品被整匹整匹地从广州口岸运往欧美各国，广泛地应用在当地室内家居和服装面料上。虽然部分提花织物带有来样加工定制的西洋风格，但由于特殊织物的织机需要重新装造，费时费工，因而销往海外的提花织物仍以中国传统织物的品种和花色为主。

Since the Ming Dynasty, with the growing demand of silk from overseas market, silk manufacturing has a great development in the traditional Jiangnan area (South of Yang-tze River region) and the emerging Pearl River Delta. Silk fabrics were so rich in varieties and colours that huge amounts of the fabrics were exported from Canton Port to Europe and United States for the decoration of local people's home furnishing and clothing. Some jacquard fabrics were with custom-made western style; however, it cost extra time and effort in modifying looms. Therefore, silk fabrics exported largely retained the traditional Chinese patterns and colours.

鹅黄地大洋花卉纹暗花缎匹料

清

缎

长 1664 厘米，宽 75 厘米

中国丝绸博物馆藏

Satin Damask with Greater Western Flower on Yellow Ground

Qing Dynasty

Stain

L 1664cm, W 75cm

Collection of China National Silk Museum

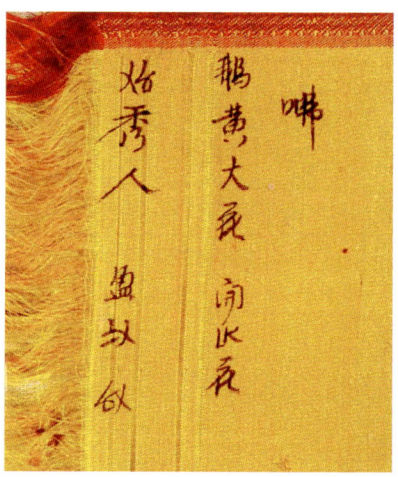

约 1850 年托马斯·亨特夫人从中国购买的丝绸样品

图片来源：Carl L. Crossman, *The Decorative Arts of the China Trade*, the Antique Collector's Club Ltd, 1991

清代广东外销丝绸的种类与品种

种类		品种
生丝		白丝、黄丝、维丝、单经丝、线经丝、双经丝
丝织品	绫	花绫、素绫、锦绫、纸绫、线绫、吴绫
	罗	三梭、五梭、花罗、素罗
	绸	宁绸、亮绸、府绸、线绸、绵绸、丝绸、水绸、纺绸、索绸、花绸、濮绸、盛绸、湖绸、茧绸、潞绸、牛郎绸
	缎	花缎、锦缎、八丝、粤缎、云缎、光缎、五丝
	纱	直纱、葵纱、夹织纱、包头纱、银条纱、软条纱、软纱、花绉纱、粤纱、绉纱、线纱
	绢	花绢、宫绢、箩筐绢、素绢、帐绢、画绢
	绒	漳绒、天鹅绒、建绒（孝陵卫绒）
	丝	丝带、丝线、丝类杂货

资料来源：张晓宁《天子南库——清前期广州制度下的中西贸易》，江西高校出版社，1999 年。

绿色藤萝花绫

清

绫

长337厘米，宽48厘米

广东省博物馆藏，织2

Damask Silk in Turquoise with Wisterias

Qing Dynasty

Ling (Twill damask)

L 337cm, W 48cm

Collection of Guangdong Museum, Fabric 2

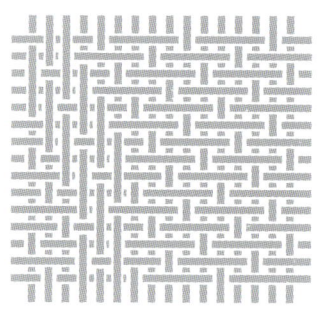

  绿色斜纹地上起织藤萝花纹样，质地细薄有光泽，手感滑爽。绫多为内衣裤面料，织造精细的花绫还可用于刺绣，粗陋者可用于装裱书画或囊匣。线图为中国丝绸博物馆绘制。

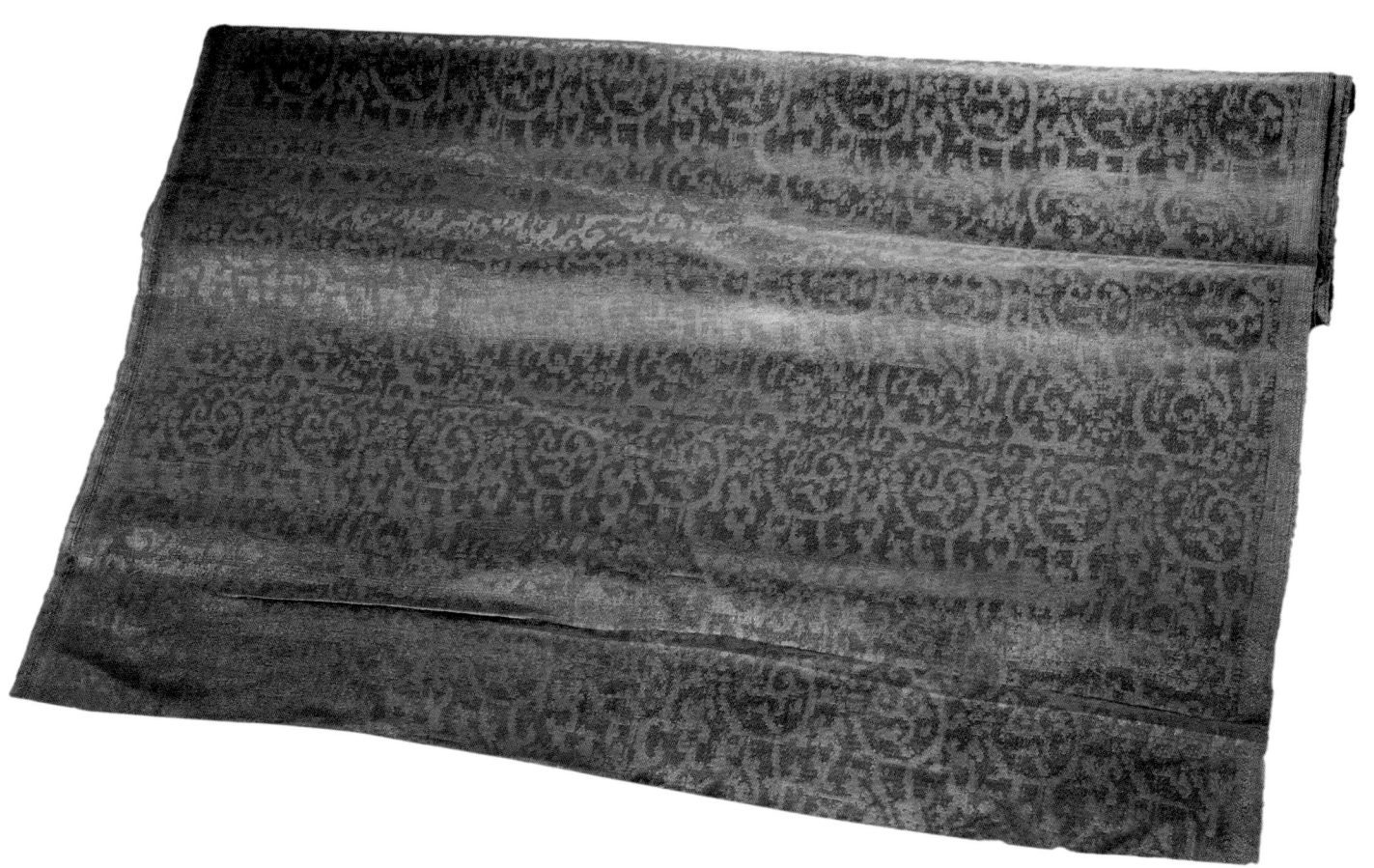

豆绿色福寿绵长暗花罗

清

罗

长 380 厘米，宽 57 厘米

广东省博物馆藏，织 3

Silk Gauze in Pea Green with Patterns of Prosperity and Longevity

Qing Dynasty

Luo (Gauze)

L 380cm, W 57cm

Collection of Guangdong Museum, Fabric 3

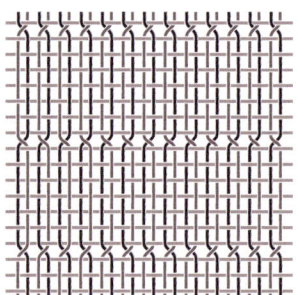

豆绿色横条纹地上织蝙蝠、团寿、盘长纹样，取福寿绵长之意。罗为中厚型丝织品，手感挺括，厚度适中，多为袍服衣料。线图为中国丝绸博物馆绘制。

雪青色福寿三多江绸

清

绸

长 354 厘米，宽 80 厘米

广东省博物馆藏，织 4

Jiang Chou Silk in Light Purple with Patterns of Prosperity, Longevity and Fertility

Qing Dynasty

Chou Silk

L 354cm, W 80cm

Collection of Guangdong Museum, Fabric 4

　　江绸产自江苏镇江，因京江是镇江的别称，故"江绸"又名"京江绸"，有素织和提花之分。此为雪青色提花绸，花与地层次分明，质地紧密，多为服装、被褥之用。线图为中国丝绸博物馆绘制。

宝蓝色江山万代直经纱

清

纱

长 420 厘米，宽 76 厘米

广东省博物馆藏，织 7

Royal Blue Warp with Patterns of Rivers, Mountains and Swastika

Qing Dynasty

Sha (Plain Gauze)

L 420cm, W 76cm

Collection of Guangdong Museum, Fabric 7

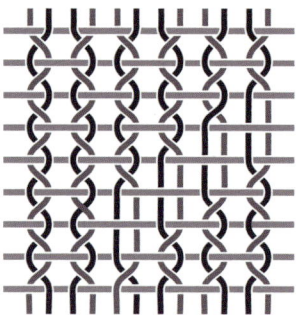

　　直经纱又称亮地纱，具有网眼状纱孔，地明花暗，质薄透明，轻盈爽朗，多做夏季衣袍、纱帐、帷幔等用。线图为中国丝绸博物馆绘制。

玫瑰红色莲蓬纹漳绒

清

绒

长 418 厘米，宽 68 厘米

广东省博物馆藏，织 15

Rosy Velvet Fabric with Lotus

Qing Dynasty

Rong (Velvet)

L 418cm, W 68cm

Collection of Guangdong Museum, Fabric 15

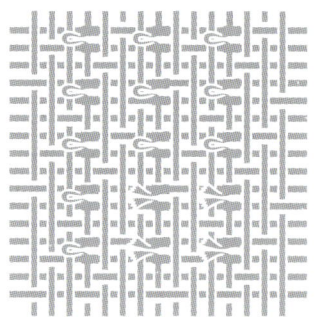

漳绒是一种先织出绒圈再按纹样进行剪绒的名贵织物，剪绒处绒毛竖立显现纹样，因产于福建漳州而得名，是明清时期著名的地方丝绸特产。线图为中国丝绸博物馆绘制。

"两淮盐运使司盐运使臣柯逢时"款红色织金八达晕锦

清

锦

长348厘米，宽74厘米

广东省博物馆藏，织24

Gold Thread Woven in Red Brocade with Badayun Pattern with the Inscription of "*Liang Huai Yan Yun Shi Si Yan Yun Shi Chen Ke Feng Shi* (Ke Fengshi, the Salt Commissioner of Liang Huai Region)"

Qing Dynasty

Jin (Brocade)

L 348cm, W 74cm

Collection of Guangdong Museum, Fabric 24

    明清时期的大几何纹样以八达晕最为典型，纹样中线与线之间相互沟通，朝四面八方辐射，有四通八达的寓意。八达晕是明清时期"宋式锦"的代表产品之一，多作椅垫、炕垫及装裱书画和糊匣之用，机头织"两淮盐运使司盐运使臣柯逢时"字样，盐运使，职官名，主管盐务，同时兼为宫廷采办贵重物品。线图为中国丝绸博物馆绘制。

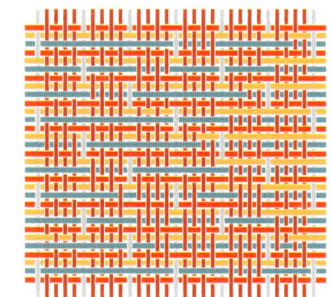

"江南织造臣庆林"款湖色料万字织金缎

清

缎

长340厘米，宽79厘米

广东省博物馆藏，织13

Gold Thread Woven in Light Green Satin with Swastika Pattern with the Inscription of "*Jiang Nan Zhi Zao Chen Qing Lin* (Qinglin, the Commissioner of Jiangnan Imperial Silk Manufacturing Bureau)" v

Qing Dynasty

Duan (Satin)

L 340cm, W 79cm

Collection of Guangdong Museum, Fabric 13

  明清时期以苏南、浙北为主的环太湖流域是江南丝绸生产的重镇，清廷在江宁府（今南京）、苏州府、杭州府分别设立"江宁织造局""苏州织造局"和"杭州织造局"，统称"江南三织造"。三大官营织造局的织品多供应皇家用度，因此往往不惜工本，对产品的质量和花色要求严苛。此为湖绿色缎地之上用金线为纬织"万"字纹，取万寿无疆之意。机头织"江南织造臣庆林"款。线图为中国丝绸博物馆绘制。

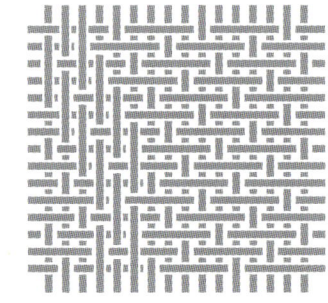

"苏州织造臣毓秀"款红色五蝠捧寿库金缎

清

缎

长 269 厘米，宽 75 厘米

广东省博物馆藏，织 18

Gold Thread Woven in Red Satin with Five Bats Surrounding the Shou (Longevity) Character with the Inscription "*Su Zhou Zhi Zao Chen Yu Xiu* (Yuxiu, the Commissioner of Suzhou Imperial Silk Manufacturing Bureau)"

Qing Dynasty

Duan (Satin)

L 269cm, W 75cm

Collection of Guangdong Museum, Fabric 18

    织金缎又名库金缎，指全部花纹用金线织出，花满地少，充分显示金的效果。此为红色缎地之上用金线为纬织五蝠捧寿图案，取"福寿"之意，机头织"苏州织造臣毓秀"字样。

"杭州织造臣英瑞"款绿色暗花双龙捧寿织金缎

清

缎

长 385 厘米，宽 81 厘米

广东省博物馆藏，织 22

Gold Thread Woven in Green Satin with Patterns of Twin Dragons Surrounding the Shou (Longevity) Character with Inscription of "*Hang Zhou Zhi Zao Chen Ying Rui* (Yingrui, the Commissioner of Hangzhou Imperial Silk Manufacturing Bureau"

Qing Dynasty

Duan (Satin)

L 385cm, W 81cm

Collection of Guangdong Museum, Fabric 22

整匹织物以大面积绿色提花缎衬托织金团寿图案，既华丽富贵又典雅大方，机头织"杭州织造臣英瑞"款。

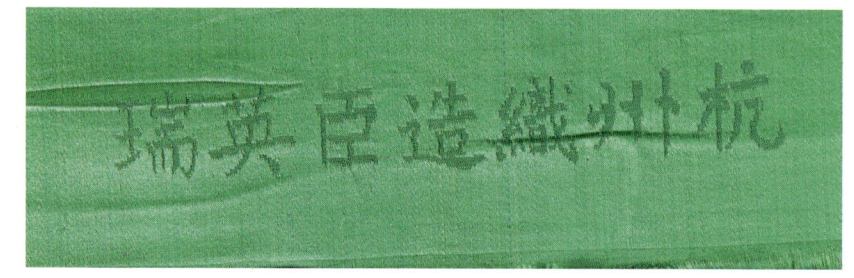

"杭州"款浅绿色碎花库金缎

清

缎

长 375 厘米，宽 81 厘米

广东省博物馆藏，织 23

Gold Thread Woven with Patterns of Flowers in Light Green Satin with Inscription of *"Hangzhou"*

Qing Dynasty

Duan (Satin)

L 375cm, W 81cm

Collection of Guangdong Museum, Fabric 23

　　为满足宫廷对丝绸消费的旺盛需求，除官营织造局外，还实行民间领织机户和买丝招匠的生产形式，从机头织"杭州"字样推测此面料为官营织造局下派杭州民间机房所织。

大红蝴蝶花广缎

清

缎

长 1660 厘米，宽 75 厘米

广东省博物馆藏，织 19

Red Canton Satin with Irises Pattern

Qing Dynasty

Duan (Satin)

L 1660cm, W 75cm

Collection of Guangdong Museum, Fabric 19

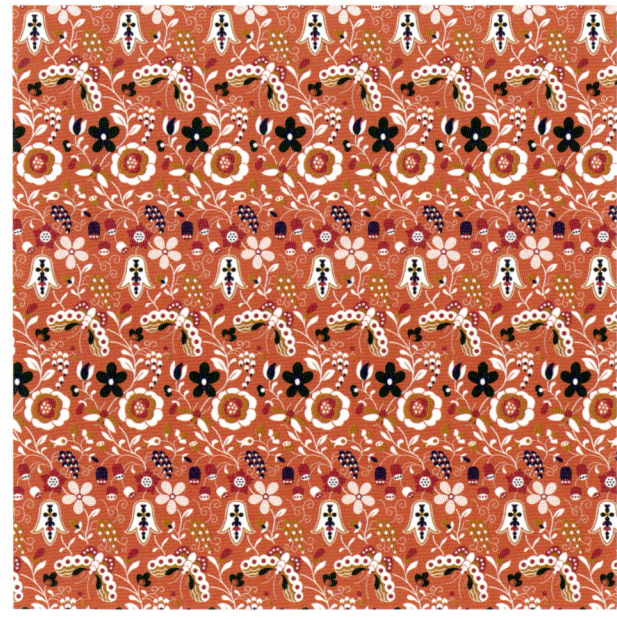

广缎又称"花缎"，其色彩丰富热烈，图案以小巧细碎的满地花卉为主。此匹面料以红缎为地，用繁密的蝴蝶花卉纹样装饰，质地紧密顺滑，色泽鲜亮华丽。广缎既是广东进奉宫廷的特有贡品，也是风靡欧美的奢侈品。

绿色花蝶广缎

清
缎
广州博物馆藏

Green Canton Satin with Butterfly Pattern

Qing Dynasty
Stain
Collection of Guangzhou Museum

  广东丝织品有"广纱甲于天下，缎次之""广之线纱与牛郎绸，五丝、八丝、云缎、光缎，皆为岭外京华，东西二洋所贵"的美誉。虽然广东丝织业发达，但优质丝织品织造的原料主要以来自江南的生丝为主。乾隆《广州府志》载："粤缎之质密而匀，其色鲜华，光辉滑泽，然必吴蚕之丝所织，若本土之丝，则黯然无光，色亦不显，止可行于粤境，远贾所不取。""粤纱，金陵苏杭皆不及，然亦用吴丝，方得光滑，不褪色，不沾尘，褶折易直，故广纱甲于天下，缎次之。以土丝织者，谓之丝纱，价亦贱。"

1728年广州丝织品价格统计表

品种	长/尺	宽/尺	丝线	重量/两·匹	价格/两·匹
缎	45	2.0	8	40-41	6.30
绸缎	38	2.2	4	25	3.40
绸缎	38	2.2	6	26-27	4.00
绸缎，小枝花纹	45	2.2	6	34-35	7.55
高哥纶（Gorgoroon）	45	2.0	8	41	6.30
高哥纶	38	2.0		36	5.60
高哥纶条纹花纹	45	2.0	8	42	7.00
花缎床单	45	2.0		50-53	7.50
宝丝，花纹	45	2.0	8	40-41	6.30
宝丝，花纹	38	2.0		33	5.60
宝丝，条纹花纹	45	2.0	8	45	8.00
薄绸，花纹	38	2.0	5	29	4.70
丝帕，每件20条，每条1平方码				32	5.5

资料来源：[美]马士：《东印度公司对华贸易编年史》，区宗华译，广州：广东人民出版社，2016年版。

穿广片绦带

清

丝绸、玻璃

宽 1~4 厘米不等

广东省博物馆藏，织 30

Silk Ribbons with Canton glass bead

Qing Dynasty

Silk, glass

W from 1cm to 4cm

Collection of Guangdong Museum, Fabric 30

绦带是用丝线或珠子编织成的花边或扁平的带子,用于衣服领口、袖口或衣襟的边饰。广州所产的绦带色彩亮丽丰富,款式复杂多变,尤以珠片穿饰而成的绦带闻名,是特色的地方贡品。

"瑞丰"号穿玻璃珠花绦

清

丝绸、玻璃

广州博物馆藏

Silk Ribbon with Glass Beads of *Ruifeng* Firm

Qing Dynasty

Silk, Glass

Collection of Guangzhou Museum

花绦底板有店号中文"瑞丰"二字,并标注英文"REGISTERED TRADE MARK",表明该产品在国内外市场均有销售。

元青缎地湖色净芝兰花绦

清

丝绸、纸

广州博物馆藏

Lake Blue Silk Ribbon with Orchid Pattern

Qing Dynasty

Silk; Paper

Collection of Guangzhou Museum

纸板一侧墨印"粤东裕和号加重本机造",另有当年进贡时的黄色包装纸,不仅留有制作商"粤东裕和号"商号,还保留了该花绦长度、名称、数量等信息。

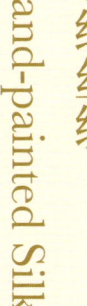

手绘丝绸
Hand-painted Silk

　　由于不同的提花织物需要重新组装织机才能进行织造，费时费工，同时来自江南的丝绸路途遥远，运输成本高昂。基于生产周期和成本的考虑，广州的手绘丝绸和刺绣丝绸的商品化生产得到飞速发展。清代外销手绘丝绸的面料多为纱、缎、罗、绢等胚绸，底色以浅色或本色为主，纹样大多是花卉植物图案，或以欧洲人热衷的中国物品点缀其中，或直接按照欧洲流行的花样进行绘制，这些胚绸多在广州作坊内手绘加工。

Since different jacquard fabrics need to be reassembled on the loom for weaving, it is time-consuming and labor-intensive. At the same time, the silk transport from Jiangnan region is too far away and the transportation cost is too high. Based on production cycle and cost considerations, the commercial production of hand-painted silk and embroidered silk in Guangzhou has been developed rapidly. In the Qing Dynasty, most of the export fabrics of hand-painted silk were originated in greige silks such as *sha*(plain gauze), *Duan*(satin and satin damask), *Luo*(gauze), *Juan*(silk tabby)and so on, which was mainly with light or natural colours in the ground and decorated with floral or plant patterns, popular Chinese items among Europeans, or popular patterns in Europe directly. Most of these greige silks were hand-painted and processed in workshops in Guangzhou.

欧洲"中国风"房间里的手绘壁纸

黄纱地彩绘花卉纹匹料

清

纱

长 250 厘米，宽 74 厘米

广东省博物馆藏，K1502

Yellow Gauze Fabrics with Hand-painted Colorful Flowers and Plants

Qing Dynasty

Sha (Plain Gauze)

L 250cm, W 74cm

Collection of Guangdong Museum, K1502

以黄纱为地，用明亮多彩的矿物颜料绘制缠枝花卉，花卉生动写实，枝条妙曼舒卷，色彩过渡自然，具有浓郁的洛可可风格。类似风格的手绘丝绸壁纸现留存在位于比利时的一座兴建于18世纪的"中国风"的房间内。

白地丝绸手绘花鸟壁纸

清

丝绸

纵 222 厘米，横 72 厘米

广东省博物馆藏，B8179

White Silk Wallpaper with Hand-painted Flowers and Birds

Qing Dynasty

Silk

H 222cm, W 72cm

Collection of Guangdong Museum, B8179

　　外销手绘丝绸的品种既有成匹的面料，也有服饰成品、宗教法衣，还有装饰欧洲家居的墙壁装饰。中国外销壁纸有丝绸和纸本两种材质，通常以花鸟、风景、生产、生活等题材为主，成套制成，形成一系列连续的景象，可以贴满整个房间。

刺绣丝绸
Embroidery Silk

　　清代是广绣发展的全盛时期，为满足海外市场的需求，有的绣庄、绣坊自行设计图案，绣制样品，供外商选择；有的则按外商提供的图案或样品，专门加工定制。这种中西融合的外销绣品深合西方人的审美趣味，曾一度引领欧美的社会时尚。据1913年《南洋劝业会报告》记载，清光绪二十六年（1900），经由粤海关输出的绣品价值白银49.7万两，"吾国绣品外销洋者，广东最多"。

The Qing Dynasty was the heyday of the development of Canton embroidery. To meet the demand of overseas market, some embroidery factory and workshops offered their own patterns and embroidered samples, and some customised with provided patterns or samples from foreign clients. This kind of embroidery for export, which is a fusion of Chinese and Western styles, is deeply in line with the aesthetic taste of Westerners, and once led the fashion of European and American society. According to the *Report of Nanyang Persuasion Association* in 1913, in the 26th year of Guangxu of Qing Dynasty (1900), "Guangdong has the most foreign embroidery exports." The value of embroidery exported by Guangdong Customs was 497,000 in silver.

三百六十行之绣锦

竹枝词

海珠寺前江水奔,
诸洋作舶如云屯。
十三行里居奇货,
刺绣何如倚市门。

屏风

　　屏风是中国传统室内家居的重要陈设品,有挡风、遮蔽、分割空间的功能,集实用性与审美装饰于一身。18世纪欧洲"中国风"盛行,来自中国的屏风成为欧洲皇室贵族最受追捧的室内陈设,围屏、插屏、挂屏等形制丰富多样,款彩雕刻、金漆彩绘、丝绸刺绣等工艺各有千秋。

屏风

屏风是中国传统室内家居的重要陈设品，有挡风、遮蔽、分隔空间的功能，兼实用性与审美装饰于一身。18世纪欧洲曾盛行"中国风"，来自中国的屏风成为欧洲皇室贵族最受追捧的室内陈设。屏风、挂屏条屏形制丰富多样，雕漆镂刻、金漆彩绘、瓷绘镶嵌等工艺各具千秋。

欧洲室内屏风

"广东彩元绣庄"绣八仙贺寿围屏

清

木、丝绸

长 372 厘米，高 158.2 厘米

广东省博物馆藏，织 100

Canton Embroidery Folding Screen with *Birthday Greetings from The Eight Immortals* Scene on White Satin

Qing Dynasty

Wood, Silk

L 372cm, H 158.2cm

Collection of Guangdong Museum, Fabric 100

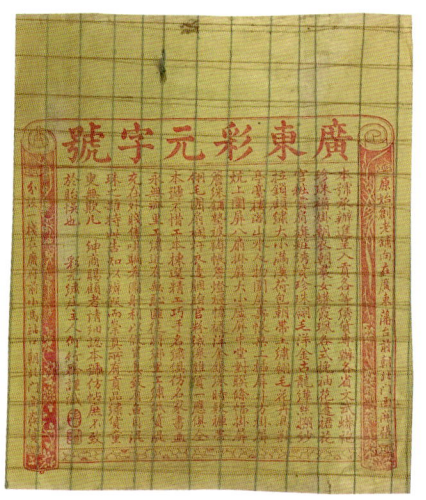

　　围屏一组共 11 联，白缎地彩绣八仙贺寿图案。居中处尺幅最阔，丝绒绣一寿星老翁，各种祥瑞长寿之意的图案环绕其间，组成鹤鹿同春、五蝠捧寿的吉祥寓意。寿星图左右各有四屏，分别绣八仙人物图案。最外侧两条窄屏，一屏绣太狮少狮图，取子嗣昌盛之意；另一屏绣鹤鹿同春，取长寿之意。屏风背后附"广东彩元字号"的广告单一份。内容如下：

　　右联：原始创老铺向在广东藩台前朝北门面开张。

　　左联：分设一栈在广府前小马站口朝北门面发货。

　　本号承办进呈入贡各等绣货，专办各省文武蟒袍、珍珠补褂、朝衣朝裙、女蟒霞帔、各式挽袖、花边裙花、宫妆云肩、旗妆绣货、珍珠翎毛、洋金古龙、缂丝戳纱、拉锁顾绣、大小满汉荷包、朝带，上绣翎毛、花卉、鸟兽、亭台、楼阁、山水、人物、围屏寿帐、桌上插屏、斗方挂屏、炕上围屏、八扇挂屏、大小座屏、中堂对联、条幅挂屏、檐彩铺垫、被褥帐檐、灯穗幛襚、洋金银线、时款裤带、翎毛团扇、栏杆衣边、胭脂宫粉、绒线杂货，一应俱全。本号不惜工本，拣选精工巧手，名绣俱仿名家书画，永无乡里工绣。近有无耻匪徒，将乡里工绣低货混充在外，贱售哄骗，希图射利，以假冒真，致有鱼目混珠之杂。特此告知，以办假而崇真。所有贡品绣货，童叟无欺，凡绅商赐顾者，请细认本号仿贴，庶不致至贻误也。

　　彩元绣庄主人何竹斋谨识彩元（阳文印）

　　竹斋氏（阴文印）

红缎地广绣花鸟围屏

民国

木、丝绸

长 180 厘米，高 167.5 厘米

广东省博物馆藏，K1597

Canton Embroidery Folding Screen with Flowers and Birds on Red Satin

Republic of China

Wood, Silk

L 180cm, H 167.5cm

Collection of Guangdong Museum, K1597

围屏一组四联，以红缎为地，绣四季花卉、珍禽祥瑞，色彩富丽堂皇，配红木透雕云龙纹和葡萄藤蔓纹框，寓意吉祥，极具装饰效果。

白缎地广绣孔雀纹插屏

清

木、丝绸

长 53 厘米，高 64.5 厘米

广东省博物馆藏，K1208

Screen with a Round Canton Embroidery Panel of Peacock on White Satin

Qing Dynasty

Wood, Silk

L 53cm, H 64.5cm

Collection of Guangdong Museum, K1208

屏心以白缎为地绣孔雀开屏图案，辅以珍禽或展翅或栖息于花枝之上，是粤绣常见题材。整件绣品构图疏密有致，配红木镂雕勾连云纹底座，圆雕卧狮足。此类插屏在欧洲多放置于壁炉前方，用于装饰壁炉或防止过高的炉温会弄花女性精致的妆容。

白缎地广绣"金山古寺""白云晚望"图轴

清

丝绸

纵 128 厘米,横 41.5 厘米

广东省博物馆藏,缂 29

Canton Embroidery Painting Scrolls with "Jin Shan Temple" and "Bai Yun Mountain" on White Satin

Qing Dynasty

Silk

L 128cm, W 41.5cm

Collection of Guangdong Museum, KE 29

　　清代经粤海关出口的绣画,多是仿国画装裱成图轴、卷、围屏、联屏等形制,其中大幅绣画价格昂贵,向海关纳税需要缴纳白银 1.2 两。

　　此绣画依据元代"羊城八景"中的其中两景绣制而成。

　　元代"羊城八景"分别是扶胥浴日、石门返照、粤台秋色、白云晚望、大通烟雨、蒲涧帘泉、景泰僧归、灵洲鳌负。灵洲山又名小金山,"距(南海)官窑二三里,屹立郁水中",山上建有庙宇宝陀寺,始创于晋,因宋代苏东坡在此题诗而声名远播。故"灵洲鳌负"又有"金山古寺"之称。

　　画面中的远山云霭、重峦叠嶂、古刹院落、江水渔帆等细微之处,都通过不同的针法表现得淋漓尽致,各得其趣,颇具文人画的神韵。绣画上方均仿墨书绣制题跋,分别是:"白云晚望第三景:白云山在城北十五里,高耸三百余丈,盘踞百里,上多白云,是郑安期飞仙景,泰禅师卓赐之处。""金山古寺第七景:金山寺距城西二十五里,即苏东坡先生谪惠州时,曾泊舟于此,梵宇浮图,高凌云汉。"全图以棕色、褐色、驼色、香色为主色,以深绿、浅绿、蓝色等为配色,既典雅古朴又鲜丽明快,充分体现了广绣的配色特点。

白缎地广绣"金山古寺""白云晚望"图轴

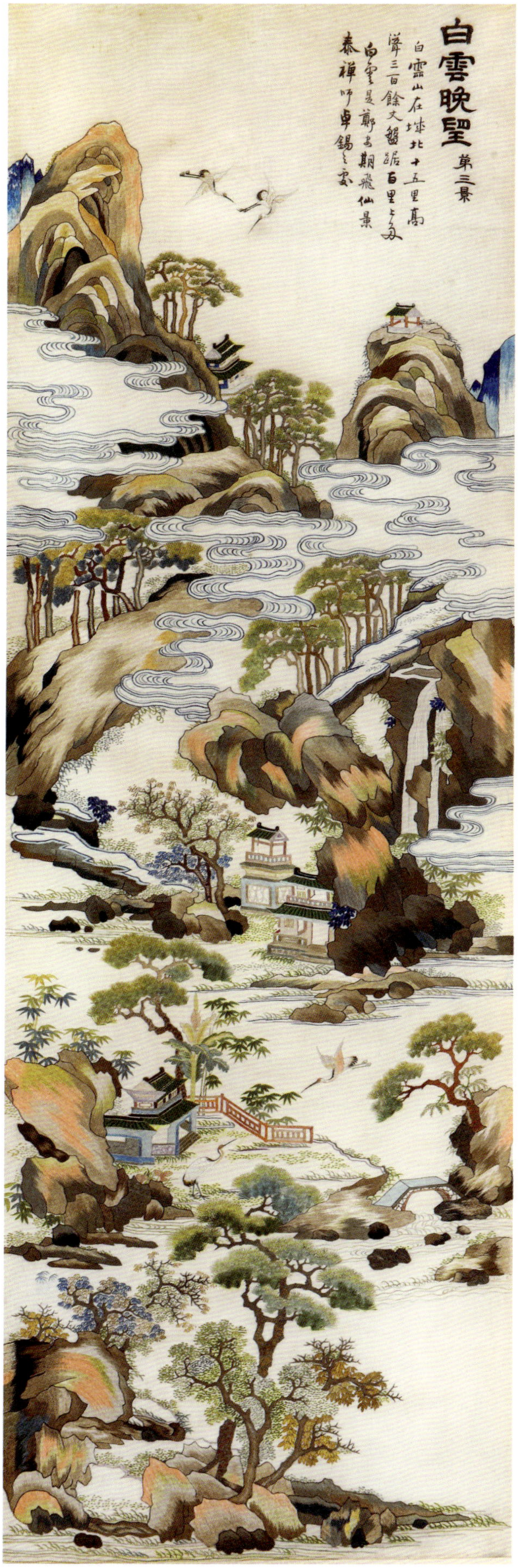
白雲晚望 第三景
白雲山在城北十五里高
峰三百餘丈盤踞百里上有
白雲是鄭安期飛仙景
泰禪師卓錫之處

金山古寺 第七景
金山寺距城西二
十五里即蘇東坡
先生謫惠州時
曾泊舟於此梵
宇浮圖高淩雲漢

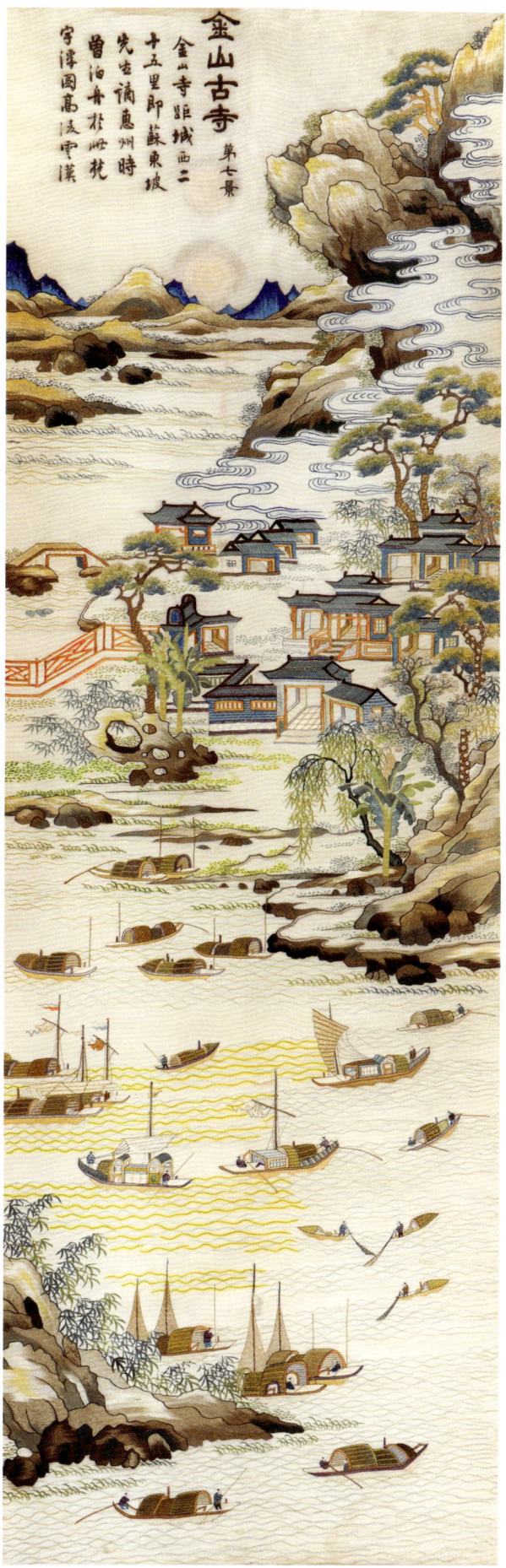

白缎地广绣"羊城八景"挂屏

清

木、螺钿、丝绸

纵 143 厘米，横 51 厘米

广东省博物馆藏，K1634

Canton Embroidery Hanging Screens with Eight Famous Scenes of Canton on White Satin

Qing Dynasty

Wood, Mother of Pearl, Silk

L 143cm, W 51cm

Collection of Guangdong Museum, K1634

"羊城八景"之名始于宋代,历朝相延,八景选取各有不同。此套挂屏共六件,分别为石门返照、珠江夜月、大通烟雨、蒲涧濂泉、景泰僧归、金山古寺。除缺少"扶胥浴日"与"白云晚望"两景外,其余基本与元代八景同。唯独"珠江夜月"一景似出自宋代"羊城八景"之"珠江秋色"。

黑缎地广绣花鸟挂屏

清

丝绸

每屏纵 120 厘米，横 51 厘米

广东省博物馆藏，缂 30

Canton Embroidery Hanging Screens with Flower and Bird Pattern on Black Satin

Qing Dynasty

Silk

Each L 120cm, W 51cm

Collection of Guangdong Museum, KE 30

四屏皆以黑缎为地,施五色丝线,将世间祥禽定格屏上。蝶燕双双,结伴而飞;孔雀开屏,鹌鹑顾盼;雄鸡觅食,白鹤行走;玉兰鹦鹉,寿石雉鸡;仪态万方,春色满园。四屏色彩明亮,富丽堂皇,针脚平齐,轮廓工整,装饰效果极佳,是广绣的代表之作。

"美国驻香港代理总领事富勒"款广绣花鸟挂屏

1906—1910 年

丝绸

纵 150 厘米，横 78 厘米

广东省博物馆藏，缂 31

Canton Embroidery Hanging Screen with Characters of "J S Fuller Esq. U.S. Acting Consul General"

1906-1910

Silk

L 150cm, W 78cm

Collection of Guangdong Museum, KE 31

    红色缎面彩绣美国十四洲星条旗和清朝黄龙旗，四周辅以梅、兰、竹、菊、花鸟等吉祥图案，居中处钉金绣团寿图案，外围以葫芦藤蔓纹装饰，取万寿无疆、福禄万代之意。挂件上方钉金绣"To His Honour J.S. Fuller Esq. U.S. Acting Counsul General From S.C. Lee and Y.C. Law"，据此推断该挂件为中国官员李某和罗某送给美国驻香港代理总领事思图特·詹姆森·富勒的赠品。思图特·詹姆森·富勒（Stuart Jamieson Fuller）1880 年 5 月 4 日出生，1941 年去世，1906—1910 年出任香港副领事。此挂屏是清末中美外交史的重要实物见证，也是一件罕见的年份可考的广绣绣品。

丝绸装饰的欧洲家居

石青缎地"宝生昌"号广绣花鸟大挂帐

清

丝绸

纵 382 厘米，横 231 厘米

广东省博物馆藏，K1225

Canton Embroidery Large Tapestry with Flowers and Birds Pattern and "*Bao Sheng Chang*" Characters on Mineral Blue Satin

Qing Dynasty

Silk

L 382cm, W 231cm

Collection of Guangdong Museum, K1225

装饰西方家居墙壁的绣件，以石青缎为地，满地绣花鸟纹样。绣件构图饱满，层次丰富，针脚细密，配色华美，左下方绣店号"宝生昌"三字。绣制如此巨幅绣品无论古今都极为不易，不仅耗时费工，且非技艺精湛之人所能及，综观此幅巨制，颇感古人构思之巧，技艺之精。

红绒地绒线绣寿星挂件

清

丝绸

纵 220 厘米，横 140 厘米

广东省博物馆藏，K1125

Canton Embroidery Tapestry with Floss Embroidered *God of Shou* (Longevity) on Red Velvet

Qing Dynasty

Silk

L 220cm, W 140cm

Collection of Guangdong Museum, K1125

绣品以红绒为地，丝绒彩绣一位神态可掬、右手持桃、左手拄杖的寿星公形象，人物衣饰华丽精美，衣袂飘飘，动感十足。画面中蝙蝠、喜鹊成双成对，翩跹飞舞，金日祥云、灵芝仙草、梅鹿负桃，极尽喜庆祥和之意。整件绣品尺幅硕大，配色丰富，针脚细腻、平齐，工整，是绣品中的上乘之作。

米色缎地"宝生昌"号广绣花鸟纹窗帘

19 世纪

丝绸

纵 360 厘米，横 120 厘米

广东省博物馆藏，K1386

Canton Embroidery Curtains with Flowers and Birds Pattern and "Bao Sheng Chang" Characters on Beige Satin

19th Century

Silk

L 360cm, W 120cm

Collection of Guangdong Museum, K1386

绣品一对，图案相近，纹饰相对，尺幅硕大，构图繁密，色彩亮丽，一幅春意盎然的自然美景尽现于绣面之上，绣品下方隐蔽处以棕色丝线斜针绣"宝生昌"三字。

月白色缎地广绣花蝶雉鸡图窗帘

20 世纪初

丝绸

纵 279 厘米，横 110 厘米

广东省博物馆藏，K1268

Canton Embroidery Curtains with Flowers, Butterflies and Pheasants on Moon-white Satin

Early 20th Century

Silk

L 279cm, W 110cm

Collection of Guangdong Museum, K1268

绣品一对，图案相近，纹饰相对，尺幅硕大，构图疏朗，色彩淡雅，一树梅干疏影横斜，铺满整个画面，五色锦鸡栖息枝头，玫瑰、太阳花、萱草、兰花等各式花卉群花盛开。绣品下方以米色网格纹和丝穗装饰。

米色缎地广绣荷塘鸳鸯纹台布

19 世纪

丝绸

纵 138 厘米，横 135 厘米

广东省博物馆藏，K1385

Canton Embroidery Tablecloth with Mandarin Ducks in Lotus Pond on Beige Satin

19th Century

Silk

L 138cm, W 135cm

Collection of Guangdong Museum, K1385

装饰桌面的绣件，以米色缎为地，彩绣荷塘清趣图案。绣件居中处莲叶、荷花、鸬鹚等纹样簇拥成团花状，取"一路清廉"之寓意。外围图案呈对称布局，水波海草、莲叶荷花、翠鸟蜻蜓成双成对，相映成趣。整件绣品色调清新，图案题材有别常规，是西方来样定制的一件桌面装饰品。

杏色缎地广绣花鸟虫蝶纹床罩

18 世纪

丝绸

纵 270 厘米，横 214 厘米

广东省博物馆藏，K1267

Canton Embroidery Bedcover with Flowers, Birds, Butterflies and Insects on Apricot Satin

18th Century

Silk

L 270cm, W 214cm

Collection of Guangdong Museum, K1267

来样加工绣制的床上用品。床罩主体图案以旋涡状藤草和粉、蓝两色康乃馨为主的庭园花卉构成，每一组淡雅柔和、纤细柔美的团花内又辅以甲虫、蝴蝶、蜻蜓、鹦鹉等虫鸟图案装饰，具有鲜明的洛可可图案装饰风格。

杏黄色缎地广绣缠枝花卉纹床罩

18 世纪

丝绸

纵 260 厘米，横 208 厘米

广东省博物馆藏，K1269

Canton Embroidery Bedcover with Intertwining Flowers and Plants on Apricot Satin

18th Century

Silk

L 260cm, W 208cm

Collection of Guangdong Museum, K1269

床罩居中处以双蓝丝线勾勒如意云头纹一周，内以粉、白、草绿、橙等色丝线绣折枝花卉，花蕊中部再次运用双蓝丝线勾勒一周，配色呼应，浓淡相宜。床罩四角各以一束弯曲飘荡的枝蔓，枝端绽放着粉、蓝两色康乃馨及其他各样花卉装饰，洋溢着一种女性的、纤细的、精致的气氛，体现着洛可可时代柔美细腻的情调。

米色缎地排金绣花卉百鸟图床罩

19 世纪

丝绸

纵 240 厘米，横 240 厘米

广东省博物馆藏，K1270

Gold Thread Embroidered Bedcover with Flowers, Plants and Birds on Beige Satin

19th Century

Silk

L 240cm, W 240cm

Collection of Guangdong Museum, K1270

　　床罩以西式造型、中式纹样为特色。床罩四角排金绣折枝菊花图案，辅以枝蔓舒卷的碎花铺满整个空间，每一束花丛中又有五彩丝线绣制的仙鹤、黄莺、蝴蝶、螳螂等虫鸟穿飞其间。床罩居中处圆形开光内排金绣牡丹、荷塘、翠竹、梅花，五彩丝线绣凤凰、仙鹤、鸳鸯、鹡鸰、黄莺等珍禽构成"五伦图"。池塘水波处紫色丝线绣"卑爹累柯地"字样，应为西方订购者名字的译音。

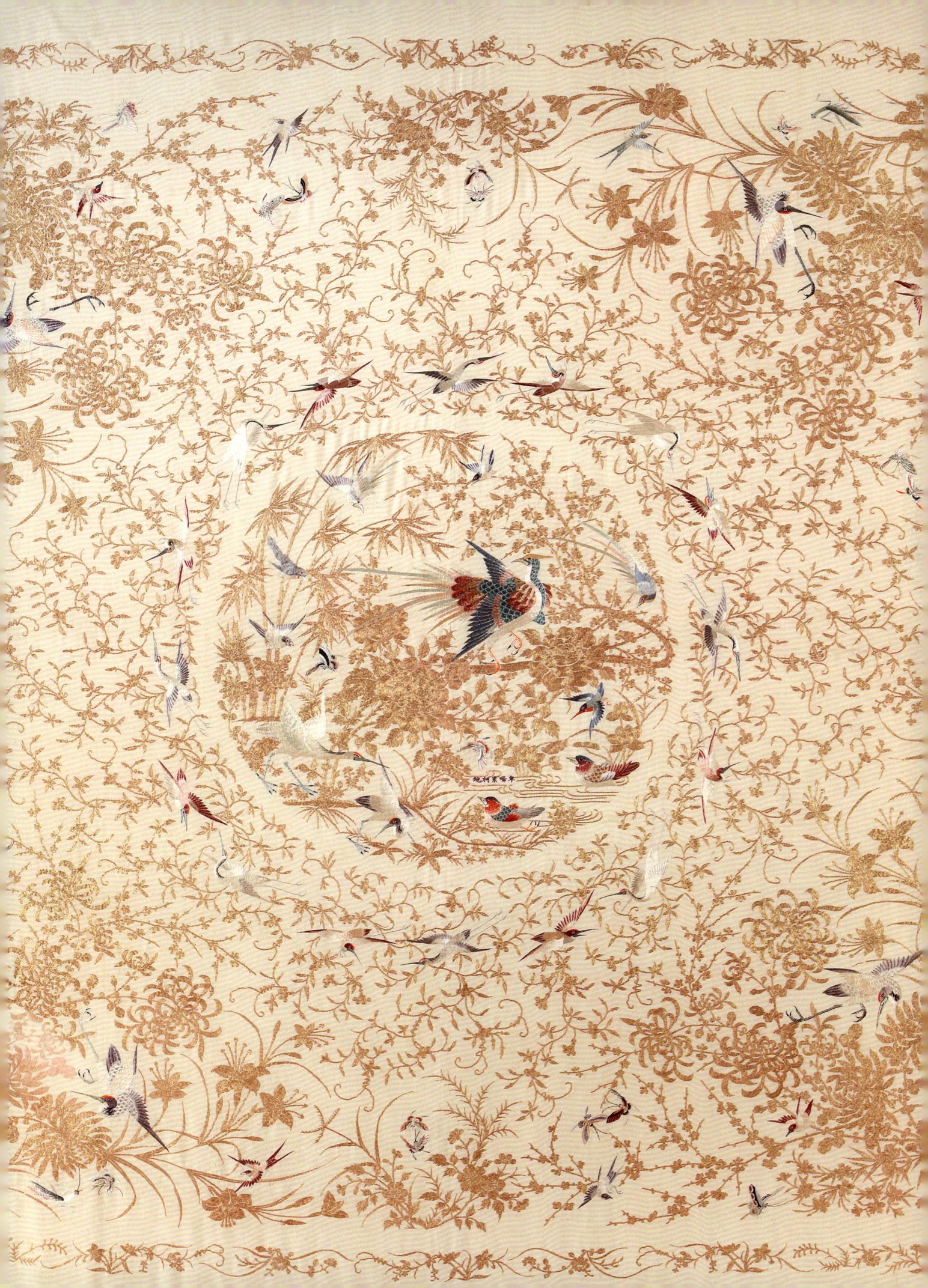

米色缎地广绣雉鸡花卉图床罩

20 世纪初

丝绸

纵 232 厘米，横 188 厘米

广东省博物馆藏，K1384

Canton Embroidery Bedcover with Pheasants, Flowers and Plants on Beige Satin

Early 20th Century

Silk

L 232cm, W 188cm

Collection of Guangdong Museum, K1384

床罩以西式造型、中式纹样为特色。米色缎地之上以一树花干自下而上定格画面中心，色彩淡雅的大朵牡丹花卉，运用直针、捆插针、叠堆绣、抽纱等针法绣制，花朵饱满绽放，立体感强。一对色彩明亮华丽的锦鸡，雄踞枝头，回首翘盼，动感十足。19 世纪末 20 世纪初的花鸟纹样构图与 19 世纪中前构图相比发生了明显变化，其构图日趋疏朗，花鸟的形体也有增大之势。

欧洲房间内的床上用品

白缎地广绣花鸟床眉

19 世纪

丝绸

纵 76 厘米，横 247 厘米

广东省博物馆藏，K1594

Canton Embroidery Bed Curtain with Flowers and Birds on White Ground

19th Century

Silk

L 76cm, W 247cm

Collection of Guangdong Museum, K1594

装饰床顶盖围的绣件。床眉长方形，以白缎为地，分内外两层装饰。内以四季花卉、孔雀开屏、荷塘清趣等图案装饰，外以彩绣缠枝花卉带围饰一周，床眉底部坠饰同色系网格纹和流苏。

穿和服的年轻女子
美国画家 Arvid Nyholm（1866—1927）绘
1920 年代

图片来源：蔡琴主编《华美致远——中国丝绸博物馆馆藏外销绸精品》，中国丝绸博物馆研究报告 2014 年版。

服饰品

18、19世纪，英国时髦的贵妇，小姐们在橙园中，剪裁好的服装通过东印度公司运送到中国进行刺绣。在清宫园林中，男女服饰皆以刺绣、织锦、蝴蝶结作装饰，有些贵妇们甚至穿着中国刺绣的服装。披着中国刺绣的围巾，手持中国刺绣的扇子，戴着有凤凰或有蝴蝶、龙凤等图案的耳坠。将自己打扮成中国传奇大家闺秀的模样而炫耀。

服饰品

　　18、19世纪，英国时髦的贵妇、小姐往往将设计、剪裁好的服装通过东印度公司运送到中国进行绣制。在法国宫廷，男女服饰都以刺绣、折裥、蝴蝶结作装饰，有些贵妇甚至穿着中国刺绣的服装，披着中国刺绣的围巾，手持中国刺绣的折扇，足蹬绣有麒麟、龙凤等图案的鞋子，将自己打扮成中国传统大家闺秀的模样而炫耀。

穿红色晨衣的女子

美国画家 Joseph Rodefer De Camp（1858—1923）绘

1919 年

Woman in Red Dressing Gown

Joseph Rodefer De Camp（America, 1858-1923）

1919

图片源自网络

蓝缎地绣花蝶纹女服

清

丝绸

身长 118 厘米,展袖长 134 厘米

广东省博物馆藏,K1166

Woman Robe Embroidered with Flowers and Birds on Blue Satin

Qing Dynasty

Silk

L (Finished) 118cm, W (Full) 134cm

Collection of Guangdong Museum, K1166

圆领,左衽,宽袖平直带挽袖,左右开裾。宝蓝色丝绸面料彩绣牡丹、莲花、兰花、玉兰等四季花卉和各式花篮,寓意四季长春,花开富贵。花间彩蝶成双成对,翩翩起舞。领口、衣襟、下摆、挽袖内侧以黑缎地绣花卉、双喜、杂宝纹绦带装饰。整件女服纹饰华美,晕色流畅,典雅大方。

19世纪后期,中式服装作为一种新的外销品类开始兴起。它宽松自在的廓形、异域特色的纹样,是西方女性理想的晨服、睡袍的着装款式。

红缎地三蓝绣花蝶补服女褂

清

丝绸

身长 116 厘米，展袖长 141 厘米

广东省博物馆藏，K1169

Woman Robe Embroidered with Flowers and Butterflies and Rank Badge on Red Satin applying Sanlanxiu technique

Qing Dynasty

L (Finished) 116cm, W (Full) 141cm

Collection of Guangdong Museum, K1169

立领，对襟，直袖，左右开裾。红缎地三蓝彩绣折枝牡丹、玉兰、海棠、金瓜、蝴蝶等纹饰，取玉堂富贵、瓜瓞连绵之意。前胸、后背处绣有文官五品白鹇补，下摆饰以海水江崖纹。整件服饰色彩亮丽，绣工精致，浓缩多种吉祥纹饰于一身。

绿纱地绣花蝶纹满族女服

清

丝绸

身长 135.5 厘米，展袖长 170 厘米

广东省博物馆藏，K1170

Manchu Woman Robe Embroidered with Flowers and Butterflies on Green Gauze

Qing Dynasty

Silk

L (Finished) 135.5cm, W (Full) 170cm

Collection of Guangdong Museum, K1170

立领，右衽，窄袖，直身，绿色纱地彩绣花蝶纹样。肩部、衣襟、下摆、袖口分别以粉色缎地绣佛手牡丹、黑色缎地绣梅兰竹菊与蝴蝶纹样绦带装饰。

黑缎地绣花鸟纹短上衣

民国

丝绸

身长 70 厘米,袖展长 147.5 厘米

广东省博物馆藏,K1400

Jacket Embroidered with Flowers and Birds on Black Satin

Republic of China

Silk

L (Finished) 70cm, W (Full) 147.5cm

Collection of Guangdong Museum, K1400

西式短款女上衣,黑色缎地绣花鸟纹样。纹饰中既有中国传统的勾连云纹,也有西式的绳索纹。虽花鸟题材是中国传统图案,但花卉和构图多具异域风情。

黑缎地绣亭台人物纹长上衣

民国

丝绸

身长 101.5 厘米，袖展长 143 厘米

广东省博物馆藏，K1401

Long Coat Embroidered with Pavilions and Human Figures on Black Satin

Republic of China

Silk

L (Finished) 101.5cm, W (Full) 143cm

Collection of Guangdong Museum, K1401

西式长款女上衣，黑色缎面满地彩绣篱笆花卉、欧式亭台、人物瑞兽等图案，袖口、下摆、衣襟处的折枝花卉外围以波浪线勾边，巧妙地组合成蝴蝶纹样。此女服纹饰繁缛、构图巧妙、纹样取自欧洲盛行的"中国风"题材，是中西方物质文化交流融合的见证。

露台上的吉普赛舞蹈
西班牙画家 Ignacio Zuloaga 绘
1922—1923 年

图片来源:蔡琴主编《华美致远——中国丝绸博物馆馆藏外销绸精品》,中国丝绸博物馆研究报告2014年版。

披肩

　　披肩是欧洲女性时装必不可少的配饰。据统计，1772年前后，广绣披肩在欧洲的销量达8万条。1776年，仅英格兰公司一家就输入了104 000条。1822—1826年从广州出口美国的披肩高达888 000条。

　　在西方，披肩还有一个名字叫"马尼拉大披肩"。马尼拉是菲律宾的一个港口，曾是西班牙进行国际贸易的中转站，当时广州—澳门—马尼拉—西属拉丁美洲这条贸易航线被称为"太平洋上的丝绸之路"，因为这条航线从中国运走的是整船的丝绸，从拉丁美洲运来的是整船的白银，马尼拉大帆船贸易将亚洲、欧洲和美洲紧密地连接了起来。

　　时至今日，西班牙在重大节日时，女性依然保留着身着大披肩的传统；披肩也是热情奔放的弗拉门戈舞蹈中必不可少的道具；在科尔多瓦的五月"十字架"节期间，广场、街道、公共区域的阳台上都会悬挂起五彩纷呈的各式大披肩以示庆祝。

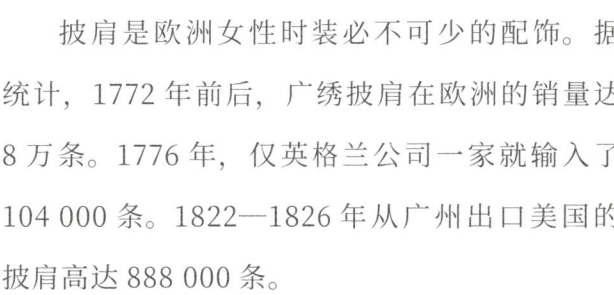

白绸地同色线广绣花卉纹披肩

19 世纪三四十年代

丝绸

长 154 厘米，宽 162 厘米

广东省博物馆藏，K1259

Canton Embroidery Shawl with Flowers and Similar Colour Threads on White Silk

1830s-1840s

Silk

L 154cm, W 162cm

Collection of Guangdong Museum, K1259

19 世纪三四十年代披肩以花卉为主，集中在四角，色彩淡雅，同色绣花是最受欢迎的款式，这与 19 世纪上半叶流行的浪漫主义风尚有关。

蓝绸地广绣花鸟纹披肩

19 世纪五六十年代

丝绸

长 163 厘米，宽 162 厘米

广东省博物馆藏，K1255

Canton Embroidery Shawl with Flowers and Birds on Blue Silk

1850s-1860s

Silk

L 163cm, W 162cm

Collection of Guangdong Museum, K1255

19 世纪五六十年代披肩尺寸增大，流苏增长，刺绣布满整个披肩，构图仍可以看到清晰的四角定位设计，常有一两个装饰边框，设计元素凸显中国风格。由于此时五彩绣花的比重较之前增加，兼绣线较之前增粗，以增强耐磨性，故披肩的重量也随之增加。

米白色绸地三蓝绣牡丹纹披肩

19 世纪五六十年代

丝绸

长 130 厘米，宽 130 厘米

广东省博物馆藏，K1256

Canton Embroidery Shawl with Peonies on Beige Silk Applying Sanlanxiu Technique

1850s-1860s

Silk

L 130cm, W 130cm

Collection of Guangdong Museum, K1256

三蓝绣指运用多种深浅不同的蓝色丝线刺绣图案。此披肩绣牡丹花卉图案，花瓣与花叶由内至外，色泽由深入浅，主体纹饰外围以缠枝花蝶纹花带装饰。披肩白地蓝花的色泽呈现出青花瓷的韵味。

米白色绸地广绣花卉纹披肩

19世纪五六十年代

丝绸

长164厘米,宽164厘米

广东省博物馆藏,K1257

Canton Embroidery Shawl with Flowers and Plants on Beige Silk

1850s-1860s

Silk

L 164cm, W 164cm

Collection of Guangdong Museum, K1257

披肩采用打籽、抽纱、立体绣等针法,绣色彩各异、饱满绽放的折枝牡丹花束,空白之处以枝蔓舒卷的缠枝碎花装饰,图案四角对称,外围以一道缠枝花卉边框装饰。披肩色彩淡雅清新,纹饰立体饱满,构图疏密有致,针法变换多样。

粉红绸地双面广绣菊花纹披肩

19世纪五六十年代

丝绸

长130厘米，宽134厘米

广东省博物馆藏，K1260

Double-sided Canton Embroidery Shawl with Chrysanthemums on Pink Silk

1850s-1860s

Silk

L 130cm, W 134cm

Collection of Guangdong Museum, K1260

粉红色丝绸面料双面彩绣菊花图案，纹饰四角相同且对称，橙、紫、蓝、黄四色菊花的花瓣和叶片色彩深浅不一，呈现出光影变幻的效果。主体纹饰外围自然留白一周，再以波浪形缠枝花带饰一周。

黑绸地广绣鸟蝶菊花纹披肩

19 世纪末 20 世纪初

丝绸

长 128 厘米，宽 134 厘米

广东省博物馆藏，K1265

Canton Embroidery Shawl with Bird, Butterflies and Chrysanthemums on Black Silk

Late 19th Century – Early 20th Century
Silk
L 128cm, W 134cm
Collection of Guangdong Museum, K1265

19 世纪末 20 世纪初披肩流行在黑色或深色丝绸面料上运用彩色丝线或白色丝线刺绣花卉、人物等纹样，此时期披肩的流苏和编结继续加长，刺绣的图案布满整个披肩，不再有明显的四角对称格局。

黑绸地广绣花卉纹披肩

19世纪末20世纪初

丝绸

长128厘米，宽128厘米

广东省博物馆藏，K1382

Canton Embroidery Shawl with Flowers and Plants on Black Silk

Late 19th Century – Early 20th Century

Silk

L 128cm, W 128cm

Collection of Guangdong Museum, K1382

披肩以黑色丝绸为地，白色丝线绣制花卉纹样。饱满绽放的大朵牡丹花，飘逸舒卷的蝴蝶结状丝带，构成中西合璧的图案。整件绣品构图新颖别致，线条生动流畅。

褐色绸地广绣百花图披肩

19世纪末20世纪初

丝绸

长160厘米，宽160厘米

广东省博物馆藏，K1383

Canton Embroidery Shawl with Flowers by Coloured Threads on Black Silk

Late 19th Century – Early 20th Century

Silk

L 160cm, W 160cm

Collection of Guangdong Museum, K1383

披肩以褐色丝绸为地，五彩丝线绣百花锦地图案。披肩构图饱满，色彩绚丽，图案形象生动，用同色系的褐色丝线编缀网格纹和流苏。

黑绸地双面广绣庭院人物纹披肩

19 世纪末 20 世纪初

丝绸

长 150 厘米，宽 150 厘米

广东省博物馆藏，K1410

Double-sided Canton Embroidery Shawl with Courtyard and Human Figures on Black Silk

Late 19th Century – Early 20th Century

Silk

L 150cm, W 150cm

Collection of Guangdong Museum, K1410

披肩主体和装饰边框均饰以庭院人物花鸟纹样，图案繁复，密不露地，有四十多个服饰、动作、神态各不相同的男女人物形象，三十余座不同风格的亭台楼榭，冰裂纹、网格纹、回纹、条纹形状的篱笆不拘一格，芭蕉、翠竹、花草树木、雀鸟在其掩映之下，生机盎然，情趣横生。披肩外围编缀与面料色彩一致的网格纹和长流苏。

黑缎广绣"IHS"纹章天主教神父祭巾

19 世纪

丝绸

帽围 59 厘米,通长 121 厘米

广东省博物馆藏,K1197

Canton Embroidery Catholic Priest Hat with the "IHS" Coat of Arms on Black Satin

19th Century

Silk

Cir. (Hat) 59cm, L (Full) 121cm

Collection of Guangdong Museum, K1197

欧洲贵族以穿戴中国丝绣服饰为荣,就连教会的传教士也竞相以中国的丝绸制作法衣和教堂里的装饰物。此帽四方形,是1615年1月25日教宗保禄五世下发给在华耶稣会士佩戴的帽子,称之为"祭巾",准许在华的天主教神父和传教士在弥撒中佩戴此祭巾,作为教会礼仪服饰的一部分。此项提议最早由利玛窦神父1606年向教廷提出申请,1615年得到许可,1924年祭巾被正式废除。此帽为澳门天主教神父所佩戴。

宗教巡游用的阳伞

19 世纪

纺织品、木、金属

长 103 厘米,直径 109 厘米

澳门博物馆藏,MM1254

Parasol for Religious Parade

19th Century

Textile, Wood, Metal

L 103cm, DM109cm

Collection of Macao Museum, MM1254

西学东渐促使澳门成为多元文化、宗教汇聚的贸易港口,每年都会举办丰富的中西民俗节庆活动。这件丝质阳伞,绣有花卉水果纹,是澳门天主教教区在宗教巡游活动上使用的阳伞。

神父的祭袍

19 世纪
纺织品
长 120 厘米，宽 200 厘米
澳门博物馆藏，MM1526

Sacrificial Robe

19th Century
Textile
L 120cm, W 200cm
Collection of Macao Museum,
MM1526

丝绸质地，是天主教服饰中的大氅衣。常穿着于大礼降福或游行时等重要的场合。祭袍披戴于长袍、圣带外，并按礼仪性质选择相应颜色。

祭披及圣带

19 世纪

纺织品

长 101 厘米,宽 68 厘米

澳门博物馆藏,MM1257

Sacrificial Cloak and Ribbon

19th Century

Textile

L 101cm, W 68cm

Collection of Macao Museum, MM1257

丝绸质地,是天主教服饰中的祭披与圣带。祭披,又称"十字褡",是神职人员举行礼仪时穿罩在长袍外的一种无袖礼服;圣带,是神职人员佩戴的绸带,披在肩上两端自然垂下。

PART THREE
THE CHANGING WORLD

第三部分
世界变局

中国丝绸通过丝绸之路向外传播，范围之广，遍及世界各地；时间之久，持续上千年。丝绸传播到哪里，哪里就兴起持久不衰的"丝绸热"。中国丝绸源源输出，换来海外白银滚滚流入。为弥补长期以来的对华贸易逆差，西方列强处心积虑，将鸦片贸易作为打开中国市场的敲门砖，凭借武力，最终取得鸦片贸易的合法地位，中华民族由此经历了屈辱的百年世纪灾难。

Through the Silk Road, Chinese silk has spread so far and wide to the whole world, which lasts as long as more than a thousand years. Wherever the silk arrived, the enduring "silk fashion" arose. The continuous Chinese silk export had brought enormous amount of foreign currency in return. In order to make up for the long-term trade deficit with China, Western powers deliberately used opium as an initial tool to open the Chinese market, and cannons to force China to accept the legalization of opium smuggling. The Chinese nation experienced the disastrous Century of Humiliation.

欧洲的『中国热』
European Enthusiasm for Chinoiserie

带我到葡萄牙人家里去吧，
在那儿抬眼便会看到，
一些来自中国的商品。
我们会看到灰色的龙涎香，
华美的漆器，
精美的瓷器，
它们来自这个神圣的国度，
或更确切地说是来自天堂。

保罗·斯卡龙，1695 年

从 17 世纪开始，欧洲掀起了一股强劲的"中国风"。它发端于 11 世纪，在马可·波罗等曾到中国旅行的冒险家、传教士们的有力助推下，经过几个世纪的发展，"中国热"全面渗透到欧洲人生活的各个层面，上至王公贵族，下至商贾士绅，都对中国风尚趋之若鹜。

Take me to a Portuguese house,
We will see merchandises from China.
We will see the ambergris,
The beautiful varnish works,
And the fine porcelain,
From this divine country,
Or, definitely, from paradise.

Paul Scarron, 1695

Since the 17th Century, there was a craze for chinoiserie in Europe, which began in the 11th Century and enthusiastically promoted by adventurers such as Marco Polo and missionaries who had traveled to China. With centuries of development, it fully penetrated into all aspects of European life. From kings and noble lords to businessmen and gentry, they were all fascinated by this Chinese fashion deeply.

中国丝绸生产图（一组 2 件）

18 世纪下半叶

纸本

纵 16 厘米，横 20.5 厘米

香港艺术馆藏，AH1967.0009-10

The Silk Manufacture in China (Set of 2)

2nd half of 18th Century

Paper

Each L 16cm, W 20.5cm

Collection of Hong Kong Museum of Art, AH1967.0009-10

图像上标题为"中国丝绸生产",画中以框线分隔不同制作的工序,并附文字说明。画中人物虽穿着传统中国服饰,但呈现西方绘图的风格。类似介绍中国丝绸生产及中国事物的图像有不同语言版本,大量出现在当时刊物上,可见其时"中国热"弥漫。

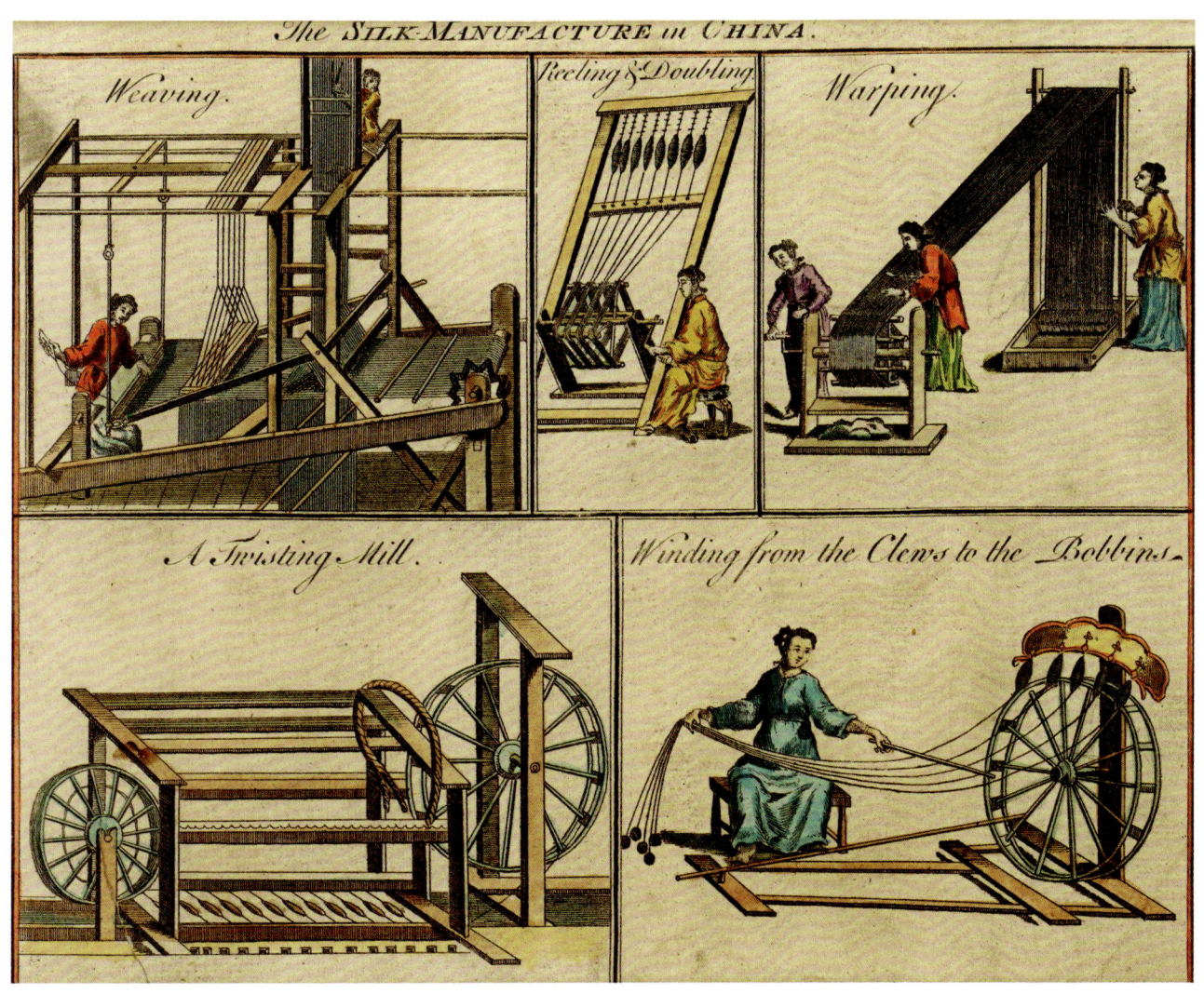

"制丝图"与"杭州丝绸厂"

19 世纪中叶

纸本版画

纵 20 厘米,横 27 厘米

澳门博物馆藏,MM2699

Picture of Silk Manufacture and Silk Factory in Hangzhou

Middle 19th Century

Print on paper

L 20cm, W 27cm

Collection of Macao Museum, MM2699

  英国画家兼建筑师汤马斯·阿林(Thomas Allom,1804—1872)绘制的"制丝图"与"杭州丝绸厂"版画印刷品。"制丝图"中工人们正在进行络丝、染丝、浆丝、浸浆等工序,染好或浆好的丝线挂在竹竿上晾晒。"杭州丝绸厂"图中工人将制好的绸缎,搬运上船,经运河运送。

正在刺绣的欧洲妇女

约 1860 年代

乌木、纸、水彩

纵 13.5 厘米，横 11 厘米

广东省博物馆藏，B7659

European Woman Embroidering

c.1860s

Ebony, Paper, Gouache

L 13.5cm, W 11cm

Collection of Guangdong Museum, B7659

17、18 世纪，欧洲上流社会的女性将刺绣视为体现其良好教养的必修课，来自中国的绣品、绣材也源源不断传入欧洲，绷圈刺绣小巧轻便，适合绣制小幅作品。

欧洲刺绣纹章摆件

19 世纪

木、丝绸

绣面长 29.3 厘米，宽 37.5 厘米，通高 125 厘米

广东省博物馆藏，K1419

European Embroidered Coat of Arm

19th Century

Wood, Silk

L (embroidery) 29.3cm, W (embroidery) 37.5cm, H (total) 125cm

Collection of Guangdong Museum, K1419

白色缎面采用欧洲刺绣工艺绣制欧洲家族纹章。纹章是按照一定规则构成的彩色标志，专属于个人、家族或团体的识别物。

漆木描金缝纫台

19 世纪

漆、木、金属、纺织品

长 36 厘米，宽 52 厘米，高 64 厘米

澳门博物馆藏，MM6091

Lacquered Wood Sewing Table with Pattern in Gold

19th Century

Lacquer, Wood, Metal, Textile

L 36cm, W 52cm, H 64cm

Collection of Macao Museum, MM6091

　　木胎漆器，足端雕饰兽爪，整体方正稳固，造型精致优雅。缝纫台四周描金绘人物故事和植物花卉图案，缝纫台内分多个小格，用于存放不同缝纫用具，缝纫台下方附有一红色丝质袋状抽屉，供存放缝纫物品之用。

　　黑漆描金缝纫盒有台式和落地式之分，大多在广州来样加工定制，主要供应海外市场，国内罕有流传。18 世纪到 19 世纪中前期，广州生产的外销漆器主要销往欧洲市场；19 世纪中后期，美国作为海上贸易的后起之秀愈发活跃，兼之此时欧洲审美趣味发生改变，"中国风"不再流行，所以 19 世纪中后期广州的外销漆器主要以美国市场为主。黑漆描金缝纫盒以华美的纹饰和独特的装饰手法承载着中国文化内涵，同时又结合了西方家具形制的特征，以其装饰性和实用性赢得了西方人的青睐。它既是清代中西商贸往来的历史见证，也是中西文化交流的见证和结晶。

漆木描金缝纫盒

19 世纪

漆、木、金属

长 25 厘米,宽 33 厘米,高 16 厘米

澳门博物馆藏,MM6620

Lacquered Wood Sewing Box with Pattern in Gold

19th Century

Lacquer, Wood, Metal

L 25cm, W 33cm, H 16cm

Collection of Macao Museum, MM6620

木胎漆器,描金绘制传统中式庭园景致,有亭台楼阁、湖面泛舟、树木成荫、人物游园等情景。盒内的空间被分成 11 个大小不等的间隔,并有一个狭长抽屉,用以盛放缝纫的物品。

漆木描金缝纫盒

19 世纪

长 21 厘米，宽 28 厘米，高 15 厘米

澳门博物馆藏，MM6619

Lacquered Wood Sewing Box with Pattern in Gold

19th Century

Lacquer, Wood, Metal

L 21cm, W 28cm, H 15cm

Collection of Macao Museum, MM6619

木胎漆器，呈八角形，漆盒盒面绘有外销商品常见的纹饰，包括中式庭园、亭台楼阁、花卉林木及人物等。此类漆器工艺精致，盒内设计功能多样，配有多个间隔，用以摆放各式缝纫用具，颇受西方女士欢迎。

白银之路
Silver Road

欧洲大航海时代开启了全球贸易的大门，中国是世界奢侈品制造的生产国，能够通过不断地提高产量来满足巨大的出口市场需求。与此同时，中国的白银相对黄金的比价在中国要远远高于欧洲，这意味着欧洲的白银在中国能购买到比其他地方更多的商品。双重因素的影响下，全球的白银犹如一根丝带，最终都殊途同归地流向了同一个地方——中国。白银的富足又促进了明清时期中国手工业和出口贸易的发展。中国白银时代的来临，是大航海时代背景下国际贸易发展的必然结果，白银同丝绸一样，成为连接海上丝绸之路的重要纽带。

The Age of Discovery in Europe opens the door for global trading. As the manufacturing country for the world luxuries, China has exhibited the capability of continuously increasing productivity to meet the enormous export market demand. During the period, the parity between silver and gold in China was much higher than that in Europe, which means that people were able to buy more commodities in China than elsewhere with European silver. Under the influence of these two factors, silver all over the world centralised like a ribbon into the same place – China. The wealth brought in by silver also promoted the country's development in handicraft industry and export trade during the Ming and Qing Dynasties. The Silver Age of China was an inevitable result of the Age of Discovery and the development of international trade. Silver as same as silk became an important link on the Maritime Silk Road.

16—18 世纪全球白银生产流向图

美洲在 17 世纪和 18 世纪分别生产了 3.7 万吨和 7.5 万吨白银，其中各有 2.7 万吨和 5.4 万吨运到欧洲，两个世纪合计 8.1 万吨。在欧洲获得的白银中有大约一半（3.9 万吨）又转手到亚洲，其中 17 世纪为 1.3 万吨，18 世纪为 2.6 万吨。这些白银最终主要流入中国。另外有 3000 吨到 1 万吨甚至可能高达 2.5 万吨白银，是从美洲直接通过太平洋运到亚洲的，而这些白银中的绝大多数最终也流入中国。此外，日本至少生产了 9000 吨白银，也被中国吸收。中国共获得占全世界有记录的白银产量一半左右。

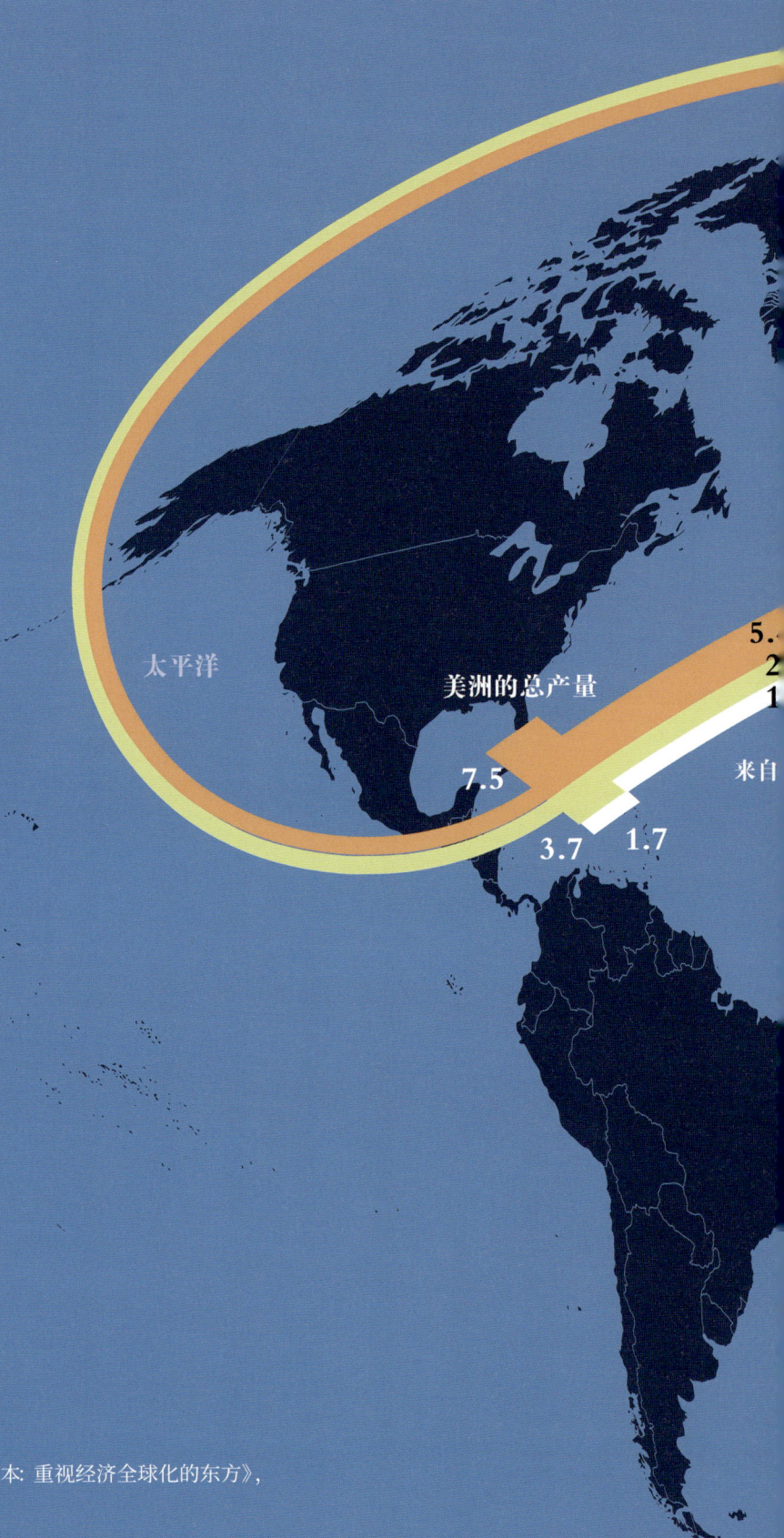

■ 18 世纪
■ 17 世纪
□ 16 世纪

★ 单位：万吨

资料来源：[德] 贡德弗兰克著、刘北成译：《白银资本：重视经济全球化的东方》，四川人民出版社，2017 年版。

银锭

在中国，白银的冶炼和使用最早可追溯至春秋战国时期。唐朝中期，出现了最早具备货币功能的白银——铤。两宋时期，白银的货币功能加强，使用范围扩大，逐渐成为中央政府在政治、经济活动中十分重要的支付手段。明代中叶以后，白银成为主流货币。明清时期完成了中国货币制度步入银本位制的历史进程。

小银锭（一组10件）

明

银

直径 2.2~3 厘米不等，重 9~20 克不等

广东省博物馆藏，甲 2782—2791

Small Silver Ingots(Set of 10)

Ming Dynasty

Silver

DM 2.2cm to 3cm, WT 9g to 20g

Collection of Guangdong Museum, JIA 2782-2791

银锭是称量货币，常见的重量有五十两、三十两、二十五两、二十两、十二两半、十两、五两，此外还有五两不到的小锭、碎银。实际使用时先确认银锭的重量和成色。称重时用天平、戥子等称量工具。若支付金额低于银锭价值，就夹剪将银锭分割成更小的银块，误差部分以铜钱折算。

银锭（一组 10 件）

明

银

直径 2.8~4.3 厘米，重 22~44 克不等

广东省博物馆藏，甲 4302—4311

Silver Ingots(Set of 10)

Ming Dynasty

Silver

DM 2.8cm to 4.3cm, WT 22g to 44g

Collection of Guangdong Museum, JIA 4302-4311

银锭通常采用模范浇铸法制造，铸造时因溶液内含有氧气，在底部形成气泡，冷却后会出现蜂窝状孔洞。银锭的含银量多在 95%~99% 之间，足银或足纹的含银量大多高达 97%~99%。

船形银圆宝（一组 10 件）

明

银

重 67.7~381.6 克

广东省博物馆藏，I2695—2704

Boat-shaped Silver Ingots(Set of 10)

Ming Dynasty
Silver
WT 67.7g to 381.6g
Collection of Guangdong Museum, I2695-2704

银锭又名"银铤"，唐、宋、金时期多称"铤"，元代开始称"锭"，元宝是元代起对银锭的一种别称，尤指两翅翘起的船形银锭。银锭的形状以船形、束腰扁平形、马蹄形为主，清代还有圆形和方形等多种形制。

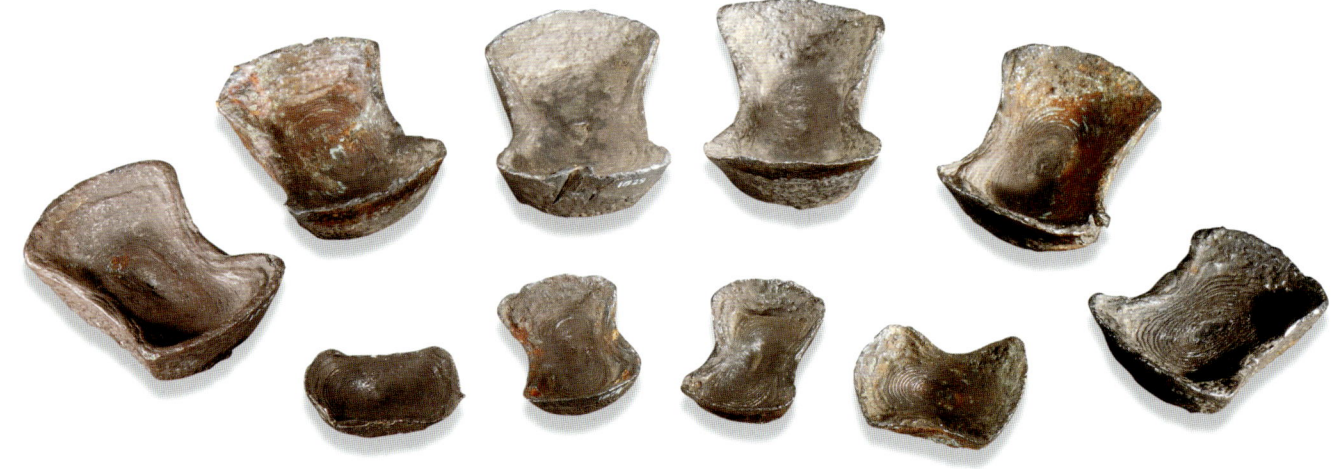

西班牙银圆

西班牙银圆在中国俗称"本洋"。17世纪初十字盾徽是西班牙银圆的主要特征。1732年起出现双柱图案，1772年以后西班牙银圆开始正面铸国王头像，背面仍沿用双柱图案。西班牙银圆在清乾隆后期成为中国沿海地区的主要流通货币。清道光、咸丰年间（1821—1861）作为正统银圆流通于市，西班牙银圆的兴盛持续至19世纪中叶，后逐渐被墨西哥银圆所替代。

西班牙银圆（一组10件）

1738—1828年

银

直径1.6~3.3厘米，重1.7~13.4克

广东省博物馆藏

Spanish Silver Coins (Set of 10)

1738-1828

Silver

DM 1.6-3.3cm, WT 1.7-13.4g

Collection of Guangdong Museum

墨西哥银圆

墨西哥银圆在中国俗称"鹰洋"。它是墨西哥 1821 年独立后开始使用的新铸币，始铸于 1823 年。正面一只鹰喙叼一条蛇立于仙人掌上，是墨西哥国徽图样，背面为自由帽，周围呈放射状芒纹。墨西哥独立后，在中国流通的西班牙银圆逐渐被墨西哥银圆所取代，墨西哥银圆成色好且稳定，是清后期至民国时中国银圆市场上的标准货币，流通极广。

墨西哥银圆（一组 10 件）

1824—1906 年
银
直径 1.7~3.8 厘米，重 2.4~26.8 克
广东省博物馆藏

Mexican Silver Coins (Set of 10)

1824-1906
Silver
DM 1.7-3.8cm, WT 2.4-26.8g
Collection of Guangdong Museum

清广东省造光绪元宝银圆

整齐划一、以枚计算、方便交易的外国银圆逐渐充斥着中国的商品交易市场。相比之下,中国传统银两由于形制、重量、成色不一,在实际使用中需要称量、夹剪、改铸,流通极为不便。为抵制外来白银掠夺,推动经济发展,币制改革势在必行。中国机器自制银圆始于吉林机器局厂平银币,广东省造光绪元宝银圆标志着中国新式银圆的首次大规模正式发行。

广东造币厂铜版画

纸
清
纵 11.5 厘米,横 22.5 厘米
广东省博物馆藏,近1:1279-11

Drypoint of Kwang-Tung Mint

Paper
Qing Dynasty
L 11.5cm, W 22.5cm
Collection of Guangdong Museum, Modern 1: 1279-11

张之洞任两广总督期间在广州筹办"广东钱局",向英国伯明翰喜敦造币厂订购全套造币机器,聘请外籍技师,于光绪十五年(1889)开始制造广东省造光绪元宝银圆。

广东省造光绪元宝（一套 5 件）

1896 年

银

直径 1.5~3.9 厘米，重 1.3~27.3 克

广东省博物馆藏

Guangxu Yuan Bao Silver Coins Made
in Guangdong Province (Set of 5)

1896

Silver

DM 1.5-3.9cm, WT 1.3-27.3g

Collection of Guangdong Museum

　　广东省造光绪元宝银圆使用"库平两"作为计量单位，共分五等币值，分别为七钱三分、三钱六分五厘、一钱四分六厘、七分三厘和三分六厘五。

　　广东省造光绪元宝银圆又名"反版"。"反版"源于"番版"。旧时称洋钱为番饼，因此类银圆边缘有一圈英文，与外国银币类似，故称"番版"，久而讹化为"反版"。

香港银圆

1842年在香港流通的货币有：墨西哥银圆（鹰洋），西班牙银圆（本洋），英国银圆、英镑、卢比，中国铜钱和银两。1847年英国向香港输入大量先令，但其金本位的货币与当地华人习惯使用的银本位货币不相适应。1866年，香港设立铸钱局首铸香港银圆，其正面为维多利亚女王头像。

香港银圆（一组10件）

1866—1904年

银

直径1.7~3.2厘米，重2.6~13.6克

广东省博物馆藏

Hong Kong Silver Coins (Set of 10)

1866-1904

Silver

DM 1.7-3.2cm, WT 2.6-13.6g

Collection of Guangdong Museum

香港造币厂

1860 年代

纸本水彩及水粉

纵 47.4 厘米，横 81 厘米

香港艺术馆藏

AH1988.0013

The Mint and Its Garden

1860s

Watercolour and gouache on paper

L 47.4cm, W 81cm

Collection of Hong Kong Museum of Art

AH1988.0013

　　中国佚名画家绘制。此画描绘香港历史上唯一的造币厂。香港造币厂由香港政府短暂设立，于 1866 年 5 月开始营运，可惜严重亏蚀，最终在 1868 年 6 月停办。当时厂址位于铜锣湾加宁街一带。画家以生动细致的笔触描绘出花园内井然有序的树篱、花床和高低错落的建筑物，三层高的铸铁游廊阳台尤见精巧。大门入口处有人似在互相握手问好。这些有趣的细节体现出外销画的艺术及历史价值。

鸦片与大炮
Opium and Cannon

19世纪中叶以来，粤港澳湾区历经磨难。鸦片泛滥，战争蹂躏，割地赔款，主权沦丧，中华民族经历了正义与邪恶、抗争与屈辱、悲壮与凄凉的百年沧桑。面对西方工业革命的冲击，1873年，中国第一家民族资本经营的机器缫丝厂"继昌隆"在广东南海创办，粤港澳湾区成为中国近代缫丝工业的重心。

Since the mid-19th Century, the Guangdong-Hong Kong-Macao Greater Bay Area went through hardships when the country was suffering from opium spread, war ravages, territory cessions and indemnities payments, and sovereignty losses. The Chinese nation has been through a hundred years of vicissitudes of justice and evil, struggle and humiliation, tragedy and desolation. Under the strike of western industrial revolution, in 1873, China's first national capital-operated mechanized silk reeling factory "*Jichanglong*" was founded in Nanhai, Guangdong. The Guangdong-Hong Kong- Macao Greater Bay Area became the center of China's modern silk reeling industry.

吸食鸦片连环画

晚清

纸

纵 39.2 厘米，横 29 厘米

广东省博物馆藏，近 1：1279-80

A Comic Strip of Opium Smoking

Late Qing Dynasty

Paper

L 39.2cm, W 29cm

Collection of Guangdong Museum, Modern 1: 1279-80

英国报刊上刊登的一组连环画：中国人吸食鸦片导致家破人亡。

THE FIRST DOWNWARD STEP

The opium-smoker, just making his first essay in the vice, is seen reclining on a costly black wood couch, inlaid with marble, while his companion is indulging in tobacco through the water-pipe common in China.

PARENTAL EXPOSTULATIONS

The opium-smoker, who has been detected in his secret indulgences, is now seen kneeling before his father to ask forgiveness and promise amendment. His mother leans on her staff in an adjoining room, and his child runs away with the dreaded pipe.

PLEASURE GOES: SORROW COMES

One dissipation leads to another. Demoralised by opium-smoking, he now seeks the society of musicians and singing women, for whose particular companionship he has qualified himself by his vice.

HABIT FIXED: ESTATE RUINED

The wife is painting scrolls for a livelihood, and a servant in the foreground is preparing opium by the usual method of boiling for his master's use.

DEAF TO ENTREATY

Wife and child are now seen weeping at the side of the couch. The house is no longer thronged with attendants, and the aged mother brings him tea, leaning on her staff.

RESENTMENTS SOWN

The wife in her indignation dashes the opium utensils to the ground, and prepares to split up the pipe. The husband, outraged by this interference with his pleasures, seizes a bamboo stick and beats her. He is restrained from violence only by some friend or attendant.

THE OPIUM APPETITE KEENER THAN THAT FOR FOOD

Some old friend or attendant is offering him charity in his retirement. He has lost all appetite, however, for ordinary food.

WEEPING OF WIFE AND CHILD

Wife and child look with hopeless sorrow on the living half-naked skeleton of the once portly and well-dressed gentleman.

THE EMPTY HOUSE

The comfort and shelter of the paternal home are things of the past. His present home is a partially roofed shed, his cook-house a makeshift arrangement of mats. All the furniture is gone, and he now smokes on the floor.

SELF-INDUCED WRETCHEDNESS

Crime too often follows the destitution caused by opium smoking, for at all costs opium must be had. Possibly the bucket in which the wanderer carries his pipe, and the labourer's hat slung behind him, are both stolen. The very dogs, recognising him for a loafer, give chase.

HOMELESSNESS

The downward course of the opium smoker is now very rapid. Exposure to the weather and want of food accelerate the injurious effects of the opium. No one would think of giving a night's shelter to a man whose imperious craving for opium would compel him to rob his benefactor before morning.

THE END

Winter comes on apace. With trembling steps and a shivering frame, he seeks the shelter of a cave among the rocks, in which he will lie down and die. Nor is he alone in his misery. Thousands of such victims are living, dying, dead. They are to be found everywhere.

THE EVILS OF OPIUM SMOKING, FROM FAC-SIMILES OF NATIVE CHINESE DRAWINGS

美商琼记洋行关于鸦片销售的函件

1858年、1860年

纸

纵26.5厘米，横42厘米

广东省博物馆藏，近1:1276-3

Letters of Opium Sales in Augustine Heard & Co.

1858 and 1860

Paper

L 26.5cm, W 42cm

Collection of Guangdong Museum, Modern 1: 1276-3

一组美商琼记洋行关于鸦片销售的函件。其一为：1858年3月20日自印度加尔各答寄给香港琼记洋行，信中列有鸦片的价格和库存。其二为：1860年自印度孟买寄给香港琼记洋行，信中讨论了鸦片买卖的佣金问题。

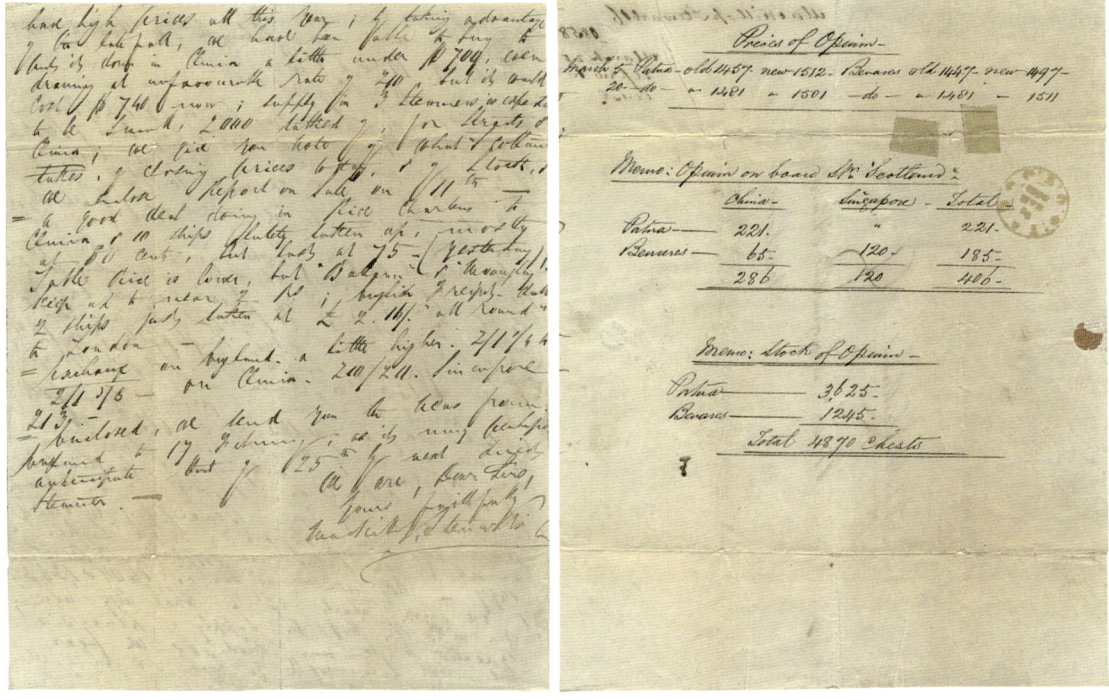

广州城图

1857 年 12 月 28 日

纸，钢笔

纵 51 厘米，横 66 厘米

广东省博物馆藏，B8062

Map of Canton Drawn by a French

December 28th,1857

Paper, Pen

L 51cm, W 66cm

Collection of Guangdong Museum, B8062

英法海军部队绘制的占领广州平面图。

英法联军攻打广州城北

1857 年 12 月 29 日

纸

纵 10.5 厘米，横 33.5 厘米

广东省博物馆藏，近 1:1279-13

British-French Allied Forces Attacking North Canton

December 29th, 1857

Paper

L 10.5cm, W 33.5cm

Collection of Guangdong Museum, Modern 1: 1279-13

1857年12月29日，英法联军攻打广州北，次日广州城被攻陷，两广总督叶名琛被俘。

英法联军占领广州城

约 1860 年代

纸、水粉

纵 41.7 厘米，横 74.5 厘米

广东省博物馆藏，B7862

British-French Allied Forces Occupying Canton

c.1860s

Gouache on paper

L 41.7cm, W 74.5cm

Collection of Guangdong Museum, B7862

1858年1月英法联军占领广州城,在广东巡抚衙门内成立"联军委员会",对广州实行长达四年的殖民统治,广东巡抚柏贵同英法联军一同治理广州,广东巡抚衙门实则成为中国近代史上第一个地方傀儡政权。

1930 年广东丝业贸易概况

清末民国,广东实业首推蚕丝业,尤以顺德丝业最为繁盛。机器缫丝厂占全省丝厂比例最高时可达九成,因而顺德又有"南国丝都"的美誉。

丝庄名称	所在地	经理丝厂名称	所在地
阜经	广州市西后街	南纶	顺德谭村
		东纶	南海奇槎
		德纶	顺德大良
厚德祥	广州沙基东中约	昌教	顺德良教沙
		广妙纶	南海河滘
		德记	顺德水滕
		德栈	顺德水滕
		泰安均记	顺德马村
		妙栈	南海隆庆
		永溢纶	顺德龙江
义和	广州市第六甫	义栈	顺德桂洲
和诚兴	广州市西后街	信盛	南海吉利
		信和兴	顺德滕冲
		宝经	顺德理教
		明经纶	顺德容奇
		宝纶	顺德荷村
		宝昌	顺德水滕
		宝盛	顺德大良
		维盛诚记	南海官山
经盛纶	广州西兴街	经盛纶记	顺德平步
		经利和	顺德教德
		经利纶兴记	顺德滕冲
绍和	广州富善西街	经盛昌	南海梧村
和经	广州新兴大街	志成	顺德大晚
		凤经	顺德大良
		粤经	顺德容奇
		绍经	顺德水藤
		同记和	顺德水藤
		忠信祥	顺德桂洲
		永栈	南海官山
永和	广州新兴大街	岑钿记	顺德葛岸
		安记	顺德鼍洲
		益记	南海龙畔
		广超纶	南海上园
		和栈生记	南海罗村
		广记	顺德黄麻涌
		广绍成	顺德大罗村
		钿栈	顺德葛岸
		广达祥	南海石湾
		瑞和纶	顺德葛岸
		华安	顺德大邑
裕兴祥	广州西后街	恒记昌	南海上藤涌
		德记	顺德桂洲
		协盛祥	南海吉利
		德成	番禺石壁
		广丰	南海官山
		联盛	南海官山
		兆纶兴	顺德小涌

资料来源:李泰处:《广东丝业贸易概况》。

丝庄名称	所在地	经理丝厂名称	所在地	丝庄名称	所在地	经理丝厂名称	所在地
协兴隆	广州西后街	东亚和	顺德容奇	荣纶发	广州西兴街	永和纶	顺德大良
		协和昌	顺德莘村			成栈利记	顺德容奇
		广昌成	顺德容奇			永昌成	顺德容奇
		祥兴隆	顺德岳步			贞纶	顺德大良
		永兴	顺德大良			永和祥	顺德大良
		有经	顺德小劳村	协成昌	广州西兴街	继成昌复记	顺德大门
		西亚和	顺德容奇	天宝纶	广州西兴街	兴盛昌	顺德马村
		仁盛	顺德大良			广裕隆	顺德新隆
		德安和记	顺德荔村			泰要昌	顺德大罗村
瑞吉祥	广州西兴街	钜盛	南海上淇	宝隆	广州第八甫	协顺祥	顺德江尾
		钜安	顺德岳步	绍昌隆	广州第七甫	忠栈	顺德容奇
		同盛	顺德小涌	源记	广州新兴大街	颂维坤	顺德桂洲
东兴隆	广州荣华东街	北纶	南海石头			颂维亨	顺德容奇
		北栈	南海石头			广纯亨	南海容洲
		西栈祥	南海水边			亨栈	顺德大都
德昌	广州西后街	永兴纶	顺德小布			广纯经	南海石湾
		同志成	顺德上寮			冠华纶	南海石湾
		广昌成	顺德良教沙			广昌纯	顺德良教
		绍兴纶	顺德小布			广元	顺德大墩
泰兴纶	广州西兴街	兴记	顺德新隆			广纯昌栈	南海石肯
		兴祥盛记	顺德良村			冠栈	顺德谭村
		兴隆盛记	顺德沙寮	厚经	广州拱日门	凤安	顺德水藤
		泰昌	顺德荷村			合兴	顺德平步
		泰纶利记	顺德水藤			俊经	南海深村
		泰源利记	南海湾头	兴昌和	广州上九甫	同和	南海官山
厚华	广州新兴大街	汇经	顺德沙滘			同利	南海沙岗
		龙经	顺德大良			同德	南海深村
		广天祥	南海官山			同栈	顺德龙山
		裕天祥	南海贺丰			同昌	南海官山
纶祥	广州新兴街	福兴	顺德勒流			颂成纶	顺德小涌
		泰来	顺德岳步	怡和兴	广州第七甫	恕经和记	顺德沙滘
		伟成	顺德龙冲			怡盛祥	南海石湾
		联昌成	顺德鸡洲			怡盛兴	南海河滘
		成记	顺德大良			世昌仁	顺德大墩
		泰记	顺德岳步			祥栈	顺德沙滘
		泰和	三水西南			厚昌仁	顺德小劳村
祥安泰	广州西兴街	广泰和	顺德杨教			盛昌怡记	顺德勒流
		广泰和栈	顺德杨教	协信	广州西兴街	信经	顺德良滘
永泰隆	广州新兴大街	穗源	顺德登洲			信祥	顺德水藤
		瑞安	顺德大良			信兴	顺德良教
		鸿安	南海沙头			信丰	顺德良教
		源安	南海梧村			协经纶	顺德溶洲
		志记	南海良保村	广经昌	广州拱日门	广盛	南海塘头
		大安	顺德大良			广安	南海紫洞
		广纶祥钜记	南海石湾			和昌	南海黎村
		大和生	顺德桂洲			盛利和	顺德大罗村
		穗泰成记	顺德上寮			永生纶	南海石头
						明利	顺德马滘

佛山二和丝市单

民国三十三年（1944）
纸
纵 24.6 厘米，横 9 厘米
顺德博物馆

Commercial Document of Erhe Silk Firm of Foshan

1944
Paper
L 24.6cm, W 9cm
Collection of Shunde Museum

　　"高记"丝栈在佛山二和丝市购买生丝的凭单。

　　清末及民国时期，佛山丝业兴旺，尤其是顺德地区在多地设有丝市。丝市是土丝的主要交易场所，土丝指蚕农手工缫制的生丝。买卖双方可以自行定价交易，丝市从中收取佣金。

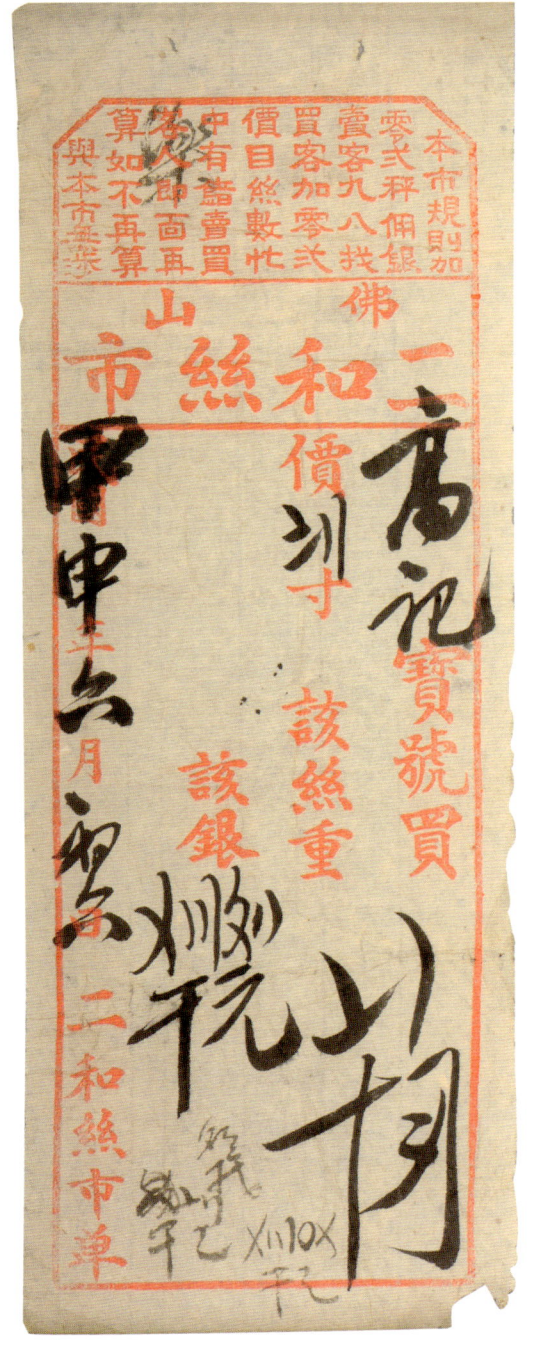

乌思伦燕梳洋面凭单

民国二十五年（1936）

纸

纵 28.5 厘米，横 6.5 厘米

顺德博物馆藏

Document of New Zealand Insurance Company

1936
Paper
L 28.5cm, W 6.5cm
Collection of Shunde Museum

乌思伦燕梳洋面是 New Zealand Insurance Company 的音译。此为有成商号为从省城广州运至南昌的莨纱在乌思伦保险公司购买的保险凭据。

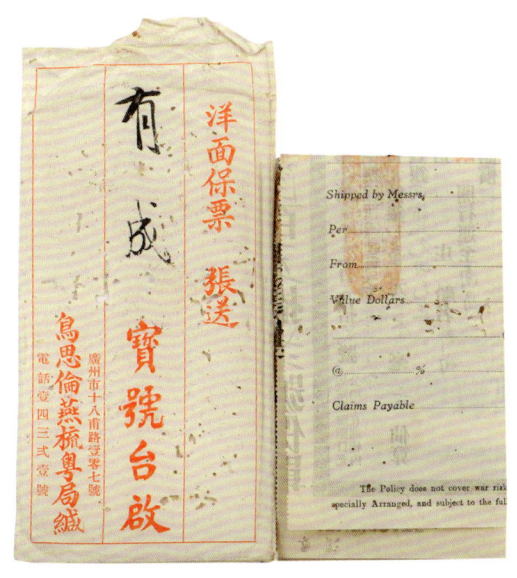

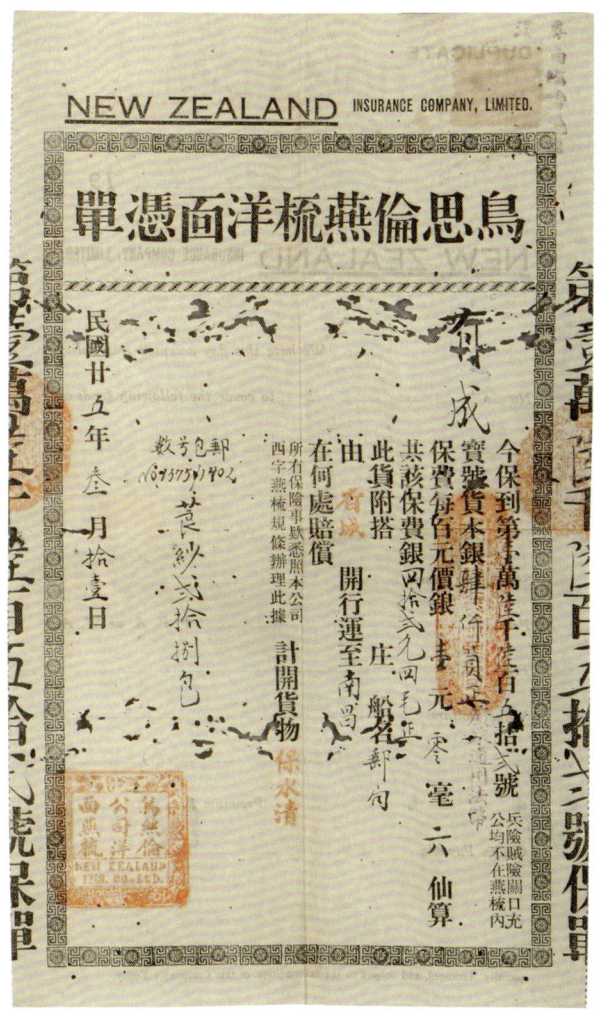

《中国蚕丝问题》等文献

民国二十五年（1936）
纸
纵 19 厘米，横 13 厘米
私人收藏

The Problem of Chinese Silk

1936
Paper
L 19cm, W 13cm
Private Collection

  面对西方工业革命的冲击，中国传统丝绸业受到重创。20 世纪 30 年代以来，通过蚕种改良、引进新式教育、应用人工原料和西方印染工艺，中国丝绸业逐步走向近代化进程。

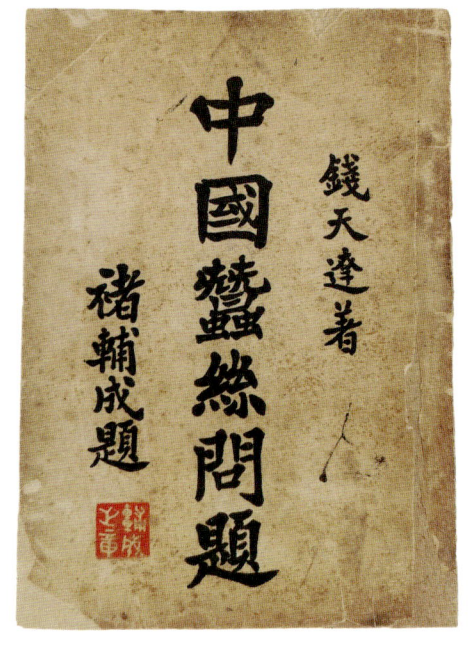

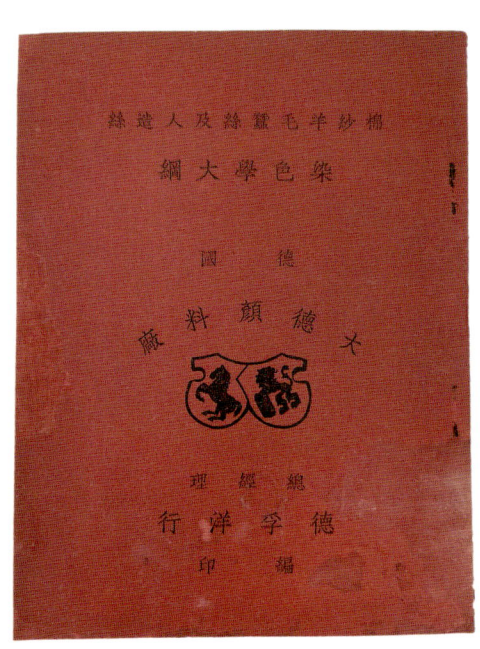

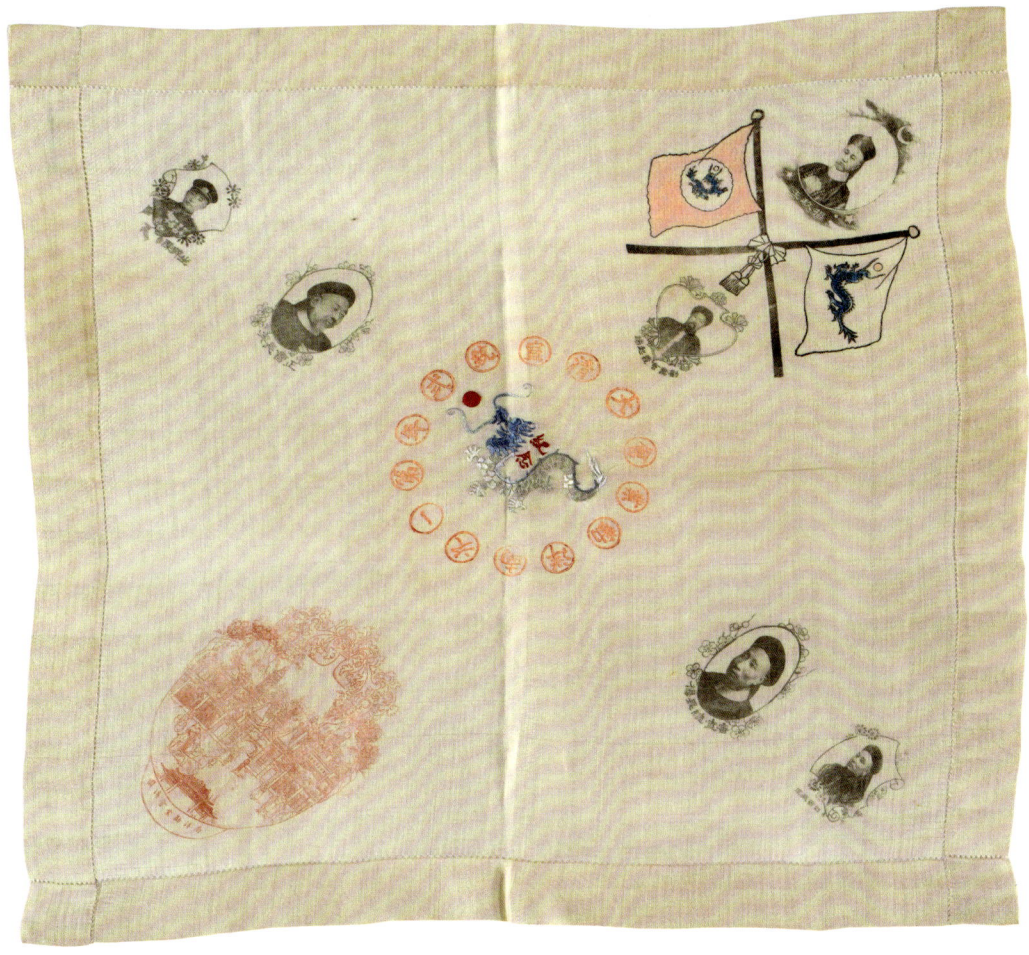

第一次南洋劝业会纪念手帕

约 1910 年

丝绸

长 44.8 厘米，宽 41.9 厘米

香港艺术馆藏，C2002.0004

Commemorative Silk Handkerchief for the First Exhibition for Promotion of Industries

c. 1910

Silk

L 44.8cm, W 41.9cm

Collection of Hong Kong Museum of Art, C2002.0004

此手帕为纪念第一次南洋劝业会而制造。

宣统二年（1910），两江总督兼南洋大臣端方发起在江宁（今南京）举办"南洋第一次劝业会"，这是中国第一个以官方名义举办的国际性博览会，以评鉴及展出全国各个省份的物产。

全国共有 22 个行省提供了展品，广东省有 1800 多件产品参展，获奖产品达 500 多件，当中包括广绣及潮绣。广绣参展的有广州缤华艺术学校、广东岭南华女艺院、广州工艺师范学堂和广东裕泰号、广东陆易超等十几家单位和个人的绣品，潮绣则有潮州振艺工厂的绣品。

PART FOUR

THE GREATER BAY AREA TODAY

第四部分

今日湾区

中国丝绸的对外传播，经历了一个令人振奋自豪又令人沮丧扼腕的过程。丝绸外销的历史也是中华文明古国所走过的充满荣光与屈辱岁月的一个缩影。当下湾区经济成为中国沿海城市探索区域合作和战略转型的重要方向和路径。加快建设海洋经济，为湾区发展海洋经济注入新动力，粤港澳大湾区已经成为中国海洋经济发展的示范区，是推进"一带一路"建设的重要桥梁和支撑。粤港澳三地开放合作、互利共赢、优势互补、共同发展，为建设富有活力和国际竞争力的一流湾区和世界级城市群而携手共同努力。

The history of silk export has enjoyed a process filled with inspiration, pride and frustration. It is a microcosm of the glorious and humiliating years that the old country has gone through. Currently, the economy development of the Greater Bay Area has provided an important direction and pathway for China's coastal cities in the exploration of regional cooperation and strategic transformation. The concept of accelerating marine economy gives new impetus into the Greater Bay Area, which has become a demonstration zone of China's marine economic development as well as an important bridge and support for the Belt & Road construction. The three places embrace openness and cooperation for mutual benefit and development, and strive to establish a world-class bay area and city clusters with full vitality and international competitiveness.

丝绣技艺的传承与发展
Inheritance and Development of Silk and Embroidery Techniques

粤港澳大湾区文化同源，人缘相亲，民俗相近。岭南文化是其根脉，海洋文化是其特质，开放包容、多元共生、积极进取是粤港澳大湾区共有的人文精神。丝绸贸易曾经见证了粤港澳三地手工业的发展和贸易全球一体化的进程，当下丝绣技艺依旧在传承中发展，丝绣技艺为塑造和丰富湾区的文化内涵，增强并提升湾区的文化软实力发挥着积极的作用。

The Guangdong-Hong Kong-Macao Greater Bay Area has the same cultural origins, close kinships and folk customs. Lingnan culture is its roots, and marine culture is its characteristics. Openness, tolerance, pluralism, and aggressiveness are the humanistic spirits shared by the Guangdong,-Hong Kong-Macao Greater Bay Area. The silk trade has witnessed the development of handicraft industry and global integration of trade in Guangdong, Hong Kong and Macao. At present, silk embroidery skills are still being developed and inherited. Silk embroidery skills play a positive role in shaping and enriching the cultural connotation, enhancing and developing the cultural soft power of the Guangdong-Hong Kong-Macao Greater Bay Area.

广东丝绸是历史上著名的出口商品之一，在世界市场上享有很高的信誉。1956年，广东丝绸已销到世界上30多个国家和地区，其中绝大部分是通过香港转口的。1977年，澳门丝品有限公司成立，产品主要销往日本。20世纪六七十年代，澳门珠绣业发展迅速，珠绣品在西方市场畅销一时。

20世纪50—70年代粤港澳经营丝绸出口贸易统计表

公司名称	英文名称	丝绸类出口商品要目	地址	备注
中国丝绸公司广东省分公司	China national silk corporation, KWANG TUNG BRANCH OFFICE	（1）各种广东厂丝，（2）莨纱绸，（3）孟买绸，（4）废丝，（5）丝绒丝线、经丝等（6）丝绵，（7）丝制衣着、绣花品等，（8）天蚕丝	广州西堤大马路2号三四楼	
中国土产出口公司广州分公司	China national native produce export corporation, CANTON BRANCH OFFICE	抽纱台布、手帕、枕套、手套、花边	广州大德路282号	
广州华南企业公司	South China enterprise corporation	纱布类、丝绸类	广州太平南路137号	华侨投资股份有限公司系统内对外贸易专业公司
广东苎蔴纺织厂	KWANG TUNG ramie textile factory	苎蔴纱、苎蔴线、短织纱	广州河南纺织路1号	品质优良、远销各国
中国土产出口公司香港代理处：德信行有限公司	China national native produce export corporation Hong Kong agency: TECK SOON HONG, LTD	抽纱、花边	香港文咸西街38号	
广州华南企业公司香港代理处：中孚行	South China enterprise corporation Hong Kong agency: CHUNG FU HONG	纱布类、丝绸类	香港文咸西街33号	
广州华南企业公司香港代理处：福就行	South China enterprise corporation Hong Kong agency: FOOK CHOW HONG	丝绸布匹：棉布、苎蔴布、线辘、广东生丝、绢丝、薯莨纱绸、绸缎织品	香港文咸西街57号二楼	
中建公司		莨纱布匹、床单车线、毛巾手帕、丝袜手套	香港九龙青山道254号	经营国产百货、零沽批发、委托订购
中天公司		莨纱布匹、床单车线、毛巾手帕、丝袜手套	香港湾仔庄士顿道178号	经营国产百货、零沽批发、委托订购

资料来源：《1956年香港经济年鉴》《1983年澳门经济年鉴》

公司名称	英文名称	丝绸类出口商品要目	地址	备注
宝其利有限公司	Burkill, Neel & Co., LTD.	毛绒、匹头	香港宏兴行阁楼10号室	
香港中国国货公司	China products Co. LTD. Hong Kong	绸缎类：织锦、九霞缎、电力纺、棉绸、双绉、绢丝纺、拷绸、绣花被面等 布匹类：印花布、印花麻纱、扣布、漂布、府绸、色布、色斜、直贡哔叽等	香港德辅道中24号	专营国产工业品及土产出口
联强出入口庄	LUEN KEONG CHONG importers & exporters	纱布、棉织品	香港文咸东街92号	
启文丝织厂	CHI WEN silk weaving Co.	丝织名胜风景、湘绣花卉山水、杭州檀香绢扇、杭州美丽绸伞、织锦枱褛坐垫、绣花床毯枕套、绣花被面衣料、绣花枱褛坐垫、广东纱缎绣画、福州漆器绸花	香港皇后大道中76号	便利海外侨胞需要，特设邮购专诚服务。精印目录样本，欢迎函所即奉
维大洋行（香港）有限公司	VERDER & Co. (H.K.) LTD.	丝绸、布匹	香港历山大厦102~107室	
澳门中国土特产公司		丝织品、棉织品、毛织品	（批发部）澳门十月初五街110号	
澳门中国土特产公司		丝织品、棉织品、毛织品	（门市部）澳门新马路100号	专营国货产品
南光贸易公司	NAM KWONG trading Co. importers & exporters	日用百货	澳门河边新街94~98号	专营进出口贸易
澳门丝品有限公司	MACAU silk products FTY.	丝纺	澳门慕拉士大马路181~183号二楼	
澳门丝织厂	MACAU silk weaving FTY.	丝纺	澳门黑沙湾第5街1号	
三多绸缎公司	SAM TO	布匹、纺织品及成衣	澳门新马路16号地下	
永大丝绸行	VENG TAI	布匹、纺织品及成衣	澳门新马路1号Q	
荣华中西匹头	VENG VA	布匹、纺织品及成衣	澳门卢九街2号C	
汇丰绸缎公司	VUI FONG	布匹、纺织品及成衣	澳门殷皇子大马路47号	

澳门繁华绸缎庄包装盒

20 世纪 60 年代

纸

长 36 厘米，宽 26.5 厘米，厚 7 厘米

澳门博物馆藏，MM2690

Silk Packing Box of Fanhua Silk Firm

1960s

Paper

L 36cm, W 26.5cm, H 7cm

Collection of Macao Museum, MM2690

　　繁华绸缎庄开设于澳门营地大街 22 号。包装盒的封面以时尚女性做宣传，在人物的后方绘有店铺的门面，两侧印有"精制礼服裙褂；选办纱罗绸缎"字样。

澳门志成包装盒

20 世纪下半叶

纸

长 32 厘米，宽 26 厘米，厚 6.7 厘米

澳门博物馆藏，MM2900

Silk Packing Box of *Zhicheng* Firm

2nd half of 20th Century

Paper

L 32cm, W 26cm, H 6.7cm

Collection of Macao Museum, MM2900

　　澳门志成开设于草堆街 53 号，经营丝绒疋头生意。盒面中心以店铺名字做招徕，同时突出"澳门"及店址等字样以做宣传。

澳门天益绸缎庄包装盒

20 世纪

纸

长 27 厘米，宽 21 厘米，厚 4.1 厘米

澳门博物馆藏，MM3437

Silk Packing Box of *Tianyi* Silk Firm

20th Century

Paper

L 27cm, W 21cm, H 4.1cm

Collection of Macao Museum, MM3437

　　天益绸缎庄开设于澳门草堆街 60 号。草堆街曾是布匹行及洋服店集中的区域，见证着澳门布匹业的发展。盒面以花卉网纹装饰，蝙蝠形开光内印有商号名称。

澳门美的商行礼服衣盒

20世纪上半叶

纸

长36厘米，宽26.5厘米，厚7厘米

澳门博物馆藏，MM7224

Dress Box of *Meidi* Firm

1st half of 20th Century

Paper

L 36cm, W 26.5cm, H 7cm

Collection of Macao Museum, MM7224

草堆街是澳门昔日繁盛的商业街道，各式店铺林立。美的商行开设于草堆街82号，主要经营国产丝发疋头生意。该商行在20世纪50年代末易手，改名"泰发"，继续经营销售疋头生意。

澳门九章绸缎庄衫盒

20 世纪上半叶

纸

长 44 厘米，宽 32.5 厘米，厚 11 厘米

澳门博物馆藏，MM4082

Silk Packing Box of *Jiuzhang* Silk Firm

1st half of 20th Century

Paper

L 44cm, W 32.5cm, H 11cm

Collection of Macao Museum, MM4082

据《镜湖医院征信录》记载，澳门各行业在光绪二十三年（1897）共推举12位代表担任总理，其中有来自九章绸缎庄的代表，故该店在清末前已在澳门设店，位于营地大街30号，主要销售纱罗绸缎、特式斗篷大衣及时款服式。20世纪中叶，《华商年鉴》不再有该店记录。

澳门彩生隆老号洗染布厂盒

20 世纪中叶

纸

长 25 厘米，宽 32 厘米，厚 7 厘米

澳门博物馆藏，MM4084

Packing Box of *Caishenglong* Washing & Dyeing Factory

Mid-20th Century

Paper

L 25cm, W 32cm, H 7cm

Collection of Macao Museum, MM4084

"彩生隆"开设于营地大街，是澳门一家传统婚嫁礼服用品店，其前身是染布坊，经营染布生意并销售罗绸丝发布匹，吸引省港澳客户光顾。原在港澳皆有设店，20 世纪 30 年代香港店铺关闭，澳门店铺继续经营，并在招牌上加入"祯记"二字。此盒写有店铺由菓栏街搬至今营地大街的记录，以及各种染布的收费标准，以供顾客参考。

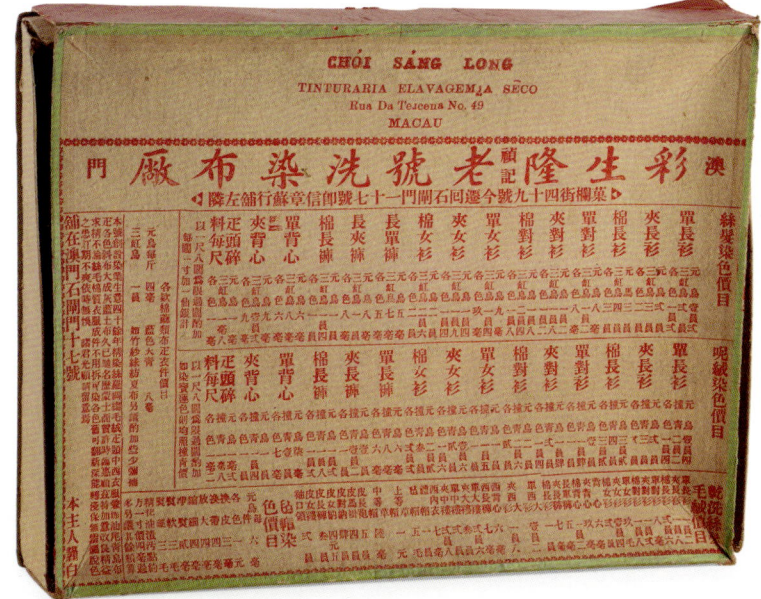

当代广绣披肩在欧洲

广袤极原

广袤地是广袤生产的重复，以求顺德是广袤生产的重要，以实用质为主。当代广袤制作在坚持传统手工艺制作的同时，也引入了电脑技术设计调色，令整幅产品更加光彩夺目。当代广袤大规模用于出口到西班牙及亚欧洲国家。广袤沙画则主要销往印度市场。

广绣披肩

　　广东顺德是广绣生产的重镇,以实用绣为主,当代广绣制品在坚持纯手工刺绣的同时,也引入了电脑技术设计调色,令绣品愈发流光溢彩。当代广绣大披肩依旧以出口到西班牙等欧洲国家为主,广绣纱丽则主要销往印度市场。

广绣花卉披肩

当代

丝绸

织物长140厘米,宽140厘米;流苏长64厘米

广东省非物质文化遗产传承基地广绣庄提供

Canton Embroidery Shawl with Flowers Pattern

Contemporary

Silk

L 140cm, W 140cm; Length of Tassels 64cm

Provide by Guangdong Intangible Cultural Heritage Base-Guang Embroidery

绣架、半成品与绣线

当代

广东省非物质文化遗产传承基地广绣庄提供

Embroidery Frame, Semi-finished Product, Embroidery Threads

Contemporary

Provide by Guangdong Intangible Cultural Heritage Base-Guang Embroidery

广绣纱丽

当代

丝绸

长 600 厘米，宽 110 厘米

广东省非物质文化遗产传承基地广绣庄提供

Canton Embroidery Sari

Contemporary

Silk

L 600cm, W 110cm

Provided by Guangdong Intangible Cultural Heritage Base-Guang Embroidery

　　广绣纱丽原名"孟买绸"，是清代印度巴斯商人来广州定制的产品。19 世纪，一批中国绣工聚集在印度苏拉特地区，为当地市场绣制具有中国传统纹样的纱丽和服饰，1940 年左右这种贸易形式逐渐消失。2004 年当代顺德广绣纱丽重返印度市场。

香云纱

香云纱，又称"莨纱绸"，是以纯植物染料染色而成的特色真丝面料。它以桑蚕土丝为原料，用"两广"特有植物薯莨的茎块汁液多次浸泡、晒涂，再用珠江三角洲富含多种矿物质的河涌淤泥覆盖，经过"三洗九蒸十八晒"纯手工制成。

香云纱制作流程图

广州市非物质文化遗产保护中心提供

Xiangyun Sha Manufacture Procedure

Provided by Guangzhou Intangible Cultural Heritage Protection Centre

薯莨茎块

洗布

半成品晒布

半成品晒布

半成品晒布

收布

香云纱成品

近代

纱

长 175 厘米，宽 78 厘米

屈汀南收藏

Xiangyun Gauze

Modern

Gauze

L 175cm, W 78cm

Collection of Qu Tingnan

钉金绣

钉金绣是广绣的一种独特绣法，它以金、银线为主要绣线，制作时金银绣线或铺或叠在真丝绸缎上，然后用不同色彩的绒线，把金银线钉牢，通过不同的色彩来表现物象的颜色、明暗及其特点。这类绣品富丽堂皇，光彩夺目，图案题材广泛，多有吉祥寓意，以龙凤题材为主。自明清以来，产品就远销海外，深受岭南地区、东南亚和海外人士的喜爱。

"香港摆花街锦章绣家"钉金绣料

近代
丝绸
展长135厘米，袖宽27.5厘米，下摆宽32厘米
屈汀南收藏

Gold and Silver Thread Embroidery Material of Kum Cheung Spinning Factory, Lynohurst Terrace, Hong Kong

Modern
Silk
L 135cm, Width of Sleeve 27.5cm, Width of Lower Hem 32cm
Collection of Qu Tingnan

绣料黑缎地钉金绣龙凤，是制作龙凤裙的面料。此为"香港摆花街锦章绣家"（Kum Cheung Spinning Factory, Lynohurst Terrace, Hong Kong）店铺的产品。

钉金绣绣材一组

当代

广州市非物质文化遗产保护中心提供

Gold and Silver Thread Embroidery Materials

Contemporary

Provided by Guangzhou Intangible Cultural Heritage Protection Centre

剪刀、绣花针、金银线与彩线、针线包与绣架上的半成品。

长方形绣绷

金银线与彩线

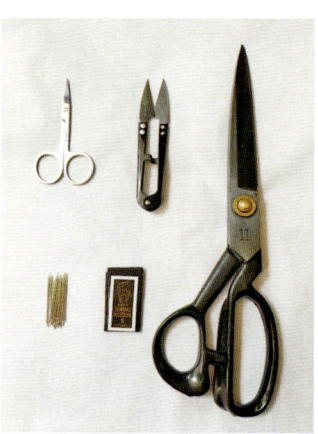

剪刀及绣花针

针线包

钉金绣裙褂

当代

丝绸

广州市非物质文化遗产保护中心提供

Gold and Silver Thread Embroidery Dress

Contemporary

Silk

Provided by Guangzhou Intangible Cultural Heritage Protection Centre

　　一套钉金绣裙褂通常由九幅不同部位的绣片组成，代表长长久久；后背中开，寓意十全十美。众多图案各有含义："龙凤呈祥"寓意"情长"，"牡丹花"寓意"花开富贵"，五只"蝙蝠"寓意"五福临门"，"云团"寓意"一团和气，团团圆圆"，"石榴"寓意"百子千孙"。

珠绣

20世纪六七十年代，澳门珠绣业发展迅速。珠绣采用珠、片来表达图案与色彩，常用于珠光宝气的戏服，也用于头饰、珠花、服装等。珠绣多采用图案纹样，构图讲究均衡对称。色彩处理上往往突出主色调，合理搭配，强调装饰效果。受材料颜色与规格的限制，刺绣时需要巧妙地运用色彩学和光学的原理，才能形成最佳的视觉效果。

红绿密片装衫裙

20世纪40—60年代

纺织品

长145厘米，宽128厘米

澳门博物馆藏，MM6308

Dress with Red and Green Sequin Embroidery

1940s-1960s

Textile

L 145cm, W 128cm

Collection of Macao Museum, MM6308

粤剧戏服。上衫与裙子缀以红绿珠片，形成对称的菱状纹饰及花卉图案，色彩鲜艳、针法工整。用珠绣工艺装饰戏服是20世纪中叶的一种流行时尚，吸引很多伶人竞相仿效。

黄地金银密片车装

20 世纪 40—60 年代

纺织品

长 152 厘米，宽 172 厘米

澳门博物馆藏，MM6234

Yellow Costume with Gold and Silver Sequin Embroidery

1940s-1960s

Textile

L 152cm, W172cm

Collection of Macao Museum, MM6234

粤剧戏服。这套戏服适合传统例戏，如《六国大封相》中推车女一角穿戴，故行内称"车装"。此外，此类戏服亦适合其他武打戏花旦行当的角色穿用。

原生物——动态珠艺装置

亚克力珠、瓷、木

长 150 厘米, 宽 75 厘米, 高 36 厘米, 重 20 公斤

丁敏、刘再行、赵映彤创作

The Original Creatures—Dynamic Bead Arts Device

Acrylic beads, Porcelain, Wood

L 150cm, W 75cm, H 36cm, WT 20kg

Created by Ding Min, Liu Zaixing, Zhao Yingtong

　　创作灵感来自自然界中结构繁复、对称的有机生物体——原生生物。通过运用传统的手工串珠工艺将这些生命形态一点一点地慢慢形塑出来，犹如珍馐美馔般馈赠予人们。以膜拜之心道法自然之形，以艺术之名分享自然之美。

　　"串珠"与"珠绣"工艺同源，从广义上说，两者同为用珠子在服饰、生活产品上装饰的手段。从狭义上讲，"珠绣"指的是将珠子用针线缝缀在面料上的工艺；而"串珠"则是脱离面料以达到自由塑形的立体艺术形式。本作品是设计团队在广州市番禺区老一代串珠艺人的帮助下，结合电动装置完成的串珠艺术作品。

粤港澳大湾区建设
Guangdong-Hong Kong-Macao Greater Bay Area Construction

粤港澳地处国际航线要冲，交通便利，商业发达，是中国对外贸易的重要港口城市。从1985年开辟珠江三角洲经济开放区，到2003年提出泛珠三角区域合作，再到2017年推进粤港澳大湾区建设，粤港澳三地在国家发展大局中始终占据着重要战略地位。

Guangdong, Hong Kong and Macau are at the junction of many important international routes, convenient transportation and prosperous business. They are the most important port cities for China's foreign trade. From the Pearl River Delta Economic Open Zone in 1985, to the Pan-Pearl River Delta Regional Cooperation in 2003, and the construction of the Guangdong-Hong Kong-Macao Greater Bay Area in 2017, Guangdong, Hong Kong and Macau have always occupied an important position in the China`s overall national development.

粤港澳大湾区地图，自然资源部监制

审图号：GS(2019)4342号

粤港澳大湾区规划建设脉络

时间	文件或会议	主要内容
2005年8月	《珠江三角洲城镇群协调发展规划（2004—2020）》的通知（粤府〔2015〕76号）	明确划分"粤港澳跨界合作发展地区"，并把发展"湾区"（环珠江口地区）列入重大行动计划
2008年12月	《珠三角地区改革发展规划纲要（2008—2020）》	到2020年形成粤港澳三地分工合作、优势互补、全球最具核心竞争力的大都市圈之一
2010年4月	《粤港澳合作框架协议》	率先建设在全国乃至亚洲具有较强引领作用，更具活力、发展潜力和国际竞争力的世界级新经济区域
2015年3月	《推动共建丝绸之路经济带和21世纪海上丝绸之路的愿景与行动》	"粤港澳大湾区"概念首次被明确提出
2016年3月	《国务院关于深化泛珠三角区域合作的指导意见》（国发〔2016〕18号）	充分发挥广州、深圳在管理创新、科技进步、产业升级、绿色发展等方面的辐射带动和示范作用，携手港澳共同打造粤港澳大湾区，建设世界级城市群
2017年3月	《国务院关于落实〈政府工作报告〉重点工作部门分工的意见》（国发〔2017〕22号）	标志着"粤港澳大湾区"建设正式上升为国家战略
2017年7月	《深化粤港澳合作推进大湾区建设框架协议》	是"粤港澳大湾区"第一份国家层面的框架协议
2017年10月	中国共产党第十九次全国代表大会	支持香港、澳门融入国家发展大局，以粤港澳大湾区建设、粤港澳合作、泛珠三角区域合作等为重点，全面推进内地同香港、澳门互利合作
2018年3月	中华人民共和国第十三届全国人民代表大会第一次会议和中国人民政治协商会议第十三届全国委员会第一次会议	李克强总理强调把粤港澳大湾区建成世界级的大湾区，发挥三地各自独特的优势，全面推进内地和港澳的互利合作
2019年2月	中共中央、国务院印发《粤港澳大湾区发展规划纲要》	对粤港澳大湾区的战略定位、发展目标、空间局部等方面作出全面规划

资料来源：根据中华人民共和国中央人民政府门户网站（http://www.gov.cn/）资料整理。

粤港澳三地博物馆共建人文湾区合作成果

年份	主办单位	承办单位及时间	合作成果
2002年	香港特别行政区政府民政事务局		首次举办粤港澳三地文化合作会议，标志着粤港澳政府间合作机制的建立
2005年	广东省文化厅、广州市文化局、香港特别行政区政府民政事务局、澳门特别行政区政府文化局	香港历史博物馆 2005.11.19—2006.1.2	东西汇流——粤港澳文物大展
		广州艺术博物院 2006.1.18—2006.4.15	
		澳门博物馆 2006.5.1—2006.7.31	
2012年	广东省文化厅、香港特别行政区政府民政事务局、澳门特别行政区政府文化局	澳门博物馆 2012.5.25—2012.10.7	海上瓷路——粤港澳文物大展
		广东省博物馆 2012.11.13—2013.5.19	
		香港艺术馆 2013.7.9—2014.2.16	
2014年	广东省文化厅、香港特别行政区政府民政事务局、澳门特别行政区政府文化局	广东省博物馆 2014.1.6—2014.3.28	岭南印记——粤港澳考古成果展
		香港历史博物馆 2014.6.11—2014.9.1	
		澳门博物馆 2014.9.26—2015.1.11	
2020年	广东省文化和旅游厅、香港特别行政区政府民政事务局、澳门特别行政区政府文化局	广东省博物馆 2020.12.4—2021.4.11	三城记——明清时期的粤港澳湾区与丝绸外销
		香港艺术馆 2021.7—2021.9	
		澳门博物馆 2021.11.12—2022.3.13	

附件 Appendix

展览平面设计
Exhibition Graphic Design

竖版海报

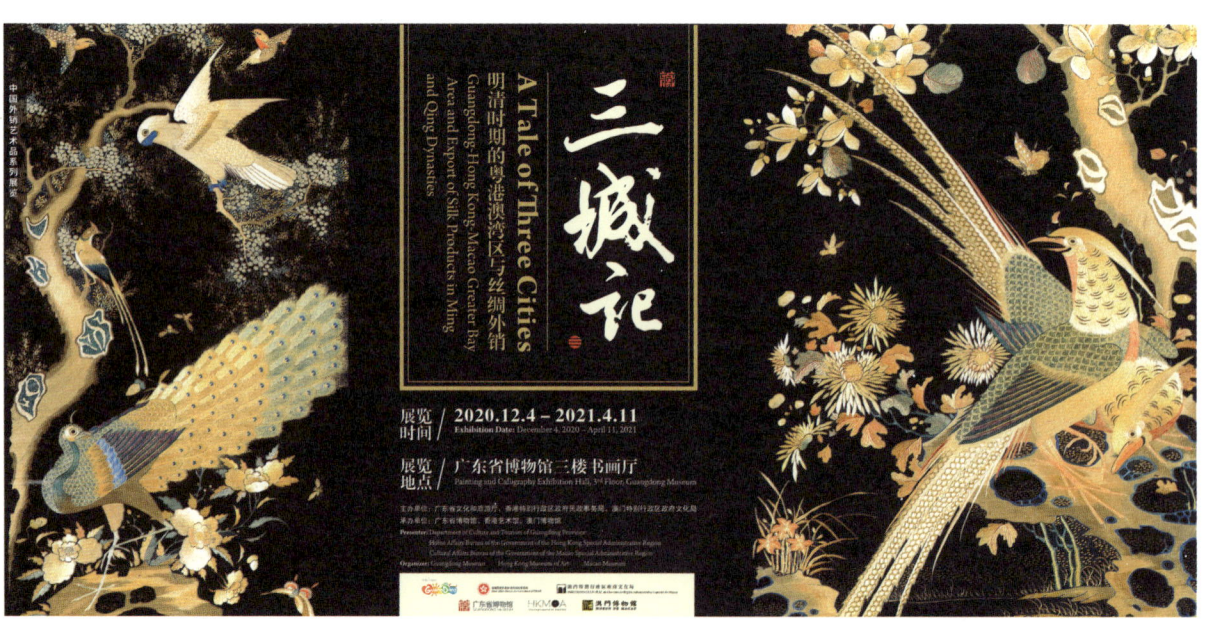

横版海报

第一部分 湾区旧貌

广州是中国与海外交往的重要口岸，历两千年之久而不衰。16至19世纪中前叶，澳门隶属广州府香山县，香港隶属广州府新安县，分处珠江口东西两侧。自东西航路开通以来，澳门、香港先后成为广州的外港，这一区域一直都是中国与世界进行贸易往来、文化交流的重要枢纽。

PART ONE THE GREATER BAY AREA

Canton, served as an important port for the communication between China and the world, has enjoyed almost two thousand years of prosperity. From 16th to mid-19th century, Macao belonged to Xiangshan County, and Hong Kong to Xin'an County. Sitting on the east and west banks of the Pearl River estuary respectively, Macao and Hong Kong were both under Canton Prefecture. After the opening of trade routes between the east and the west, Macao and Hong Kong became Canton's outer port successively. The Greater Bay Area is an important hub for the exchange of goods and cultures between China and the world.

一级版面设计

二级版面设计

第二单元 羊城帆影

1757—1842年，广州是官方指定的唯一对西方人通商的贸易港口，这一段时期的贸易被称为"广州贸易"。西方来的商船在澳门登记后，通过指定的航道，经虎门沿珠江北上至黄埔。黄埔港是西方商船停泊之所，船员不得随意上岸。大班、船长向粤海关完成登记后，可乘舢板船前往广州城外的十三行商馆暂居到贸易季节结束。

Section II Crowding Trade-Boats in Canton
From 1757 to 1842, Canton was the only designated trade port to the westerns in China. Thus, the trade during this period is also called "Canton Trade". After registering in Macao, western merchant ships journeyed northward to Huangpu (Whampoa Anchorage) via Humen (Bocca Tigris). Huangpu Port was an anchorage for western merchant ships, yet the crew members were not allowed to land at will. Only when the supercargo and the captain finished the registration with the Canton Customs, the crew could take a sampan boat to the Thirteen Hongs and live provisionally until the end of the trade seasons.

仿焦秉贞御制耕织图（1组12件）

清末
纸本设色
广东省博物馆藏

Imperial Paintings of Tilling and Weaving Imitating Jiao Bingzhen's Style (Set of 12)
Late Qing Dynasty
Ink and colour on paper
Collection of Guangdong Museum

御制耕织图以江南农村生产为题材，每图配有康熙帝御题七言诗一首。此处选取耕织图中养蚕丝织部分，画面依次描述了浴蚕、二眠、大起、分箔、采桑、上簇、下簇、祀谢、络丝、经、织、剪帛等情景。

说明牌设计

展品索引
Exhibits Index

第一部分　湾区旧貌

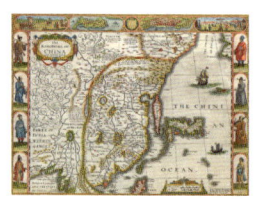

088
MM5766
"中国皇朝"地图
约1626年
纵39厘米，横52厘米
澳门博物馆藏

091
MM4857
广东和福建地图
1695年
纵45.5厘米，横60.5厘米
澳门博物馆藏

092
AH1964.0431.011
澳门市及海港图
1796年
纵69厘米，横52厘米
香港艺术馆藏

094
MM692
澳门城市及港口地形图
1796年
纵83厘米，横57厘米
澳门博物馆藏

096
珠江口及香港海图
1849年
纵99厘米，横67厘米
澳门博物馆藏

098
B7651
仿陈伦炯四海全图（广州内海段）
19世纪
纵29.5厘米，横571厘米
广东省博物馆藏

105
AH1967.0027
澳门一景
约1665年
纵19厘米，横29.5厘米
香港艺术馆藏

106
AH1964.0054
从西望洋山俯瞰澳门中部
18世纪末
纵35.5厘米，横54.5厘米
香港艺术馆藏
何东爵士捐赠

108
MM5740
澳门南湾
1785年
纵44厘米，横77厘米
澳门博物馆藏

110
MM5743
澳门南湾
19世纪
纵47厘米，横79.5厘米
澳门博物馆藏

113
MM5772
"中国·妈港"
19世纪
纵26.5厘米，横38.5厘米
澳门博物馆藏

114
MM5122
律劳卑勋爵房子及西望洋山
19世纪
纵18.3厘米，横37.5厘米
澳门博物馆藏

183
MM3787
《粤海关税货则例》（手抄本）
清
纵 12 厘米，横 9 厘米
澳门博物馆藏

184
近 1：1276-1
从珠江口发往伦敦的信
1840 年 1 月 25 日
纵 25 厘米，横 40 厘米
广东省博物馆藏

185
"永德号"桃红色、洋绿色绣线，"纶盛号"四品彩绣线
清
纵 16.5 厘米，横 8.5 厘米
屈汀南收藏

186
丝织原料与工具一组
南国丝都博物馆提供

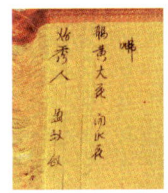

190
鹅黄地大洋花卉纹暗花缎匹料
清
长 1664 厘米，宽 75 厘米
中国丝绸博物馆藏

192
织 2
绿色藤萝花绫
清
长 337 厘米，宽 48 厘米
广东省博物馆藏

194
织 3
豆绿色福寿绵长暗花罗
清
长 380 厘米，宽 57 厘米
广东省博物馆藏

196
织 4
雪青色福寿三多江绸
清
长 354 厘米，宽 80 厘米
广东省博物馆藏

198
织 7
宝蓝色江山万代直经纱
清
长 420 厘米，宽 76 厘米
广东省博物馆藏

200
织 15
玫瑰红色莲蓬纹漳绒
清
长 418 厘米，宽 68 厘米
广东省博物馆藏

202
织 24
"两淮盐运使司盐运使臣柯逢时"款红色织金八达晕锦
清
长 348 厘米，宽 74 厘米
广东省博物馆藏

204
织 13
"江南织造臣庆林"款湖色料万字织金缎
清
长 340 厘米，宽 79 厘米
广东省博物馆藏

206
织 18
"苏州织造臣毓秀"款红色五蝠捧寿库金缎
清
长 269 厘米，宽 75 厘米
广东省博物馆藏

208
织 22
"杭州织造臣英瑞"款绿色暗花双龙捧寿织金缎
清
长 385 厘米，宽 81 厘米
广东省博物馆藏

210
织 23
"杭州"款浅绿色碎花库金缎
清
长 375 厘米，宽 81 厘米
广东省博物馆藏

212
织 19
大红蝴蝶花广缎
清
长 1660 厘米，宽 75 厘米
广东省博物馆藏

214
绿色花蝶广缎
清
广州博物馆藏

216
织 30
穿广片绦带
清
宽 1~4 厘米不等
广东省博物馆藏

218
"瑞丰"号穿玻璃珠花绦
清
广州博物馆藏

219
元青缎地湖色净芝兰花绦
清
广州博物馆藏馆

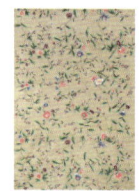
224
K1502
黄纱地彩绘花卉纹匹料
清
长 250 厘米，宽 74 厘米
广东省博物馆藏

226
B8179
白地丝绸手绘花鸟壁纸
清
纵 222 厘米，横 72 厘米
广东省博物馆藏

232
织 100
"广东彩元绣庄"绣八仙贺寿围屏
清
长 372 厘米，高 158.2 厘米
广东省博物馆藏

238
K1597
红缎地广绣花鸟围屏
民国
长 180 厘米，高 167.5 厘米
广东省博物馆藏

242
K1208
白缎地广绣孔雀纹插屏
清
长 53 厘米，高 64.5 厘米
广东省博物馆藏

244
缂 29
白缎地广绣"金山古寺""白云晚望"图轴
清
纵 128 厘米，横 41.5 厘米
广东省博物馆藏

248
K1634
白缎地广绣"羊城八景"挂屏
清
纵 143 厘米，横 51 厘米
广东省博物馆藏

250
缂 30
黑缎地广绣花鸟挂屏
清
每屏纵 120 厘米，横 51 厘米
广东省博物馆藏

252
缂 31
"美国驻香港代理总领事富勒"款广绣花鸟挂屏
1906—1910 年
纵 150 厘米，横 78 厘米
广东省博物馆藏

255
K1225
石青缎地"宝生昌"号广绣花鸟大挂帐
清
纵 382 厘米，横 231 厘米
广东省博物馆藏

258
K1125
红绒地绒线绣寿星挂件
清
纵 220 厘米，横 140 厘米
广东省博物馆藏

260
K1386
米色缎地"宝生昌"号广绣花鸟纹窗帘
19 世纪
纵 360 厘米，横 120 厘米
广东省博物馆藏

152
AH1964.0160
维多利亚城远眺
1854 年
纵 57 厘米，横 100 厘米
香港艺术馆藏

155
AH1964.0134
从半山俯瞰维多利亚城
约 1858 年
纵 41 厘米，横 62 厘米
香港艺术馆藏
遮打爵士捐赠

156
B7425
维多利亚湾的英国快剪帆船
约 1855 年
纵 46 厘米，横 60 厘米
广东省博物馆藏

158
AH1964.0138
中国商船"耆英"号
1848 年
纵 23 厘米，横 33.5 厘米
香港艺术馆藏
遮打爵士捐赠

160
近 1:1816
光绪三十年香港茂利公司船期表
1904 年
纵 38.2 厘米，横 72 厘米
广东省博物馆藏

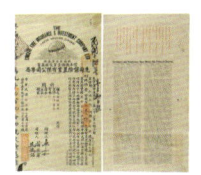

161
近 1:1804
先施保险置业有限公司粤局保险单据
1948 年
纵 47.5 厘米，横 25.7 厘米
广东省博物馆藏

第二部分　丝绸外销

168
ZB321
仿焦秉贞御制耕织图（一组 12 件）
清末
每件纵 24 厘米，横 24 厘米
广东省博物馆藏

172
MM1553
粉彩描金耕织图花口碗
清乾隆
高 8 厘米，口径 17.5 厘米
澳门博物馆藏

174
AH1975.0058.001-AH1975.0058.012
丝织品生产图（一组 12 件）
19 世纪
每件纵 39 厘米，横 49 厘米
香港艺术馆藏

176
B7163
纺织图（一组 8 件）
19 世纪
每件纵 16.7 厘米，横 24 厘米
广东省博物馆藏

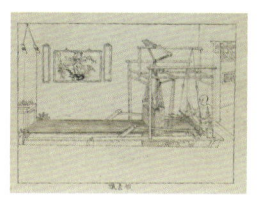

178
MM5820
制丝图稿本
1844 年
纵 30.3 厘米，横 38.5 厘米
澳门博物馆藏

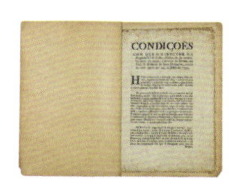

181
MM843
关于拍卖丝绸和丝缎长裙的文献记录
1755 年
纵 31 厘米，横 22 厘米
澳门博物馆藏

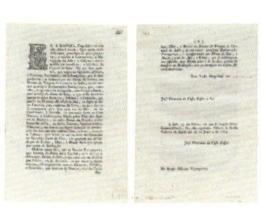

182
MM844
里斯本与澳门之间的商贸文献记录
1783 年
纵 29 厘米，横 20 厘米
澳门博物馆藏

262
K1268
月白色缎地广绣花蝶雉鸡图窗帘
20世纪初
纵279厘米，横110厘米
广东省博物馆藏

264
K1385
米色缎地广绣荷塘鸳鸯纹台布
19世纪
纵138厘米，横135厘米
广东省博物馆藏

266
K1267
杏色缎地广绣花鸟虫蝶纹床罩
18世纪
纵270厘米，横214厘米
广东省博物馆藏

268
K1269
杏黄色缎地广绣缠枝花卉纹床罩
18世纪
纵260厘米，横208厘米
广东省博物馆藏

270
K1270
米色缎地排金绣花卉百鸟图床罩
19世纪
纵240厘米，横240厘米
广东省博物馆藏

272
K1384
米色缎地广绣雉鸡花卉图床罩
20世纪初
纵232厘米，横188厘米
广东省博物馆藏

275
K1594
白缎地广绣花鸟床眉
19世纪
纵76厘米，横247厘米
广东省博物馆藏

279
穿红色晨衣的女子
1919年

280
K1166
蓝缎地绣花蝶纹女服
清
身长118厘米，展袖长134厘米
广东省博物馆藏

282
K1169
红缎地三蓝绣花蝶补服女褂
清
身长116厘米，展袖长141厘米
广东省博物馆藏

283
K1170
绿纱地绣花蝶纹满族女服
清
身长135.5厘米，展袖长170厘米
广东省博物馆藏

284
K1400
黑缎地绣花鸟纹短上衣
民国
身长70厘米，袖展长147.5厘米
广东省博物馆藏

286
K1401
黑缎地绣亭台人物纹长上衣
民国
身长101.5厘米，袖展长143厘米
广东省博物馆藏

290
K1259
白绸地同色线广绣花卉纹披肩
19世纪三四十年代
长154厘米，宽162厘米
广东省博物馆藏

292
K1255
蓝绸地广绣花鸟纹披肩
19世纪五六十年代
长163厘米，宽162厘米
广东省博物馆藏

293
K1256
米白色绸地三蓝绣牡丹纹披肩
19世纪五六十年代
长130厘米，宽130厘米
广东省博物馆藏

116
MM5123
疍家船旁的渔妇
19 世纪
纵 20 厘米，横 13.5 厘米
澳门博物馆藏

118
MM5124
背着小孩的渔妇
19 世纪
纵 20 厘米，横 13.5 厘米
澳门博物馆藏

120
MM5279
浅水中的舢板船和疍家船
19 世纪
纵 13 厘米，横 10 厘米
澳门博物馆藏

123
AH1964.0010
濠江渔歌
1830—1852 年
纵 26.7 厘米，横 45.7 厘米
香港艺术馆藏
何东爵士捐赠

126
MM4938
澳门及虎门港口景色
19 世纪初
纵 11.5 厘米，横 15 厘米
澳门博物馆藏

128
AH1988.0042
虎门远眺
约 1860 年
纵 41.4 厘米，横 74.4 厘米
香港艺术馆藏

130
MM6345
进入广州海关之客船
19 世纪
纵 21 厘米，横 39 厘米
澳门博物馆藏

133
MM5838
澳门和广州间之乡村
19 世纪
纵 20.8 厘米，横 25 厘米
澳门博物馆藏

134
AH1964.0047
黄埔帆影
约 1850 年
纵 41.5 厘米，横 73 厘米
香港艺术馆藏
何东爵士捐赠

136
B7393
粤海关总巡税馆、行商货栈和船
约 1770 年代
纵 33.4 厘米，横 55 厘米
广东省博物馆藏

138
AH1964.0025
广州十三行商馆
约 1784—1785 年
纵 43.5 厘米，横 71 厘米
香港艺术馆藏
何东爵士捐赠

141
AH1964.0031
广州十三行商馆大火——大火初起（组画之一）
1822 年
纵 27.5 厘米，横 38 厘米
香港艺术馆藏　何东爵士捐赠

142
B8061
广州十三行商馆
约 1840 年
纵 45 厘米，横 58 厘米
广东省博物馆藏

145
B7662
广州十三行商馆
约 1850 年代
纵 31.7 厘米，横 54.2 厘米
广东省博物馆藏

148
AH1964.0362
香港仔附近的瀑布
约 1816 年
纵 10.5 厘米，横 16 厘米
香港艺术馆藏

151
AH1971.0001
中英官员会面图
约 1843 年
纵 29 厘米，横 39.5 厘米
香港艺术馆藏

294
K1257
米白色绸地广绣花卉纹披肩
19 世纪五六十年代
长 164 厘米，宽 164 厘米
广东省博物馆藏

295
K1260
粉红绸地双面广绣菊花纹披肩
19 世纪五六十年代
长 130 厘米，宽 134 厘米
广东省博物馆藏

296
K1265
黑绸地广绣鸟蝶菊花纹披肩
19 世纪末 20 世纪初
长 128 厘米，宽 134 厘米
广东省博物馆藏

298
K1382
黑绸地广绣花卉纹披肩
19 世纪末 20 世纪初
长 128 厘米，宽 128 厘米
广东省博物馆藏

300
K1383
褐色绸地广绣百花图披肩
19 世纪末 20 世纪初
长 160 厘米，宽 160 厘米
广东省博物馆藏

303
K1410
黑绸地双面广绣庭院人物纹披肩
19 世纪末 20 世纪初
长 150 厘米，宽 150 厘米
广东省博物馆藏

304
K1197
黑缎广绣"IHS"纹章天主教神父祭巾
19 世纪
帽围 59 厘米，通长 121 厘米
广东省博物馆藏

306
MM1254
宗教巡游用的阳伞
19 世纪
长 103 厘米，直径 109 厘米
澳门博物馆藏

307
MM1526
神父的祭袍
19 世纪
长 120 厘米，宽 200 厘米
澳门博物馆藏

308
MM1257
祭披及圣带
19 世纪
长 101 厘米，宽 68 厘米
澳门博物馆藏

第三部分　世界变局

314
AH1967.0009-10
中国丝绸生产图（一组 2 件）
18 世纪下半叶
纵 16 厘米，横 20.5 厘米
香港艺术馆藏

316
MM2699
"制丝图"与"杭州丝绸厂"
19 世纪中叶
纵 20 厘米，横 27 厘米
澳门博物馆藏

318
B7659
正在刺绣的欧洲妇女
约 1860 年代
纵 13.5 厘米，横 11 厘米
广东省博物馆藏

320
K1419
欧洲刺绣纹章摆件
19 世纪
绣面长 29.3 厘米，宽 37.5 厘米，通高 125 厘米
广东省博物馆藏

322
MM6091
漆木描金缝纫台
19 世纪
长 36 厘米，宽 52 厘米，高 64 厘米
澳门博物馆藏

324
MM6620
漆木描金缝纫盒
19 世纪
长 25 厘米，宽 33 厘米，高 16 厘米
澳门博物馆藏

325
MM6619
漆木描金缝纫盒
19 世纪
长 21 厘米，宽 28 厘米，高 15 厘米
澳门博物馆藏

330
甲 2782—2791
小银锭（一组 10 件）
明
直径 2.2~3 厘米不等，重 9~20 克不等
广东省博物馆藏

331
甲 4302—4311
银锭（一组 10 件）
明
直径 2.8~4.3 厘米，重 22~44 克不等
广东省博物馆藏

332
I2695—2704
船形银圆宝（一组 10 件）
明
重 67.7~381.6 克
广东省博物馆藏

333
西班牙银圆（一组 10 件）
1738—1828 年
直径 1.6~3.3 厘米，重 1.7~13.4 克
广东省博物馆藏

334
墨西哥银圆（一组 10 件）
1824—1906 年
直径 1.7~3.8 厘米，重 2.4~26.8 克
广东省博物馆藏

335
近 1：1279-11
广东造币厂铜版画
清
纵 11.5 厘米，横 22.5 厘米
广东省博物馆藏

336
广东省造光绪元宝（一套 5 件）
1896 年
直径 1.5~3.9 厘米，重 1.3~27.3 克
广东省博物馆藏

338
香港银圆（一组 10 件）
1866—1904 年
直径 1.7~3.2 厘米，重 2.6~13.6 克
广东省博物馆藏

339
AH1988.0013
香港造币厂
1860 年代
纵 47.4 厘米，横 81 厘米
香港艺术馆藏

342
近 1：1279-80
吸食鸦片连环画
晚清
纵 39.2 厘米，横 29 厘米
广东省博物馆藏

344
近 1：1276-3
美商琼记洋行关于鸦片销售的函件
1858 年、1860 年
纵 26.5 厘米，横 42 厘米
广东省博物馆藏

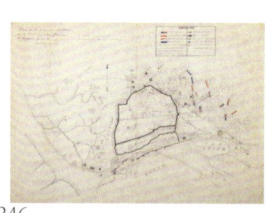

346
B8062
广州城图
1857 年 12 月 28 日
纵 51 厘米，横 66 厘米
广东省博物馆藏

348
近 1:1279-13
英法联军攻打广州城北
1857 年 12 月 29 日
纵 10.5 厘米，横 33.5 厘米
广东省博物馆藏

350
B7862
英法联军占领广州城
约 1860 年代
纵 41.7 厘米，横 74.5 厘米
广东省博物馆藏

354
佛山二和丝市单
民国三十三年（1944）
纵 24.6 厘米，横 9 厘米
顺德博物馆

355
乌思伦燕梳洋面凭单
民国二十五年（1936）
纵 28.5 厘米，横 6.5 厘米
顺德博物馆藏

356
《中国蚕丝问题》等文献
民国二十五年（1936）
纵 19 厘米，横 13 厘米
私人收藏

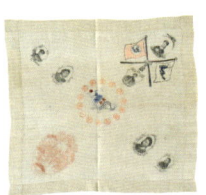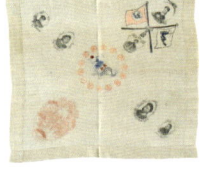
357
C2002.0004
第一次南洋劝业会纪念手帕
约 1910 年
长 44.8 厘米，宽 41.9 厘米
香港艺术馆藏

第四部分　今日湾区

364
MM2690
澳门繁华绸缎庄包装盒
20 世纪 60 年代
长 36 厘米，宽 26.5 厘米，
厚 7 厘米
澳门博物馆藏

365
MM2900
澳门志成包装盒
20 世纪下半叶
长 32 厘米，宽 26 厘米，
厚 6.7 厘米
澳门博物馆藏

366
MM3437
澳门天益绸缎庄包装盒
20 世纪
长 27 厘米，宽 21 厘米，
厚 4.1 厘米
澳门博物馆藏

367
MM7224
澳门美的商行礼服衣盒
20 世纪上半叶
长 36 厘米，宽 26.5 厘米，
厚 7 厘米
澳门博物馆藏

368
MM4082
澳门九章绸缎庄衫盒
20 世纪上半叶
长 44 厘米，宽 32.5 厘米，
厚 11 厘米
澳门博物馆藏

369
MM4084
澳门彩生隆老号洗染布厂盒
20 世纪中叶
长 25 厘米，宽 32 厘米，
厚 7 厘米
澳门博物馆藏

371
广绣花卉披肩
当代
织物长 140 厘米，宽 140 厘米；
流苏长 64 厘米
广东省非物质文化遗产传承基
地广绣庄提供

372
绣架、半成品与绣线
当代
广东省非物质文化遗产
传承基地广绣庄提供

373
广绣纱丽
当代
长 600 厘米，宽 110 厘米
广东省非物质文化遗产传承基地广绣庄提供

377
香云纱成品
近代
长 175 厘米，宽 78 厘米
屈汀南收藏

378
"香港摆花街锦章绣家"钉金绣料
近代
展长 135 厘米，袖宽 27.5 厘米，下摆宽 32 厘米
屈汀南收藏

380
钉金绣绣材一组
当代
广州市非物质文化遗产保护中心提供

381
钉金绣裙褂
当代
广州市非物质文化遗产保护中心提供

382
MM6308
红绿密片装衫裙
20 世纪 40—60 年代
长 145 厘米，宽 128 厘米
澳门博物馆藏

383
MM6234
黄地金银密片车装
20 世纪 40—60 年代
长 152 厘米，宽 172 厘米
澳门博物馆藏

384
原生物——动态珠艺装置
长 150 厘米，宽 75 厘米，高 36 厘米，重 20 公斤
丁敏、刘再行、赵映彤创作

参考书目
Biogrphy

综合类

1. Margaret Jourdain, *Chinese Export Art in the Eighteen Century*, Great Britain by Fletcher & Son Ltd., 1950

2. [德] 利奇温：《十八世纪中国与欧洲文化的接触》，朱杰勤译，北京：商务印书馆，1962年版。

2. Patrick Conner, *The China Trade, 1600–1860*, Brighton Royal Pavilion, 1986

4. Craig Clunas, *Chinese Export Art and Design*, Victoria and Albert Museum, London, 1987

5. Carl L. Crossman, *The Decorative Arts of the China Trade*, the Antique Collector's Club Ltd, 1991

6. 广东省博物馆编：《异趣·同辉——广东省博物馆藏清代外销艺术精品集》，广州：岭南美术出版社，2013年版。

7. Karina H. Corrigan, Jan van Campen, Asia in Amsterdam: *The Culture of Luxury in the Golden Age*, Yale University Press, 2015

8. [英] 彼得·弗兰科潘：《丝绸之路：一部全新的世界史》，邵旭东、孙芳译，杭州：浙江大学出版社，2016年版。

9. [美] 林肯·佩恩著：《海洋与文明》，陈建军、罗燚英译，天津人民出版社，2017年版。

10. [美] 范岱克：《广州贸易——中国沿海的生活与事业（1700—1845）》，江滢河、黄超译，北京社会科学文献出版社，2018年版。

第一部分 湾区风貌

11. 香港艺术馆编：《历史绘画——香港艺术馆藏品选萃》，香港，1991年版。

12. 香港市政局编：《珠江风貌——澳门、广州及香港》，香港，1996年版。

13. 香港大学美术馆编：《海贸流珍——中国外销艺术品的风貌》，香港，2003年版。

14. 香港艺术馆编：《香江遗珍——遮打爵士藏品选》，香港，2007年版。

15. 王次澄等编著：《大英图书馆特藏中国清代外销画精华》，广州：广东人民出版社，2011年版。

第二部分　丝绸外销

16. [美] 李明珠：《中国近代蚕丝业及外销（1842—1937）》，徐秀丽译，上海社会科学院出版社，1996 年版。

17. 广州市文物局编：《广州锦纶会馆整体移位保护工程记》，中国建筑工业出版社，2007 年版。

18. 赵丰、屈志仁主编：《中国丝绸艺术》，中国外文出版社、美国耶鲁大学出版社，2012 年版。

19. 香港历史博物馆编：《国彩朝章：清代宫廷服饰》，香港，2013 年版。

20. 蔡琴主编：《华美致远：中国丝绸博物馆馆藏外销绸珍品》，中国丝绸博物馆研究报告第二号，2014 年版。

21. 王翔：《晚清丝绸业史》，上海人民出版社，2017 年版。

22. 徐铮、金琳主编：《锦程：中国丝绸与丝绸之路》，浙江大学出版社，2017 年版。

23. 广州市非物质文化遗产保护中心、广州绣品工艺厂有限公司编：《广绣教程》，人民出版社，2017 年版。

24. 赵丰主编：《锦绣世界：国际丝绸艺术精品集》，东华大学出版社，2019 年版。

第三部分　世界变局

25. 广州市地方志编纂委员会办公室、广州海关志编纂委员会编译：《近代广州口岸经济社会概况——粤海关报告汇集》，暨南大学出版社 1995 年版。

26. （清）梁廷枏纂、袁钟仁校注：《粤海关志》，广东人民出版社，2002 年版。

27. 广东省博物馆编：《广州百年沧桑》，花城出版社，2003 年版。

28. 林满红：《银线：19 世纪的世界与中国》，江苏人民出版社，2011 年版。

29. [美] 马士：《东印度公司对华贸易编年史》，区宗华译，广东人民出版社，2016 年版。

30. [英] 休·昂纳：《中国风：遗失在西方 800 年的中国元素》，刘爱英、秦红译，北京大学出版社，2017 年版。

31. [德] 贡德弗兰克：《白银资本：重视经济全球化的东方》，刘北成译，四川人民出版社，2017 年版。

32. 上海博物馆编：《熠熠千年——中国货币史中的白银》，上海书画出版社，2019 年版。

后记
PROSCRIPT

本图录是为配合"三城记——明清时期的粤港澳湾区与丝绸外销"展览而特别编辑出版的。

展览由广东省文化和旅游厅、香港特别行政区政府民政事务局、澳门特别行政区政府文化局联合主办，由广东省博物馆、香港艺术馆、澳门博物馆具体承办，策展团队通过整合三地文博资源，立足区位优势，努力讲好"共建人文湾区"故事，积极回应国家最新提出的"粤港澳大湾区"发展战略。展览荣幸获列为2020年度文化和旅游部办公厅"内地与港澳文化和旅游交流重点项目"。

展览是继2013年"异趣·同辉——清代中国外销艺术精品"、2014年"重彩华章——广彩瓷器300年精华"、2018年"风·尚——18至20世纪中国外销扇"等展览之后，广东省博物馆再次力推的馆藏外销艺术品系列的原创大展。

展览图录是2017年度《广州大典》与广州历史文化专题研究重点课题《广州十三行时期外销织绣品研究》（项目批准号2017GZZ06）的最终研究成果，是2018年度国家社会科学基金重大项目《广州十三行中外档案文献整理与研究》（项目批准号18ZDA195）的阶段性研究成果，图录顺利出版得到了广东省博物馆事业发展基金会的全额资助，在此一并致以谢意。

感谢中山大学历史系江滢河先生、浙江工业大学设计与建筑学院袁宣萍女士、浙江省博物馆蔡琴女士、广州博物馆曾玲玲女士对展览文本严谨的审阅和斧正，确保了展览内容的科学性和准确性。

感谢在外销丝绸与贸易研究领域颇有建树的中外学者为展览图录慷慨赐稿，他们是中山大学历史系范岱克先生、暨南大学中外关系研究所刘永连先生、浙江工业大学设计与建筑学院袁宣萍女士、浙江省博物馆蔡琴女士、孙中山大元帅府纪念馆罗兴连女士、广东省博物馆白芳女士等，这些专论加深了展览的专业知识，增强了书稿的学术含量。

在图录出版之际，谨向关心支持展览筹备以及图录编辑的所有人士致以崇高的敬意和衷心的感谢！

由于编者学识有限，书中纰漏、瑕疵在所难免，敬请方家指正！

编者

2020年9月1日

"三城记——明清时期的粤港澳湾区与丝绸外销"
展览图录名单

总策划

广　　东：汪一洋（广东省文化和旅游厅党组书记、厅长）

香　　港：徐英伟（香港特别行政区政府民政事务局局长）

澳　　门：穆欣欣（澳门特别行政区政府文化局局长）

总监制

广　　东：肖海明（广东省博物馆馆长）

香　　港：莫家詠（香港艺术馆总馆长）

澳　　门：林颖娜（澳门特别行政区政府文化局文博厅代厅长）

图录出版

主　　编：肖海明

副 主 编：白　芳

撰　　稿：白　芳（广东省博物馆）
　　　　　香港艺术馆外销艺术组（香港艺术馆）
　　　　　余智伟（澳门博物馆）

翻　　译：肖仪然　彭　哲（广东省博物馆）
　　　　　香港艺术馆外销艺术组（香港艺术馆）

校　　对：伍　洲　郑文菊（广东省博物馆）
　　　　　香港艺术馆外销艺术组（香港艺术馆）

摄　　影：刘谷子　区智荣（广东省博物馆）
　　　　　香港艺术馆设计组（香港艺术馆）
　　　　　何元成（澳门博物馆）

展览实施（广东省博物馆）

总 策 划：肖海明

决策监督：广东省博物馆陈列展览委员会

学术顾问：江滢河　蔡　琴　袁宣萍

策 展 人：白　芳

策展助理：伍　洲　郑文菊

内容设计：白　芳

形式设计：李　聪

宣传推广：付　岩　李泳锜

教育活动：宋　敏　罗嘉慧　梁香闻
　　　　　邵莹莹　黄颖欣　陈煜旻

新技术应用：黄青松　董　锐　黄志杰

文创开发：王小迎　付　雪

文物保护：张　欢　王亚龙

观众调查：聂柯妍

施工监理：王天鸣　徐道光

安全监督：段小红

布撤展品：焦大明　叶　葳　王国梅　丁　蕾　易　娜　莫　颖　任文岭　罗　兵　成洪燕
　　　　　欧阳云　郑文菊　胡相花　殷　忞　涂晓琼　冯　远　陈颖贤　黄雪峰　徐晶晶